节事管理译丛 | Events Management Series

节事人力资源管理

[澳] 琳恩·范·德·瓦根/著
任余礼 任中玥 刘萍/译 陈建国/审校

Human Resource Management for Events

格致出版社 上海人民出版社

丛书序言

节事产业包括节日、会议、大会、展览、奖励旅游、运动会和一系列其他活动，是一个快速发展的产业，它为商业和与休闲相关的旅游业作出了重大贡献。随着法规的增加，政府和公司对节事干预的深入，产业环境变得复杂多了。目前，节事管理者需要识别广泛的利益相关者并为其服务，以平衡他们的需求与目标。尽管该行业的主要运作在国家层面，但是为满足节事以及相关产业和相关组织的需求，学术供应量增长很快。英语国家与主要的北欧国家已经设立了为未来的节事专业人士提供教育和培训的学习项目，可授予毕业证书和学士、硕士学位，其涵盖领域包括如节事策划和管理、市场营销、财务、人力资源管理和运作等。节事管理的内容还被包含在了很多大学及学院里的旅游、休闲、娱乐和酒店等学位课程中。

这些课程的快速增加说明现在对于讲师、学生和专业人士来讲，这一方面的著作紧缺。因此，“节事管理译丛”出版了，以满足这些需求，为此领域提供一套专门规划的、有针对性的读物。

针对节事管理和相关研究的学术及管理发展情况，节事管理系列丛书具备以下特点：

- 提供了与管理发展各阶段需求相匹配的一整套课题；
- 是目前市场急缺的或目前不能满足需求的书籍；
- 开发了一整套既实用又令人感兴趣的书籍；
- 为研究项目打下了牢固的理论和研究基础；
- 全部具备高质量；
- 很快将成为作者和使用者的首选丛书。

译者序

2008年北京奥运会以其宏大的规模和精心的策划成为国际体育盛会成功举办的一个范例，也成为我国举办大型节事的一个里程碑。而紧随其后，在北京奥运会激发的热情还未消散的同时，人们又开始企盼另一项节事盛会——2010年上海世博会，这将是中国历史上历时最长和规模最大的国际节事。

近几年来，随着我国确立了发展现代服务业的战略目标，作为现代服务业的重要组成部分，节事产业以年均20%的速度飞快发展，大大高于其他经济领域的发展速度。节事产业，包括节日庆典、会议、展览、体育赛事、娱乐演出和其他一系列活动，对商业和旅游业等多个行业的发展，以及拉动内需和促进就业都作出了巨大的贡献，其已经成为带动我国经济发展，尤其是大中城市经济发展的新的增长点。

但是，作为一个新兴的发展迅猛的产业，节事管理的理论研究和实践能力训练在国内尚处于一个起步阶段，特别是节事中的人力资源管理尚缺乏足够的理论知识和参考资料。而人力资源是节事的“第一资源”，其他节事资源的组合、运用都要靠人力资源来推动与实施。由于节事的特殊性质，存在周期短、临时性、工作团队构成复杂、员工性质多样、各阶段人力资源需求变化大等特点，节事的人力资源管理与普通组织内部的人力资源管理存在鲜明的差异性。

比如在一般的组织里，员工在组织中工作几个月或几年，组织给员工充分的时间去建立人际关系和发展专业技能和知识，而在节事环境中，节事可能只持续几天、几周或几个月，如何管理设计人员和执行人员，如何给予员工足够的激励，如何在员工中形成团队精神，是节事人力资源管理者遇到的一个巨大的挑战。

又如节事的工作团队包括正式员工、临时员工、大量的志愿者和承包商的员工，如何管理这样一群从属关系不同、目的不同、待遇不同的工作团队，是节事人力资源管理者需要思考的一个问题。

再如，节事所需要的员工数量随着时间的推进会发生剧烈的波动，从最初几个人或几十个人的核心团队，到节事开幕前几周工作人员数量几何级的增长，加上节事期间种种原因造成的志愿者或其他工作人员的高流失率，对人力资源管理者的招聘能力和员工保留能力提出特殊的挑战。

此外，由于节事所涉及的领域众多，所处的法律政策环境远远要比普通组织所处的环境复杂和多变，节事环境中的人力资源管理者需要掌握更多的法律政策知识，并对节事的各个环节所涉及的人力资源规章制度和操作规范作出相应的调整。

本书是节事管理译丛中的一本，本书作者琳恩·范·德·瓦根女士是澳大利亚悉尼北海岸 TAFE 学院旅游和节事部主任，人力资源管理专业硕士，她策划和实施了 2000 年悉尼奥运会 11 万名工作人员的培训项目。之后，她又参与了许多大中型节事的筹办工作，包括 2008 年北京奥运会，并已出版多部该研究领域的专著。故她拥有丰富的人力资源管理和节事管理的理论知识和实践经验。作者通过将节事与普通组织内部人力资源管理进行比较和归纳，为读者提供了节事人力资源管理的全面指导。本书分为两部分共计 15 章，从前期的人力资源规划和工作分析，到节事筹备阶段的员工招聘、甄选和培训，到活动实施阶段的员工管理、激励和考核，最后到活动结束后的评估，系统介绍了节事环境下人力资源管理的每一个阶段的特点和注意事项。并且，作者根据节事的特点，引入项目管理的方法和工具，为节事人力资源管理的理论发展和实际操作提供了一个很好的方向。

本书引用了大量的实例、案例和图表，并且在案例后均提供了资料的出处以方便读者做进一步的查阅和研究。本书适合具有相当人力资源管理理论和实践经验，并且希望在节事产业继续发展的专业人士作为参考读物，也适合其他希望了解节事人力资源管理的人士作为普及性读物。由于书中体现的“以能力为本”的理念和实践性、可操作性强的特点，本书也特别适合作为高校会展专业的教材。

尽管目前关于人力资源管理的书籍和译著有很多，但是专注于节事领域人力资源管理的书籍和译著并不多见，该书不论从理论性、实践性、系统性还是实用性上，均是节事管理领域不可多得的一本好书。值此 2010 年上海世博会筹备工作紧张进行之际，希冀本书的翻译出版也能对上海世博会的人力资源管理工作者提供有益的参考。

本书翻译工作由世博集团上海外服公司任余礼总监主持，他具有丰富的人力资源管理经验和较高的理论修养，是资深的人力资源管理咨询专家。本书第 1 至 9 章，及书中大部分图表由任余礼、任中玥翻译，第 10 至 15 章由华东师范大学职培中心刘萍翻译。华东师范大学上海会展学院陈建国副院长对本书的翻译工作给予了很大的支持与帮助，并对译稿进行了审读，提出不少中肯的修订意见。

书中译释不当之处，恳请读者批评指正。

译 者

2009 年 7 月

前言

有人问我，为何我写这部书而不是写一部小说或论文，我的答复是："因为在今后的几年内伦敦将举办奥运会，南非将举办世界杯足球赛，上海将举办世博会。"这些都是极具影响力的节事，他们需要人，他们需要受过培训的人，他们需要能被激励的员工，而你的员工也需要一个具有远见卓识的领导。他们需要被管理得很好。这正是人力资源管理的角色，每个节事的管理者都是一个人力资源管理者，并且通过对这些节事的管理获得职业的提升。

人让节事成功，一次成功的节事背后有如此多的幕后英雄，有售票员、采购人员、技术支持人员、媒体监控人员、保洁工、厨师、评审专家、保安、危机管理经理、创意设计师、播音员、歌唱家和清扫工等。他们大部分的技能在短时间内被综合在了一起，所以没有比在节事环境下更具挑战性的人力资源管理了。

节事庆祝是我们最终渴望的时刻：赢得世界杯、在奥运100米游泳项目中拿了金牌、黑眼豆豆(The Black Eyed Peas)乐队表演、得到一个奖项、举办21岁或90岁的生日晚会。无论大小，这些节事都是纪念我们最重要的瞬间，他们都将在我们的生活及文明中留下很深的印迹。因为这些节事需要大量的计划和组织工作，因为存在巨大的风险，所以我们需要专业的节事管理人员。

有很多书是关于节事计划、拥挤管理或经济影响分析的，但是至今还没有一本节事人力资源管理的书，因此对我来说这种挑战是不可抗拒的。我曾经在一家五星级宾馆担任培训经理及人力资源总裁。在我职业生涯的早期，我认为服务性行业是最激动人心的行业。但后来我参与了2000年悉尼奥运会，体验到节事的世界。这不是一次轻松的转行，而是充满冲突和压力。但是，嗨！它让人兴奋。几乎所有的节事经理都同意，当项目顺利实施，所有的焦虑和折磨都是值得的。就像一次成功的超级节事后那令人陶醉的美妙时刻。我继续在这个领域教书，越来越被节事的魅力所倾倒。

此书写给任何节事人力资源管理者，不论是节日、狂欢节、展会、表演、竞赛、赛跑、展览、比赛、音乐会还是国际会议。工作需要分析及分配，合同需要准备及签署，员工要被雇用，流程需要被设计，员工需要培训、统一着装、安排饮食。事情一直在变化；结构(实际的和组织的)经常在活动开幕前几天甚至几小时才到位。在这些受控制的混乱中，需要清晰的交流和快速的决定，人们在任何时候都要保持乐观。我曾作为志愿者参与了悉尼2000年奥运会，坦白地说，在上班的来回路上(单程2小时)不停地微笑、点头及回答问题让我疲惫不堪，所以在最后几天我穿上便装，把志愿者制服放进包里，为上班节省情绪能量。我想你们的节事也会让你们疲惫不堪吧。告诉你一个成功的决窍：让每一个你周围的人都士气高昂、精力充沛，你知道这次节事将永远留在每个人的记忆里。

2000年悉尼奥运会期间，每个人都说："这是一生只有一次的机会。"如果你进入这个职业，我希望你能获得更多成功的机会。

目 录

第 1 部分

人力资源战略计划：建立环境

本书的第 1 部分介绍节事行业的人力资源管理所处的环境。节事的类型包括商业活动（会议和展览）、体育、文艺、娱乐和社团项目、街道游行和节庆等。这些节事可能是商业行为也可能是非营利活动，它们可能是筹款项目或仅仅是大型派对。大部分的节事是基于项目的，仅仅开一次或是年度的。

人力资源管理职能是每一项节事组织的重要组成部分，包括招聘、甄选、入职、培训和绩效管理等。在大型项目中，例如冬奥会或足球世界杯，项目的规模要求必须具有专业的人力资源团队。而对于一些小型项目，组织者、组委会或职能经理经常承担了这些人力资源方面的管理职责。在节事的环境中，存在多元化的雇佣关系，而且经常有志愿者的参与。

第 1 部分主要关注如何为一个或多个节事制订人力资源管理战略计划。

第 1 章介绍由于节事独一无二的特点，使得节事人力资源管理与其他传统企业环境下的人力资源管理大相径庭。第 2 章从宏观考虑计划的制订，探讨整个工作团队，这个团队可能包括付费员工、志愿者和提供诸如餐饮服务的服务承包商。第 3 章讲述节事工作团队随项目进展而逐渐扩大，以及组织发展的各个阶段。第 4 章讨论志愿者管理问题。第 5 章讲述服务提供者的雇佣关系，包括保安、保洁、废弃物管理和技术支持人员（声光电）。在认识到节事组织者对每一个现场工作人员的健康和安全负有全面责任以后。第 6 章详细讨论与雇用有关的法律法规。最后，在第 7 章讲述职位分析，通过职位分析得到职位描述，构成许多其他人力资源职能的基础（比如培训）。这部分人力资源管理职责的内容将在第 2 部分讲述运营计划时进行阐述。

第 1 章

节事环境

学习目标

读完本章以后你将可以：

- 通过规模、范围及种类来区分不同的节事
- 明确节事与普通企业的区别
- 从节事管理者的创新和组织特性来讨论节事管理
- 描述当代人力资源管理战略模式
- 区分节事中涉及的不同工作团队
- 讨论节事管理如何作为一项专门职业出现

介　绍

当前，国际运动项目例如奥运会、世界杯、IAAF 世界锦标赛、美洲杯及英联邦运动会等规模壮大，吸引的投资额持续增长。更重要的是，观看这些赛事的电视观众的数量正呈指数级快速增长，因此，这些赛事的开幕和闭幕式组委会公开承认，这些仪式不再是仅为场内的观众所设计的，虽然现场观众支付了几千元的昂贵票价。在 2004 年雅典奥运会共有 3.9 亿人（无重复计算）观看了比赛，而 2000 年悉尼奥运会的观众数量是 3.6 亿人。1992 年巴塞罗那奥运会使用了 20 000 小时的电视节目时间，1996 年亚特兰大奥运会是25 000小时，2000 年悉尼奥运会是 29 600 小时，而在 2004 年雅典奥运会是 35 000 小时，增长了足足有 27%（Rogge，2004）。

在这些仪式的设计中考虑了摄影机的拍摄角度和效果，使用 CAD 设计来模拟不同位置摄影机的拍录效果，特别是那些主要位置的摄影机。重要赞助商希望知道他们公司的标志将如何在仪式过程中出现在镜头前——它们

的位置在哪里出现，它们将出现多长时间。此外，每个仪式活动的设计还要承受来自各方的各种政治压力，要考虑主办国的形象展示。活动现场有各种各样的人，包括运动员、表演者、选手、娱乐演出者、接待员、保安、警察、数量众多的其他工作人员包括志愿者和后台工作人员等。节事管理需要面对一系列挑战，兼顾每个活动参与者的利益，在截止日期前完成多个互相关联且无法变更的项目仅是其中的几个挑战。

2005 年，现场 Live 8 音乐会在 10 个城市举行，包括伦敦、费城、巴黎、柏林、约翰内斯堡、罗马和莫斯科，数十万现场观众、几亿名电视观众观看了音乐会。这个案例与上面举例的体育活动不同，是一个旨在帮助非洲减少贫困的社会公益活动。此类活动涉及一些特殊的政治和经济目的，进一步体现出节事组织者需要面对的挑战。这些大型项目需要招募的工作人员数量与大型体育赛事相差无几，比如 2008 年北京奥运会共需招募 7 万名志愿者，而随后的 2008 年北京残奥会需要招募 3 万名志愿者。此外，活动组委会内还有付费的员工。

经验告诉我们，大多数大型活动的管理组织者都或多或少对服务承包商所需要的劳动力数量估计不足。许多服务项目，例如餐饮及清洁，经常是外包出去的，但关于谁将负责承包商工作人员的活动背景知识和客户服务技能的培训，是承包商还是节事组织者，时有争论。正如 Goldblatt(2005b, p. 118)所指出的："我们向你支付了费用，希望你为观众提供一次美好体验，你和你的员工是让观众留下美好记忆的重要因素。所以你的人力资源组织、员工培训及员工稳定性对你能否保持竞争力至关重要。"

节事管理：人力资源管理的新领域

节事的管理不仅因为它们的规模、范围和时间压力而充满挑战。即便是一项小型的、本地的、仅涉及有限人员的活动，人力资源管理也是成功的关键因素，因为需要协调各方参与者和股东向同一个目标努力。然而经常出现的问题是，即便是活动的组织委员会对活动的主要目标也无法保持一致。对于这一点，任何一个曾经在某项活动组织委员会中担任过职务的人都深有体会。

从本质上说，节事管理和传统企业管理的区别在于活动是无形的，无法测试的，只有一次机会。而与之相反，一家零售店，本月没有出售的产品可以放到下月打折出售，至少可以不亏本。

节事通常是高风险的。一个中等规模的活动，比如庆典，展示的是整个社区的辛勤劳动和梦想。更小规模的活动，比如婚礼，虽然规模很小，但却关系到一个家庭的幸福，不容许一点错误，因此对于组织者来说也是高风险的。(每个人都希望这是一生惟一一次的庆典!)

节事分类

可以从多个方面对节事类型进行划分，我们一般把节事分为商业活动、体育活动和文化活动等(见表1.1)。此外，竞技体育经常被作为一种文化活动，但如果单独将其划分出来会更为恰当。此外，我们还可以把节事按照商业性和非营利来进行划分。

表1.1 节事分类

1. 商业活动

(1) 会议和会谈

许多企业协会在全球范围召开年度会议，这些活动往往在数年前就开始招标和运作。例如美国阿尔兹罕默氏病联合会召开的第九届国际阿尔兹罕默氏病(alzheimer，即老年痴呆症)和相关性失调(related disorders)研讨会，它是历史上最大的一次阿尔兹罕默氏病研究者的聚会，超过4 500位来自世界各地的科学家参与了会议。然而按照会议的规模来看，这只能算中等规模的。

(2) 展览

世界最大的信息和通讯技术展览CeBIT每年都会举行。2004年有超过6 411家来自64个国家和地区的企业在汉诺威大会上展示了它们的产品和系统，吸引了近50万参观者参观。

许多农业展包括动物展览和竞赛，向组委会提出特殊的挑战，诸如对牛、马和狗这些动物都需要小心管理。

(3) 带有奖励性质的企业活动

企业为了奖励优秀员工召开的活动，通常在度假或旅游地区举办，但包含工作会议和报告演示等内容。

2. 体育活动

(1) 竞争性体育赛事

从业余至专业的各级别的体育竞赛都属于这个范围，项目包括棒球、板球、足球、篮球、体操等。

(2) 非竞争性体育赛事

非竞争和追求乐趣是这类体育活动的特点，比如慈善性质的跑步竞走和龙舟比赛等。

3. 文化活动

(1) 艺术活动

各种形式的艺术节，比如阿德莱德庆典和以歌剧、剧院及舞蹈闻名的爱丁堡庆典等。

(2) 娱乐活动

在全球范围内有许多音乐会，大规模的或小型的，主流的或者非主流的，等等。

(3) 电视及互联网活动

许多节目在电视及互联网上播出。在网上对《美国偶像》(*American Idol*)节目的大量搜索体现了这种趋势。在中国，类似的节目有《超级女声》等。

(4) 社会活动、历史纪念和周年纪念庆典

奠基日、百年纪念、两百年纪念和其他纪念日经常以节日形式庆祝。多元文化节也属于这个范畴。

（续表）

(5) 社会公益相关活动 这类活动一般具有善款募集性质，此类活动有“Live 8”音乐会和“2004 年东南亚及南亚海啸筹款”音乐会和“2005 年美国飓风筹款义演”音乐会等。 (6) 抗议活动 抗议游行，比如全球化抗议活动，属于这一范畴。在全球范围内有一些固定的年度抗议集会及国际行动日活动。 (7) 生命周期/里程碑式活动 比如洗礼、成年礼、婚礼和葬礼属于这一范畴。这些活动大部分是小规模的，但也有规模很大的，比如 60 万人在街道两边列队观看了戴安娜和查尔斯的婚礼，100 万人聚集在戴安娜葬礼队伍的路线上。 (8) 宗教活动 规模有小有大，人数有多有少，例如 2001 年印度的 kumbha mela 节历时 44 天，共吸引了 700 万人参与。

不同节事的特征

许多节事具有的特征在前面都已被讨论过，这里进一步阐述。第一，区分节事和节事产品的定义很重要，正如 Brown 和 James(2004)所指出的，这方面的定义数量与教科书一样数不胜数。Goldblatt(1997，p. 2)认为一个特殊节事的定义是“在独一无二的时间通过庆典和典礼满足特定的需要”。这个定义可以涵盖大部分与文化相关的节事，但并不能很好地定义重大商业活动或企业活动，比如产品发布和其他并不以庆祝为目的的商业活动。一个能让大部分节事管理教材的作者所同意的定义是：一个复杂的社会性活动，有时间限制，需要精心策划，通常涉及众多的组织责任方。

节事产品是指节事提供的所有商品和服务。主要是节事本身的节目，但同时也包括出售的商品、食品、服务、环境、交通及排队管理等。Salem 等人(2004，p. 19)这样定义节事产品：一个独一无二的各类活动的组合，是满足全部节事目标和满足客户要求的工具。为了实现这个目标，一个节事必须满足人的各层次需求，管理好相关的人力资源事务，这样才能向观众提供一次最佳体验，这是产品计划最关键的部分。

之所以节事产品的市场营销如此复杂是源于节事产品本身具有的无形、不可分离、不统一和变异性的特点(Durmmond and Anderson，2004)。尤其是，除了一些照片和纪念品，活动几乎没有留下什么可以继续存在的东西。节事产品有一个在讨论活动市场营销时很少被承认的因素，即它的期望值。由于大部分节事都是重要的有意义的社会活动，观众和参与者对活动有很高的期望。改善节事产品的这一特性，可以提高整个节事的服务水准和满意度。工作人员的培训一般侧重于活动节目和相关服务提供。这还不够，需要扩展到能覆盖到活动开幕前期，在这期间员工开始售票、接受登记和提供相关信息。节事委托人常常与节事管理公司存在长期合作关系。在节事举办这段时间里虽然压力很大，但在举办好节事的同时，也不能忽视对这些老主顾的服务。

当前节事管理行业的关键特征包括以下几个方面：

1. **全球性的关注。**全球化的深入，电视观众人数的增加和互联网加强了人们对能反映当代文化的节事的兴趣。在一些极端的例子中，大型节事能让一个国家或整个世界停下来。比如某几届的夏季奥运会，吸引全球20亿观众观看的罗马教皇约翰保罗二世的葬礼等。这些重大事件吸引各国政要出席，全世界都在观看，举办这些节事无疑需要极其详尽的计划。
2. **竞争性的环境。**许多大型节事吸引众多国家和城市参与竞标，显示出节事的竞争特性。很多会议和展览吸引成千上万的参观者，他们的花费往往远高于普通的国外旅游者。全世界，特别是在中国，都在兴建更大更好的会议和展览设施来积极竞争分得这块利润丰厚的蛋糕。
3. **对经济和旅游的影响。**商业活动、文化活动和运动项目对举办城市甚至国家的经济发展和旅游收入都产生巨大的积极影响。许多城市及乡村以举办特色活动而闻名于世，比如爱丁堡、摩纳哥、里约热内卢、卡尔加里和切尔西。可以想象，活动参观者的消费和活动组织者的投入，以及其他间接的经济影响将会给当地社区带来巨大的经济效益。
4. **货真价实和富有想象力的节事产品。**作为一名游客，消费者在参观一个节事时期望看到某些真实的又是与众不同的东西。由于休闲类项目和活动多如牛毛毫不稀奇，所以活动的组织者需要能向观众提供一个参加的理由。比如某个年会，参观者需要一个明年再来的理由。WOMAD是一个长期流行的节事的例子。WOMAD是世界音乐、艺术和舞蹈的缩写，它的宗旨是融合全世界不同国家和不同文化的音乐、艺术和舞蹈。组织者说他们的目标是鼓励、传达、增强人们对多元文化社会的价值和潜力的认识。
5. **举办地的利益。**如果活动的举办对当地产生影响，举办地社区希望组织方能事先征求他们的意见。社区需要确认是否活动对当地产生的长期好处能弥补短期的不利影响。比如，有许多墨尔本的居民自始至终反对在他们城市举办年度赛车比赛。与此相反，因为2008年奥运会的工程项目而被要求动迁的北京市民对当地政府制定的优先计划表示认可。即便是再小的活动，也需要得到当地政府的同意，当地政府需要确保活动的举办是有益社区的，是把风险控制在最小范围内的，并且能够有助于当地社区的建设。

6. **把风险控制在最小范围。**对节事组织者来说，公共责任和相关保险问题是重要的考虑事项。安全第一，特别是当大量人群聚集可能会带来安全隐患。运动会和音乐会上对拥挤人流的管理和潜在的致命事故防范是一个世界性的问题。
7. **政治影响。**当大型节事需要政府（包括当地政府）在某个层次提供支持时，就会产生一些政治考虑。比如在澳洲，一个地区范围的节事往往比一个城市范围的活动更能吸引投资，因为地区发展具有政治优先性。很自然的，随着各国竞争的白热化，一些巨型活动的竞标，例如奥运会或足球世界杯，则需要高级别的政府支持。比如南非获得2010年足球世界杯的举办权可以看作是南非政府的一次政治胜利。
8. **活动设计和实施的复杂性。**许多节事没有设计蓝图。它们往往是复杂的和极尽艺术手段的，吸引着媒体的注意。这些节事可能涉及成百上千的观众、参加人和工人，所有这些人聚集在一起参加一个历时几小时到几天的活动。组织者必须在这个短暂的时间内达成节事的目的和目标。因此节事计划必须是动态的和灵活的，整个节事可能是多变的，有时候甚至让人感到是混乱的。
9. **参与人的多样性。**节事的参与人可能包括赞助商、政府、旅行社、危机处理机构、道路管理机构、承包商、当地社团等，这其中赞助商往往是要求最多的参与人，特别是当他们给予了节事重大的投资。在一些案例中，当赞助商发觉自己的想法不能很好地被安排，就会相互竞争，要求获得更多的展示机会。他们会要求标志展示、媒体覆盖和其他一系列的好处。在一个最简单的例子中，比如音乐节，年轻人希望随音乐疯狂，他们的父母则要求他们像一个50岁的人那样守规矩，当地警察当然希望他们最好就呆在家里，乐队希望看到粉丝们（乐迷）发狂，而保安人员把全部精力集中于监控毒品和酗酒。大型节事往往需要外包一些服务，比如安保，服务供应商通过竞标来获得合同。如果竞标不是公平、公正的，或者承包商没有充足的时间来实施服务，那么相关工作将可能问题不断。
10. **志愿者管理。**许多活动，不论是大型的或者小型的，都有志愿者来组织和担任工作人员。这对节事管理提出了新的挑战，节事的人力资源经理需要评估志愿者的特殊需求并确保满足这些需求。志愿者的动机可能是爱国主义精神或献身于活动背后的某项事业，比如筹款。在许多案例中，志愿者希望通过参与活动享受一段美好的时间，而一旦实际情况并不是他们所期望的就会退出。人员流失率问题将会在第15章讨论。总之，志愿者工作人员的数量和范围都是需要仔细斟酌的问题。

节事管理——是艺术还是科学?

对节事管理的职责描述经常侧重于后勤保障和运营。例如有些作者建议采用诸如EMBOK（节事管理知识体）的项目管理方法来标准化和提升当前节事管理者的专业水准（Goldblatt，2005a）。然而，Brown和James（2004，p. 53）说许多节事组织者为了迎合客户和股东的要求，采用粗浅的办法把节事制造出来，而把节事的理念开发和设计抛在一边，忽视或根本没有考虑这些核心问题，而这恰恰是一项节事的灵魂，是让一项伟大节事之所以伟大的原因。

在讨论节事管理是一门艺术还是科学的时候，将用到Brown和James的观点。清晰明了的节事管理既是艺术又是科学（见图1.1）。它是科学的，因为它与建造桥梁一样要用到精细的项目计划。事实上，许多节事需要建设这样或那样的基础设施。但这仅是节事管理的一部分。节事管理的另一面类似电影创作。人和资源被有效地结合到一个创造性的和投资巨大的活动上，观众的反应将决定它是成功还是失败的。因而节事管理某些地方像工程建设，某些地方又像在拍电影。问题是同样一个人能否既成为艺术家又是科学家，或者是否这两个角色能被很好地分隔开来。艺术家的视角和工程运作之间有时会产生冲突。历届奥运会的开幕式让我们看到，在短短的四年时间里，历届开幕式运用的尖端科技都超越了前一届，但本质上，奥运会开幕式是一项产品不是一个项目。与之相反，像CeBIT这样的世界上最大的电脑秀，则更像是一个项目，其中科学占比巨大。

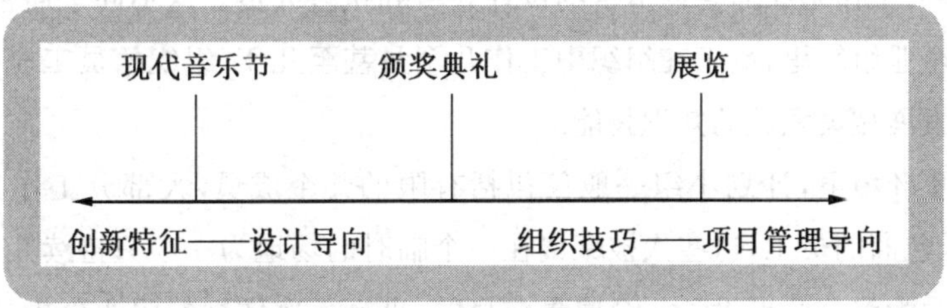

图1.1　不同类型的节事中创新和组织投入的程度

节事需要远见卓识。第13章将继续讨论节事设计和管理中的艺术和科学问题。

现代人力资源管理

以前，员工管理的功能比较狭隘，局限在招聘、选人和执行公司政策上。然而现代的人力资源管理更加战略化和业务导向化。一旦节事管理组织关注到这一点，不论是通过人力资源部门还是将相关职能分配给相关经理，都会带来巨大的益处。

在一个战略层面上，节事组织者需要决定哪些服务应该外包和哪些自己做。这些都是重要的决定，受制于劳动力市场的状况。劳动力成本常常是节事中最大的一块成本，并且由于人力成本中相当大的一部分隐藏在与承包商签署的外包合同中，这进一步增加了劳动力成本的复杂性。在制订人力资源战略计划时必须意识到这一点。（一次定范围讨论将决定要实施哪些任务，此时必须作出战略决定，确定哪些任务将被外包。）为了确保职位分析是建立在正确决策的基础上的，有必要进行一次风险分析。例如活动安保服务通常外包给专业的保安公司，因为他们的员工都经过充分培训，拥有所需的相关证件，是这方面的专家。

对节事战略计划制定者来说，最大的问题是雇用活动相关人员的短期化和临时性。为了最大化员工绩效和获得最佳服务水准，只有通过有效的战略人力资源规划，而这必须由人力资源专家和/或整个组织内的经理们来制订。人力资源管理是一项共同承担的职责。

节事人力资源管理

任何一项节事，不论是节日庆典、庆祝会、游行或竞赛，对于节事管理或人力资源经理来说，最具挑战性的工作是如何管理节事的设计人员和执行人员。这不同于通常的商业环境，因为在一般的企业组织里，员工在组织中工作几个月甚至几年，组织给员工充分的时间去建立人际关系和发展相关领域的知识技能。

但是在节事环境下，计划小组一般仅包括有限的几个成员，大部分工作人员是付费员工、志愿者和承包商的员工，这些人被聚集在一个临时的场地为一项只持续几个小时或几天的节事而工作。为整个节事设计一个愿景或目的，进行一次详细的职业分析，响应运营计划不断发生的变化，满足所有参与人之间的沟通协调需求仅是人力资源经理众多职能中的一部分。实际上，许多节事没有人力资源经理这一职位，他的职能被上至节事经理下至团队主管的高级员工所分担。因此，每个管理团队成员或主管都必须了解人力资源管理的主要职能以及管理他们的临时工作团队时他们应该做什么，这点十分重要。

这样一种极具挑战性和多变性的环境是对管理者的管理技能的终极测试。就像一个节事经理所说的："出错是必然的，就看你如何应对了。"

表1.2详述了活动节事管理中的不同管理角色。在一些案例中，他们的关注点有差异，特别是当分配给安保的预算看起来不够的时候。冲突是经常会发生的。例如，人们可能对选择什么样的娱乐项目意见相左，节事组织者可能赞同，但是赞助商却不允许或不同意他们的选择。

表1.2　节事的工作团队

管理委员会 委员会的任务是确认节事举办的主要意图和目的，并监控节事朝着这些目标不断前进。委员会成员一般承担生产、市场营销、人员招募、项目运行和财务工作等职责。
工作人员 拿酬劳的员工一般负责节事的设计和实施。他们通常是有经验的专业人士，即使没有节事的工作，也至少有相关领域的工作经验。这些员工的数量在活动前期阶段相当少，而在临近活动开始时才会逐渐增加。在一些案例中，这些工作人员还包括一些借调人员，比如从政府机构借调的员工。
利益相关者 来自不同领域的利益相关者会影响节事的计划。利益相关者包括当地政府、危机处理机构、道路和运输服务机构、环境保护组织、警察、赞助商等。节事使用场馆的拥有者或管理者也是重要的相关责任人之一。
服务承包商 很少有不需要服务承包商的节事，这些服务承包商提供各类商品和服务，包括临时场地分割和相关设施、声光电效果、舞台管理、娱乐项目、餐饮和垃圾处理等。
志愿者 许多社区活动需要招募志愿者，有时候组委会以下的工作人员都由志愿者担任。志愿者的数量根据节事的类型和规模而有所不同。许多体育活动招募各个领域的专业人员作为志愿者，比如担当计分员。但商业活动，比如展览，则很少招募志愿者。

Drummond和Anderson(2004，p. 88)指出："活动或庆典的实际效果直接取决于在活动中提供服务的工作人员。"顾客与多个服务人员接触，比如售票员、保安员或保洁员。这些工作人员可能全都是承包商的员工因此不在节事管理者的直接控制之下。管理这类工作人员与顾客的交互行为的质量是必须的。承包商的选择和承包商员工培训将在第5章和第9章中详述。关于服务人员的职责是管理好参加活动的顾客，Drummond和Anderson(2004，p. 89)强调："这些工作人员的交流方式和专业技巧决定了观众对于整个节事的印象。"

作为一门新兴职业的节事管理

最近有专家在辩论是否节事管理该以一门新兴职业出现(Goldblatt，2005a；Harris，

2004)。如果判断的依据是对该门学科感兴趣的学生人数和学校提供的课程种类，那么毫无疑问节事管理是一门新兴的职业。但是 Harris(2004)经过详细分析，认为由于节事管理缺乏通用目标和统一标准，因此在目前的环境下，节事管理还不能被看作是一种职业。这主要是因为有太多的行业协会分别代表着不同的节事领域，比如会议、展览、特殊活动、论坛等。由于各行业是分隔的而且缺乏统一的准则，比如，你可以发现，医疗和工程专业，就几乎没有可能形成一个单一的职业协会和行为准则。但是，Harris 还是为节事管理提供了一个走向专业化的模式，如图 1.2 所示，该模式考虑了特质、功能和商业模式，包括了所有重要的职业行为准则。

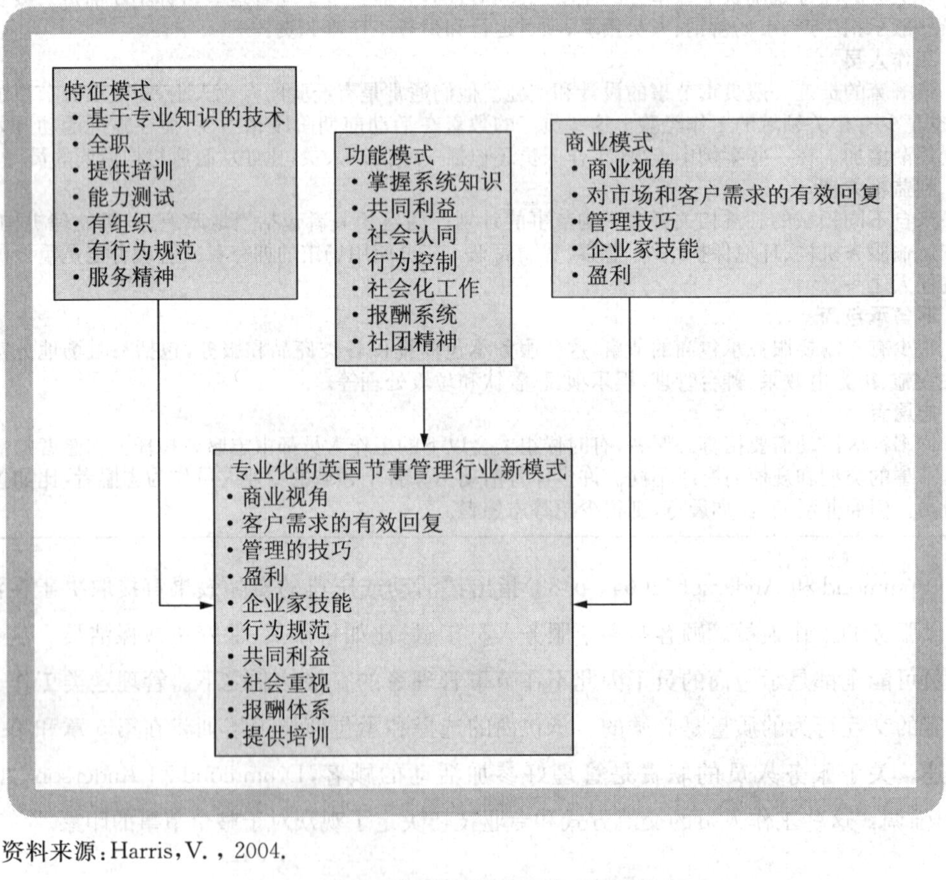

资料来源：Harris，V.，2004.

图 1.2 在英国被推荐的节事管理职业化模式

举办节事总会带来一些风险，特别是涉及公共安全的风险。比如在南非，议会已经提交一个议案要求对节事管理经理的职业认证进行立法，议案中还包括确保人群安全的措施。

道德标准和企业的社会责任

道德标准和企业的社会责任是节事管理的关键要素，特别是人力资源管理的相关职责，比如职业健康和安全、志愿者管理、承包商管理和广义的人员管理。Webb(2001)特别提到2000年悉尼奥运会利益相关者之间的合作，特别是工会和组委会之间的合作，他说曾有员工因为一些小故障，比如考勤记录故障，而导致两周不能领取工资，但是良好意愿的表达对解决这些问题起了重要作用。虽然这届奥运会很好地解决了汽车司机对收入、住宿、食物和轮班感到不满的问题，但许多小型活动确实有雇员和志愿者感到组织方对他们很不好。但是由于节事持续时间一般很短，这些不满很少被报告，只不过当事人事后往往会决定不再参与此类活动。

在所有的人力资源管理责任中，员工和观众的安全问题是最重要的。2003年在芝加哥的E2夜总会的踩踏事故夺走21条生命；同年，美国历史上第四大夜总会火灾——车站夜总会的火灾——夺走了100条人命，为了防范类似事故再次发生，美国国家防火联合会颁布了极其严格的防火喷淋设施和拥挤管理的新规定，要求全美夜总会类场所必须遵守。拥挤管理经理的职责是控制拥挤，确保紧急出口畅通和协助迅速撤离。生命安全章程要求为每250名参加对象配备一名专门的拥挤管理人员，并要求他们接受拥挤管理技巧培训。这对招聘和培训、人力资源风险管理和劳动力监督，包括监督和管理承包商员工，都有影响。整个行业都采取措施来提高安全指数。人群安全管理网(www. crowdsafe. com)提供了拥挤管理指南和最新的研究成果。由于人群集会的潜在风险持续增加，不论何时举办大型节事，都会引起当局高度关注。

案例分析1.1

国际节庆协会(IFEA)人力资源管理标准

国际节庆协会(International Festivals and Events Association，IFEA)有一个专业职责章程，包括以下几个与人力资源管理相关的标准。

原则/标准第4条：会员应该接纳并推动最高标准的人力资源培训和管理。

考虑点1：在发展成为一项产业的过程中，节庆和特殊节事举办组织和专业人员必须建立最高级别的招聘、雇用和员工发展标准。会员必须采取必要措施来确保,作为个人和组织,他们会建立和执行符合道德准则的人员招聘、合同解除和针对雇员和下属的规章制度。作为最低标准,会员和会员机构应该遵守联邦、州和当地的关于招聘、晋升和员工准则的法律规定。同时,由于行业对社会和社区发展的承诺,会员和会员机构必须利用每一个合理的机会去确保和鼓励会员资格、员工构成和志愿者招募的多元性。

考虑点 2:会员和会员机构应该采取必要措施来遵守联邦、州和地方政府的《平等雇用机会法》(Equal Opportunity Employment)的相关规定,不实行、不容忍任何类型的歧视,不论歧视是基于种族、宗派、民族、年龄、残疾、智障、政治团体、性别、性取向、父母背景,还是军人背景。作为最低标准,会员和会员机构必须遵守营业所在地的所有相关法律法规。

(上述文字感谢国际节庆协会的帮助,获取更多消息请登录 www. ifea. com)

思考练习 1.1

1. 解释为什么节事管理需要行为准则?

2. 以上准则侧重于招聘、《平等雇用机会法》和培训。你认为行为准则还可能包含哪些人力资源实践?

虽然国际节庆协会(IFEA)(见案例分析 1.1)提供了这么一个自愿遵守的规章,但在许多国家确实需要更高级别立法,因为越来越多节事计划涉及的内容涉及法律范畴。由于政府和相关协会携手制定法律法规,提出建议、操作指南和行为准则,这将进一步推进节事管理的职业化进程,提升实施最佳行为的节事组织机构的声望。在英国,《节事安全指南》确保节事机构遵守法律法规。然而随着该行业数量和规模的快速发展(包括诸如奥运会在内的超级活动,以及小型的社区活动),需要在世界范围确保更广泛的规章准则。接受广泛认可的认证培训将成为节事行业从业人员的最低要求。Arcodia 和 Axelson(2005)展示了节事管理人员招聘广告中被认为是最重要的 5 种技能,这 5 种技能的排名根据两人所研究的 1 002 个招聘广告中相关技能的出现次数,这 5 种技能是:组织/计划技能;沟通技能;团队技能;客户服务技能;电脑技能。此外,在每一个节事经理和节事人力资源专家的职位描述书中都会有熟悉人力资源/劳资关系相关法规和熟悉人员招聘和员工监管准则的知识技能要求。

许多重要节事开始的时候规模很小,然后随着时间推移而变大。可持续性发展需要巨大的努力和财务投入，对一项节事都极其重要。许多著名的社区活动都属于这一范畴，比如历史和文化庆典。

案例分析 1.2 提供了一个复杂的国际性节事的例子，这个活动开始于 1985 年一个学校和赞助方之间的才能展示项目。

案例分析 1.2

阿尔卡特渥太华国际儿童节

参加阿尔卡特渥太华国际儿童节的人员数量庞大。该节日正迅速成为国家首都一个主要节庆，强烈吸引着各个年龄阶层的青少年和他们的家庭。

在一项渥太华旅游协会发布的调查报告中，96%的参与者认为儿童节给他们留下了美好或令人难忘的体验，并表示他们明年将再回来参加活动。

活动的成长轨迹

2001 年：5 000 人

2002 年：9 000 人

2003 年：12 000 人

2004 年：16 000 人

2005 年：13 000 人

活动目的和目标

渥太华国际儿童节使青少年在表演艺术创造的美好感觉中畅游，激发他们的创造力和无限的想象力，鼓励个性张扬。为了达到这个目的我们将做如下几件事情：

- 在当地和周边地区加强公众宣传，培养公众兴趣，从而确保参加人数。
- 从全世界范围内培育和激发对儿童艺术和戏剧表演的认识、兴趣和热爱。
- 发动当地和国内专业人士，扩大活动的参加人群。
- 举办针对学生观众的夏季庆典和针对普通民众的贯穿全年的系列活动。
- 把艺术节办成一个高知名度的年度活动和当地的旅游活动，吸引各地游客，从而推动首都地区的经济发展。
- 表彰和宣传志愿者对儿童节成功举办所作出的贡献。
- 表彰和宣传所有支持活动的赞助商。

节日参加人数

2002 年的参加人数增长了 400%,达到 9 000 人次,工作日表演时段的大部分观众都是学龄儿童。2003 年的儿童节参加人数报告指出由于采用免费和收费两种形式,2003 年的参加人数进一步增长,达到 12 000 人次,包括付费和免费的节目参加人次。而去年的参观人数更是破纪录地达到 16 000 人。

参加人员的人口统计分布显示:参加人员构成覆盖各个社会阶层,来自不同的收入层次、社会背景和年龄,参加人员既有全体家庭成员、单亲父母、祖父母,也有学校团体等。

渥太华国际儿童节的预算是 60 万美元。

(上述内容获得阿尔卡特渥太华国际儿童节的许可,更多信息请登录 www. ottawachildrensfestival. ca/default. asp)

思考练习 1.2

1. 从人力资源战略规划和员工队伍专业化的角度讨论,当一项节事从最初的只有 5 000 名观众发展到 13 000 名,这样的变化会产生什么影响。

2. 鉴于儿童节在五年中规模迅速膨胀,讨论人力资源管理模式如何随活动规模和内容范围的变化而相应变化。

3. 这个活动定位于儿童(和他们的父母)。一些国家有关于与儿童一起活动的行为规章和工作指南。如果你正在运作一个儿童活动,你将考虑哪些与儿童活动相关的企业社会责任。

本章小结

节事的目的是庆祝节日、激发热情和纪念历史。如我们在本章中所见,为了确保节事的成功举办,必须根据节事的宗旨和愿景精心设计、周密计划。从战略层面,这包括对承包商和他们员工的管理,以及与利益相关者的沟通协调。除了大型活动外,其他活动一般没有专门的人力资源经理。人力资源管理的职责由节事组委会和组织者承担。每一个经理或主管都为他们团队内的员工负责,确保他们在节事多变的环境中提供最好的服务。随着节事管理职业化趋势的出现,人力资源管理已成为了整个节事管理关注的焦点。行为规章和法律法规的要求使得节事运营计划的制订需由专业人士负责，而由于节事管理的特殊环境，人力资源管理也同样如此。

复习问题

1. 根据本章对节事的分类，为每一个分类确定一个节事实例。

2. 列出和解释 10 条与人力资源管理密切相关的节事环境特征。

3. 表 1.2 展示了参与节事的 5 种人员。请举出一个重要或大型节事的例子，从人员招募角度来详述该节事如何组织，并提供赞助商和服务承包商名录。

参考文献

Arcodia, C. and Axelson, M. (2005). A review of event management job advertisements in Australian newspapers. In *The Impacts of Events*. University of Technology, Sydney.

Brown, S. and James, J. (2004). Event design and management: ritual sacrifice?. In I. Yeoman *et al.* (eds), *Festival and Events Management: An International Arts and Culture Perspective*. Elsevier Butterworth-Heinemann.

Drummond, S. and Anderson, H. (2004). Service quality and managing your people. In I. Yeoman *et al.* (eds), *Festival and Events Management*. Elsevier Butterworth-Heinemann.

Goldblatt, J. (1997). *Special Events*, 2nd edn. John Wiley and Sons Inc.

Goldblatt, J. (2005a). An exploratory study of demand levels for EMBOK™. In *The Impacts of Events*. University of Technology, Sydney.

Goldblatt, J. J. (2005b). *Special Events: Event Leadership for a New World*, 4th edn. Wiley.

Harris, V. (2004). Event management: a new profession. *Event Management*, **9**, 103–9.

National Fire Protection Association. Life Safety Code. Viewed 15 May 2006, www.nfpa.org/aboutthecodes/AboutTheCodes.asp?DocNum=101.

Rogge, J. (2004). Global viewing of Athens 2004 Olympic Games breaks records. International Sports Television Convention (Sportel), Monaco.

Salem, G., Jones, E. and Morgan, N. (2004). An overview of events management. In I. Yeoman *et al.* (eds), *Festival and Events Management*. Elsevier Butterworth-Heinemann.

Webb, T. (2001). *The Collaborative Games: The Story behind the Spectacle*. Pluto Press.

第 2 章
人力资源计划

学习目标

读完本章以后你能够：

- 介绍和讨论人力资源管理的定义
- 描述战略人力资源计划扮演的角色
- 说明人力资源计划与活动目标和宗旨的联系
- 描述关键的人力资源功能
- 讨论跨项目的人力资源功能整合
- 进行人力资源风险分析

介　绍

人力资源管理的内容远不止招聘和甄选员工及志愿者。它是个广泛的活动，关系到节事管理组织的长期战略发展。有效的人力资源管理所期待获得的结果是在管理劳动团队的过程中形成一种合作和投入的组织文化。在节事中，各种非常规雇用合同和一个极其复杂的劳动力团队需要被聚集在一起实现一个共同的组织目标。对于一个大型的节事，这种合作关系将是长期的，在整个压力重重的计划阶段内得以持续，时间跨度可能是 4 年或更长。可以想象得出，计划团队将可能在某个时候变得灰心沮丧，特别是当媒体对某些问题，比如预算超支，提出质疑的时候，这个时候需要为员工提供一些岗位变化或生活方式转变的机会。事实上，任何节事的人力资源经理都会认真考虑在活动开幕前允许关键员工提早离职，这样员工可以提早去寻找新工作，避开大型活动后经常发生的劳动力市场阶段性过剩。人们很容易就会想象到这样一个场景，一个活动不久就要开幕了，但仍然有一些基础设施还没有完成，场馆还在施工。类似的，节事的人力资源战略规划也会没法完成目标，节事的人力资源管理迅速变成一场灾难。对人力资源管理的“潮湿混凝土症状”必须不惜一切代价地予以避免；员工必须充满信心地为开幕倒计时做好准备。

人力资源管理的定义

与节事管理定义类似，人力资源管理的定义也是多种多样，是否需要和有必要为其指定一个单一的定义仍然是一个悬而未决的问题。Maund(2001，p.36)把战略人力资源管理定义如下：

> 它是战略人力资源管理，提供一个环境，使人力资源管理得以工作，获得开展各项计划的资源，比如为了帮助员工成长，人力资源管理专家将实施培训和员工职业发展规划。因此战略人力资源管理需要帮助组织实现组织的目标，获取（或保持）组织的竞争力。战略人力资源管理在组织使命的框架——组织的目的，股东希望组织实现的目标——与在组织的内部和外部环境的约束下形成。

上文描述的外部商业环境将在本章着重介绍。一份详细的劳动力分析通常要求确定劳动力市场上是否存在活动所需的短期劳动力。许多大型节事会从世界范围招募所需的临时员工。那些有特殊要求的员工可能需要从其他地区雇用，但大部分在节事举行期间短期需要的员工数量巨大，且不需要很高的技能，一般在当地招募。因此很多节事考虑在学校或大学放假期间举行，因为可以招募到大量的学生作为临时工作人员。劳动力分析是需要考虑的众多问题中的一个，除此外还会发生许多挑战性情况使得计划变得复杂，比如劳动力短缺、临时员工为多家保安公司或餐饮公司工作导致他们的数量被重复计算等等。

在大型节事的组织过程中，后勤保障是另一个需要重点关注的问题，这包括交通安排、制服运送、餐饮配送等。后勤保障问题并不局限在世界杯这样的活动，大部分活动都需要考虑这个问题，比如音乐节，而普通的商业组织中的人力资源管理一般不需要考虑后勤保障问题。比如，一个节日庆典，学生志愿者可能被要求早上5点到达活动现场，而此时没有公共交通。有时候志愿者可能要待到晚上很晚，比如观众离场后3个小时或更长时间才能离开，组织者就必须考虑学生如何获得必要的交通和安全问题。此外，食物供给很少在描述战略计划的章节中出现，但它确实是一个大问题，试想如果300名志愿者，在一个临时场地，非正常用餐时间里，一天需要提供两顿热饭，成本和工作将是巨大的。因此，后勤保障计划是节事人力资源管理的重要内容之一，需要引起足够的重视。

上述这些问题涉及领导力和后勤保障计划两个问题，都需要人力资源经理考虑解决。从战略上讲，战略人力资源管理要求在节事组织的发展过程中发挥领导的作用，确保每一个计划顺利实施。需要再次强调的是，与普通商业环境不同，在节事这样一个临时架构的临时团队中，所涉及的与员工计划相关的后勤保障要复杂得多。就像 Armstrong(2001，p. 33)建议的，战略人力资源管理的基础目标是获得足够的、具有所需技能的、积极负责的、士气高昂的员工来实现组织目标，维持竞争优势。

战略人力资源计划

一个战略人力资源计划包括：

1. 阐明战略目标，包括劳动力市场环境评估，行业关系框架和所需的专业技能，还包括哪些功能将被外包，以及如何与赞助商或相关政府机构合作。

2. 制定一个灵活的能快速反应的人力资源管理计划，能够处理在计划阶段出现的人力资源问题和给出的在战略层面的建议。

3. 确保所有的人力资源计划都基于节事管理组织的期望、意图和目标，并且符合组织价值观。

4. 协调跨项目的功能整合，确保不同项目步调一致地按照截止日期设定的期限进展。

5. 在所有的计划和服务传递过程中关注客户服务，包括内部和外部客户。

劳动力市场分析是必需性。在 1996 年亚特兰大奥运会期间，包括酒店在内的许多行业都有劳动力短缺的报道。结果，许多志愿者被挖走，导致奇高的员工流失率(有一种说法是志愿者拒绝穿发给他们的宽松短裤导致离职，但究竟是不是如此就不得而知了)。如果节事为了身份认证要求工作人员和志愿者接受警察的检查，志愿者就变成有价值的可雇用的商品了。Webb(2001)提到，在亚特兰大奥运会期间，组织者发现他们需要雇用 4 000 人才能确保在任何时刻现场均有 1 000 名工作人员。了解到这个情况，在后来的悉尼奥运会上，组织者采取了两个策略来解决这个问题：第一，外地招募，缓解当地的劳动力市场的压力；第二，与付费工作人员和供应商员工签署正式协议，如果他们做到全勤，将获得额外的以小时计算的奖金，但这笔奖金在活动结束后才发放。

对于一个大型的节事，技能分析是整个人力资源计划中一个不可或缺的组成部分。技术工人短缺，比如厨师短缺，可以通过改变菜单和增加食品储备(比如速冻食品)来解决。但是在应急方案被讨论之前，需要在董事会上详细分析节事的员工招聘需求的影响，包括劳动力市场规模、劳动者的知识和技能情况、潜在志愿者工作人员的数量和技能、承包商提供活动所需短期服务要求的能力等。

人力资源管理专家在节事计划中最重要的任务就是整合资源。一个大型节事由多个不同时间进度的项目组成。每个项目都包含人力资源管理的内容，包括员工招募、制定政策和流程、培训、绩效管理和业绩认可等。各类项目的管理具有许多共同的内容，但也存在一些特殊的人力资源要求。人力资源管理者将所有的项目团队整合在一起，并识别某些领域的特殊挑战。这要求他们具有积极主动的领导能力。例如，运输团队早于餐饮团队参与到项目中，但两个团队的员工都需要在开始时得到必要的培训。此外，一系列管理培训项目和培训时间表的复杂性跃然纸上。在活动实施的不同阶段，各团队的精益化培训大相径庭。

节事环境中最主要的战略关注点是组织结构设计和组织效率。虽然在招聘和员工培训和发展、员工关系管理、绩效管理和奖励等领域的节事人力资源管理与普通商业环境下的人力资源管理有类似的地方，但节事本身独一无二的特性和其特定的时间周期，使得节事的人力资源管理计划具有自己鲜明的特点。节事的工作团队要经历几个不同的阶段：一个节事在相当长的筹备阶段可能只由有限几个员工进行规划策划工作，然后在活动召开前以及实施中很短的一段时间里工作人员的数量可能会激增至数千人。因此，节事人力资源管理者不能以一个服务和支持的角色出现，而必须以一个领袖和顾问的身份在组织中发挥作用(Rothwell et al.，1998)。

在节事充满变化和挑战的项目导向的环境中，为了获得最佳的员工表现，人力资源管理者必须确定一个战略目标。这不仅适用于大型活动，也适用于艺术娱乐等领域的各类活动。此外，节事对于创新的关注要求人力资源计划兼具创意和弹性。特别对年度活动这样一类持续举办的活动。

制订目标

在所有的节事组织计划中，视野、使命、目标是整个计划的根本。由于活动的利益相关者关注的利益各有不同，以及随着计划进展而迷失焦点的潜在可能，节事组织方必须有一个可以明确定义的清晰目标。某些节，比如庆祝音乐会，明确是以赢利为目的的；而一个非营利性艺术节，目的是达成某项社会公益目标。许多社团节日都不遗余力地避免商业化，保持活动的本来目的。活动的目的决定了所有的决策，包括如何筹资、项目设计、市场战略和人力资源战略(包括是否使用志愿者)等。

从下面的这些例子中，我们能清楚地看见每个节事的不同目标。

> 切尔西花卉展(The Chelsea Flower Show)是最重要的园艺汇展之一。来自世界各地的花园设计师在展会上大显身手。每一届展览都会向人们展示园艺设计的新理念和新作品，毫无疑问，切尔西花卉展将会不断地在这个国家持续发展的园艺史上留下印记。

切尔西花卉展(www. rhs. org. uk/chelsea/history. asp)的主办方是皇家园艺社会：

> 皇家园艺社会创建于1804年，是现在英国居于领导地位的园艺机构，致力于提高整个社会的园艺文化，推动园艺水平。我们的目标是帮助人们分享对植物的热爱，激发人们对园艺的兴趣，创造优秀的园艺作品。

从以上简短的描述中，我们可以看到挑选与展览商一起工作的人员和挑选访客的主要标准就是他/她必须是园艺专家和热爱园艺的人。

亚运会(www. doha-2006. com/en/)，一个更大规模的活动，它的目标则截然不同。

> 亚运会每四年举办一次，旨在加强亚洲各国的国际关系和文化交流。第15届亚运会不仅是体育盛会和各国代表的一次聚会，更是卡塔尔向全世界展示国家实力和民族理念的机会。

与之不同，温哥华国际读者和作家节(www. writersfest. bc. ca)具有不同的目标，这是一个非营利性慈善组织发起的活动，目的如下：

- 让年轻读者领略书籍带给人们的惊奇；
- 向观众介绍世界上最好的作家；
- 推荐那些优秀但并不为大众知晓的大不列颠哥伦比亚州、加拿大和国际上的年轻作家。

最后，特奥会是一个国际性组织，致力于通过体育训练和竞赛，让全世界的智障人士保持健康的体魄，拥有丰富的生活，成为受人尊敬的社会成员。特奥会向各年龄阶层的智障人士提供贯穿全年的体育训练和在夏季和冬季特奥会参加26个竞赛项目的机会。目前特奥会通过200多个项目向150个国家和地区的120万智障人士提供服务。特奥会(www. specialolympics. org)的使命是：

> 向各年龄的智障人士提供全年的体育训练和奥运会形式的竞技比赛，让他们保持健康强壮，激发生活勇气，体验快乐，与他们的家人、其他特奥会运动员和社会分享天赋、技能和友谊。

以上这些案例告诉我们，不同的活动类型将匹配不同的目的、意图和目标。因此，为了确保活动招募到合适的人员，确保每个参与活动的人都受过相关的培训，确保他们的积极性被激发，人力资源管理者必须参与到节事的战略理念设计和运营计划的各个方面。只有这样才能保证提供所期望的服务水准并始终与活动目标保持一致。

跨职能整合计划

请读者牢记，跨职能整合计划非常重要。整合计划是复杂的，因为不同的职能团队有不同的时间进度表，在不同的时间又需要及时获取他们所需要的诸如招聘和培训等人力资源服务。这些需求可能在其他许多团队需要之前就会发生。例如，技术团队通常是最先启动的职能团队。他们在节事开始前负责内部网络和活动网站的搭建、信息的收集和整理等。然后在活动期间，他们的职能可能变成记分和报告结果等。从这个简单的例子上我们就可以看到，一份该功能区的职位分析如何反映不同的员工招聘阶段和不同的招募和培训需求。同样的过程在所有的功能区中重复，比如交通或赞助商。

在讨论其他问题之前，我们先来了解功能区的概念，它被广泛地应用在节事管理中。功能区是节事组织中提供不同基础服务的职能团队，相当于传统企业组织中的各个部门。图 2.1 展示了这样一个功能区示意图，图中显示所有的职能团队根据相同的时间期限来实施他们的服务。在整个过程中有许多诸如先有鸡蛋还是先有鸡的问题。

节事组织的一个特点就是它的有机性、转化性和易变性，因为一个功能区的变化会影响到其他多个功能区的运作。例如，赞助商变化会影响制服设计、产品和服务提供。最终结果是，身份验证可能会被延迟去适应制服的变化。如图 2.1 所示，一些功能区会比其他功能区更早制订计划。

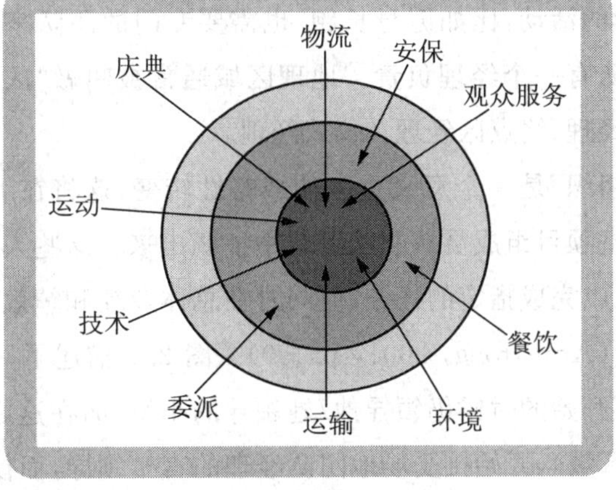

图 2.1　功能区，每个功能区按照不同的进度向同一个时间截止点推进

奥运会有54个功能区域，而对于小型活动，以下所列举的关键功能区需要考虑。

- 财务；
- 法律；
- 项目管理；
- 风险；
- 劳动力计划；
- 程序和物流；
- 技术；
- 运输；
- 安保；
- 认证；
- 典礼；
- 餐饮；
- 清洁和垃圾处理；
- 环境；
- 票务；
- 市场；
- 媒体；
- 赞助商；
- 销售计划；
- 体育/娱乐/产品；
- 医药；
- 客户服务。

对于一项大型活动，比如体育赛事，功能区域在前期的计划阶段起到重要的作用，而当场馆建设接近完成时，需要组建场馆团队，成员一般包括各功能区域的代表。比如餐饮服务必须向体育馆和网球中心提供食物。从这个阶段开始，组织结构将从原先的按功能区域划分改为按照地理位置或场馆来划分。

对于大部分的活动，这种转变意味着管理模式转变为场馆、区域和群，每一块都独立运行。传统上，奥运会称之为场馆或区域，在本文中将使用“地区工作组”(zone areas，ZAs)这个名称。对于一个超大型的活动，原来的场馆管理团队要听命于组委会指定的专职管理团队。但不是每个活动都有这么大的规模，对于大部分活动，组委会将同原有的场馆管理团队一起工作，这些团队成员常常是体育场馆的全职员工。

即便是一个小规模的活动，比如健身长跑，也需要专门的团队来负责起跑区、终点和途经路线的管理，每个团队有一个经理负责。地理区域通常被叫做“区”，在健身长跑活动中，分起跑区经理、路线区经理、终点区经理和仪式经理。

转变成一种“矩阵组织”是一个意义重大的战略性转变，这将在下一章节中详述。矩阵结构十分有用，因为它把项目组成员从职能团队中抽调出来。这些人被分派到项目小组中，他们听命于项目组组长以完成指定的任务，但同时在总体业绩和绩效方面，他们又继续对所在职能团队的经理负责(Armstrong，2001，p. 190)。图2.2描述了一个负责风险和安全的项目经理直到活动快要开始的时候仍领导他/她领导的小组，而在这之后，他/她的小组成员被分配到场馆(或地理区域)，开始接受场地团队经理的直接领导，而仅在遇到关于风险和安全的特定问题时才间接向风险和安全经理寻求咨询意见。也就是说，安全协调员不再向风险和安全经理汇报，而是直接向场馆经理汇报。

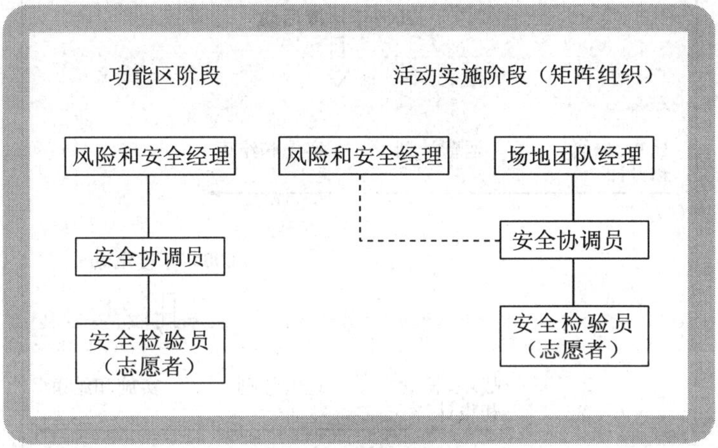

图 2.2 从功能区域结构(图左)到矩阵组织结构(图右)的演变

节事组织的演化过程

无论是一个大型的单项目还是一系列具有项目特点的小型节事，都要经历一个演化发展过程。比如曼彻斯特英联邦运动会经历了以下几个组织阶段：

1. 战略计划(4 年)；
2. 行动计划(1 年)；
3. 实施阶段(6 个月)；
4. 举办阶段(3 个月)；
5. 收尾阶段(4 个月)。

在节事的不同阶段，计划的关注焦点都有所不同，并且组织的结构也发生相应的变化。任何规模和类型的节事都是如此。如果讨论的节事是一个需要两年准备期的年会，那么同一个节事组织团队将在同一时间承担前后两届年会的工作，其中一个是处在战略计划阶段，而另一个则是在运营阶段。如图 2.3 所示，2008 年的前期设计阶段在 2007 年的活动还没有结束时就已经开始。比如对于一项年度音乐活动，在下届活动开始的前 1 年节目就需要被确定下来。

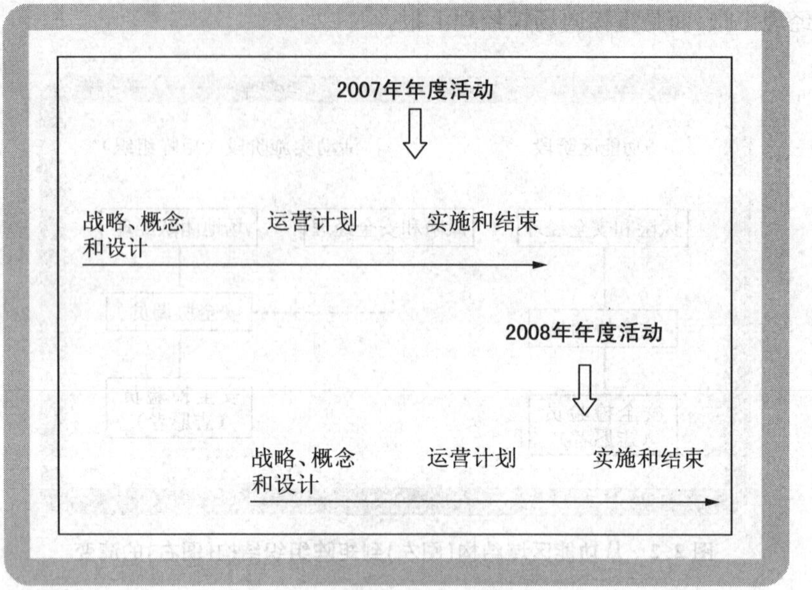

图 2.3　一个年度活动各阶段进度图

Toffler(1990)用“跳动的组织”(pulsating organization)来描述组织的扩张和收缩。Hanlon 和 CUskelly(2002)在对两项重要的体育赛事的研究中，对人员招募管理提出了一些建议，这将在第 9 章中详述。他们的观点对于节事特别适合，因为这样的组织有自己的特点，与传统意义上的比较稳定的组织截然不同。

组成节事管理委员会

Shone 和 Parry(2004)建议节事组委会采用图 2.4 所示的组织结构。值得注意的是这个组织结构图没有人力资源经理。对于一个小规模的活动通常是这样的。大部分情况下，人力资源管理的职责由运营经理、场馆经理、艺术总监或其他管理人员分担。每个经理招募一个团队并管理他们的绩效。

Shone 和 Parry 建议，除上述人员，最好邀请利益相关者的代表参加委员会的会议，比如场馆代表、执照持有人、赞助商、警察机构、医疗急救提供方、消防队和当地社区。

对于大型节事，组织中最好有一位人力资源管理的专家，他的职责包括劳动力计划、承包商管理、志愿者管理、雇佣和培训、职业健康和安全、工作人员制服、餐饮和人力资源政策制定等。

主席和委员长
运营官(2)
财务经理
市场营销经理
健康、安全和法律部长

资料来源：Shone. A，and Parry，B.，2004.

图 2.4 节事组委会组织结构

人力资源管理的主要任务

下面概述人力资源管理团队的主要职责。

劳动力计划

付费员工的招聘必须掌握好时间节点。在活动召开前很短一段时间里所需工作人员的数量将飞速上升。如图 2.5 所示，在 2002 年曼彻斯特英联邦运动会中，绝大部分的工作人员都是在运动会临近开幕才招募的(Manchester City Council，2003)。如果活动的预算超支，组委会常会考虑延迟几周或几月招募部分员工。然而这样做将对整个活动产生巨大的消极影响。活动基础设施的建设是不大可能因为超支而停工的，于是压缩人工开支成为最常见的手段。

案例分析 2.1

劳动力增长趋势——2002 年曼彻斯特英联邦运动会

图 2.5 是 2002 年曼彻斯特英联邦运动会人员招募增长趋势图。这张图形象地展示了大型活动中员工数量指数级别的增长。

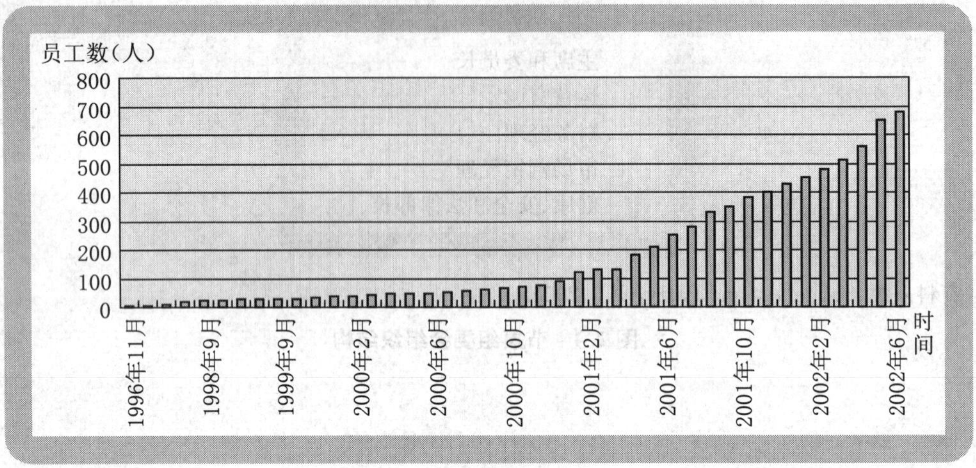

资料来源：Manchester City Council，2003。更多信息请访问 www. gameslegacy. com。

图 2.5　2002 年曼彻斯特英联邦运动会员工雇佣数量增长趋势图

思考练习 2.1

1. 每位新员工都需要入职培训。那么员工数量猛增会对人力资源管理带来哪些影响?
2. 比较在初期和末期阶段不同的团队发展和员工关系建设层次。

组织设计

前面章节曾提到过，项目的时间节点对组织设计会产生重要影响，在一些关键时间点组织结构可能会急剧变化变成矩阵式结构。同时，一系列利益相关者和承包商的参与也十分重要，因此在设计组织结构和汇报关系的时候必须纳入考虑。

承包商选择和管理

在许多活动中，承包商提供一半左右的工作人员。因此在选择承包商的时候必须考虑相关的人力资源管理问题，比如劳动力、技能、员工培训、员工认可、员工流失等。承包商包括提供租赁设备、灯光、声音、舞台、餐饮和安保等各种服务的公司。

志愿者计划

在节事中，从体育赛事到街道游行，志愿者都扮演着重要的角色。志愿者的参与和相应的预算必须被包含在节事计划中。如何激励志愿者对节事的成功举办至关重要,因为需要付费和不付费员工一起为创造良好的活动氛围贡献力量。但是不能忽视的一点是,如果志愿者被认为占据了付费员工的岗位,可能会引发劳资纠纷。

招聘和甄选

现在许多活动通过网络来进行人员招聘和甄选,有些活动的志愿者报名大大超过需要的数量。在筹备的早期阶段就要注意收集职位申请人的信息,包括希望怎样的班次、希望在哪个团队工作、是否愿意担任现场工作人员等,这将大大加快人员分配的速度。与员工和志愿者的有效沟通将促进内部和外部顾客关系的协调。

培训

每个工作人员,不论是台前还是幕后,都需要培训。对员工的培训涵盖所有的工作人员,包括赞助商和应急服务提供者的员工。因为参观者会向任何一个穿着制服的工作人员提出问题,因此每一个工作人员都是客户关系协调人。培训在活动的推广中可以扮演重要的角色,培训自身也能成为一项活动。一个士气高涨的团队将是无可比拟的。

职业健康和安全问题

安全问题是所有活动关注的重要问题之一,一项针对入职培训的研究显示大量时间花费在这个问题上(Van der Wagen,未发表论文)。安全问题必须被列入员工培训目录中,任何安全相关内容都必须被文件记录。所有的雇员需要被告知潜在的安全问题,如何去报告发现的安全隐患和如何去应对某一个特殊状况。

制服、证件、餐饮和交通

全部员工必须持证上岗,统一着装,必须向他们提供餐饮和交通服务。这些职责有时被相关职能团队分担,但有时需要由人力资源管理人员来承担。

人力资源政策

需要为员工管理的各个方面制定政策,包括行为准则和纪律规章。对事故报告、班次转换、换岗、信息更新、休息和缺席报告等流程的描述必须十分详尽。

工作分析

工作分析又称作工作明细表,需要包括节事的每一个要素包括最小的细节。对于大型节事，这项工作通常由人力资源管理团队来完成，而大多数情况下需要得到每一个职能团队经理或场馆经理的协助。从战略的视角，场馆"拥有"他们的员工，必须考虑所有相关的人力资源事项。而人力资源部，作为一个职能部门，通常保留一个咨询的功能。毕竟这是员工，而不是一个路线或功能。

领导和激励

员工短缺、流失和缺乏激励是节事组织者的噩梦。因此，必须关注组织行为，同时，分析特定活动环境下的领导力和激励机制也是必须的。需要设计计划来奖励和留住付费员工和志愿者。

风险分析

风险分析和应急计划是所有节事管理计划引起普遍关注的组成部分。比如 2002 年英联邦运动会，共有 10 个最关注的问题，其中员工短缺排在第三位(Manchester City Council, 2003)。表 2.1 详细描述了对一个节事可能面对的人力资源风险分析。该表列举了风险项目，然后根据风险的发生概率和后果进行判断，并据此对风险划分等级。潜在的预防措施必须被高度重视，应急预案必须到位，以应对风险的发生。从表中我们看到这种或那种形式的员工短缺是一个重要的风险，因此需要组建一个应急小组，当发生人员短缺时能迅速填补缺口。从表中还可以看到，最高等级的风险是管理不善。

表 2.1　人力资源风险分析

风　　险	可能性	结果	风险等级	预防措施	应急措施
管理不善；组委会或高级管理人员的错误指挥	可能	巨大	非常严重	● 明确节事目标和目的 ● 记录所有会议内容和行动过程 ● 获得媒体支持	● 谈判 ● 仲裁 ● 人员重组 ● 危机管理团队 ● 媒体报道
无法招募到具有特殊技能的关键员工	可能	一般	严重	● 劳动力计划 ● 国际招募 ● 简历数据库	● 使用中介、人际关系和猎头机构 ● 支付异地工作补贴 ● 物质奖励
活动开幕前夕关键员工辞职和生病	几乎肯定发生	巨大	非常严重	● 制定相关政策和流程 ● 保留所有记录 ● 团队建设 ● 指定助手 ● 提供额外奖励延缓离职	● 重组 ● 重新设计计划 ● 职能重新分配

（续表）

风　险	可能性	结果	风险等级	预防措施	应急措施
活动期间的志愿者和员工流失	几乎肯定发生	一般	非常严重	● 提供留下来的理由 ● 奖励出勤 ● 认可别人的帮助	● 确保花名册记录员工流失 ● 组建应急团队
在活动开始前或活动中承包商出错	可能	巨大	非常严重	● 严格承包商选择流程，考察以往表现 ● 在承包合同中加入惩罚条款 ● 极其详细的工作分析 ● 加强监控	● 惩罚 ● 雇用其他承包商 ● 用自己的员工替代
员工不当行为引发媒体负面报道	较少	巨大	高	● 行为准则 ● 纪律政策 ● 教育和解雇	● 解雇 ● 媒体报道
用人不当或培训不够造成的致命的安全事故	一般不可能	灾难性	非常严重	● 职位分析 ● 安全分析 ● 基于工作经验的员工选择流程和某些情况下的职业资格审查 ● 安全程序培训 ● 成文的流程和员工签字的检查清单 ● 监控	● 事故报告制度 ● 医疗急救措施 ● 通讯设施 ● 危机处理团队 ● 媒体报道
违反行业法律法规	一般不可能	小	低	● 人力资源部分承担相关职责 ● 监控包括承包商在内的遵守情况	● 与有关当局协商解决

案例分析 2.2

特殊节事保险的巨大市场

下面的引文讨论了保险对特殊活动的重要性。请特别注意这段报道涉及管理不当的问题。

在一个被恐怖活动困扰的国家里，特殊节事保险对任何一个规模的节事组织者来说都显得很重要。几乎任何节事都可能导致观众、小贩和演出者的诉讼。覆盖一切可能性的节事保险已经成为一种必需，而且这种需求已经延伸到地方性节事和独立代理机构了。

Babe Ruth 挥出那记名扬四海的本垒打，向看台上疯狂的球迷致意的浪漫日子已经成为过去的记忆。现在，身价不菲的队员为拥有球队的亿万富翁老板比赛，被球场上或看台上发生的事情惹火的观众们极有可能决定去试试运气，看看能不能捞到一些赔偿。

特殊节事保单提供天灾人祸引发的损害赔偿和法律诉讼，包括管理不当的失职索赔，或天气异常或地震等不可控因素引发的索赔。具体来说包括安保措施不当、安全设备故障，有时候也包括下雨导致活动或比赛取消等。法律纠纷已经不再仅限于全美橄榄球赛或棒球大联盟等一些大型体育赛事，针对婚庆公司、大学、私人聚会和其他社区活动的管理者的赔偿和诉讼也时有发生，因此特殊节事保险具有巨大的市场潜力。大的中介机构为国家级的体育联盟服务，而小一些的机构则为地方性的活动服务，比如牛仔竞技或街道市集。

（经过 Rough Notes 公司许可，引用 *Rough Notes* 杂志 2004 年 4 月刊）

思考练习 2.2

1. 文章讨论了何种风险？
2. 谁是保险经济人？
3. 一个小型社区活动的管理不当会造成哪些后果？

下面对表 2.1 中的一些主要风险做进一步的描述：

1. **管理不善。** 这一风险的发生概率为可能，严重程度为非常严重。但通过周密有效的策划和完整的会议记录可以被规避。一旦计划发生偏差，应急计划一般包括谈判、仲裁或由危急管理团队来进行处理。
2. **员工短缺。** 这一风险发生概率为可能，严重程度为中等。对于某些活动，这个风险的严重程度可能远远超过表 2.1 中所列的中等程度，可导致灾难性的后果。但可以通过制订周密的劳动力计划和运用创新的招聘策略得以解决。应急计划包括雇用人才中介机构或对新申请人提供奖励等措施。
3. **关键员工流失。** 由于这些员工重要程度和他们担任的职位极其重要，这个风险必须被高度重视。许多节事的组织里会有一些关键成员，掌握着大量的关键信息。失去这类成员（生病或意外事故造成）将带来重大影响，但组织可以通过合理措施来减轻不利影响，比如完善的活动计划文档管理、正确的政策和流程、增强团队协作等。如果这个风险真的不幸发生了，组织有必要对整个计划和组织机构进行调整。

4. **员工流失。**员工流失或离职这种风险几乎是必然会发生的。因此在制订人力资源计划时必须考虑这个问题。这个风险可以通过提供奖金和实施员工激励措施得以缓解。许多节事会组建一支特殊团队来填补人员流失留下的空缺岗位，这支团队被称作调派职位团队。团队成员可以在第一时间被派往新的岗位填补空缺。

5. **承包商出错。**很不幸，节事的组织者常常会因为承包商或零售商们的错误而受到指责。比如食物售完了，组织者会被认为失职。审慎选择和指定承包商可以有效避免该类风险。承包合同必须十分详细，明确每一项要求和标准。此外，承包合同中还可以加入相关的惩罚条款。

6. **员工行为不当。**由于工作人员数量巨大，总会有某些员工行为不当，比如骚扰运动员。因此事先制订行为准则和进行必要的行为培训是必须的。虽然解雇员工不是一件令人高兴的事，但如果某些员工将自己或他人的安全置于危险境地的时候，解雇他是最好的决定。

7. **安全事故。**这是一个极端的风险，但潜在后果是致命的。虽然发生的可能性很低，但必须事先制订预防和危机处理机制来应对紧急和严重事故的发生，措施包括有效的通讯系统和详细的紧急事故处理流程等。

爱丁堡国际艺术节始于 1947 年，是世界上最重要的文化节之一。从第一届艺术节开始就向人们提供古典音乐、歌剧、戏剧和舞蹈等高规格的表演，吸引着世界上最优秀的艺术家参与。案例分析 2.3 向我们展示了艺术节主办方必须具有的远见卓识和非凡领导力。

案例分析 2.3

爱丁堡国际艺术节非凡的愿景和领导力

爱丁堡国际节的组委会今天发放了一则招聘继任者的公告，希望为即将离任的艺术节总导演 Brain McMaster 寻找接班人。Brain McMaster 将在 2006 年艺术节后退休，结束其 15 年卓有成效的工作。

组委会要寻找一位新的总导演，他必须具有远见卓识和感染力，必须有丰富的大型文化艺术活动组织管理经验。他将负责 2007 年及以后的艺术节组织管理。艺术节委员会主席 Lesley Hinds 和 Provost 公爵今天说：“总导演是艺术节的创意源泉，每年要塑造和驾驭一个多维度的、创新的、具有挑战性的世界级艺术项目。我们期待一个新的总导演,这个人必须具有深刻的跨国界和跨文化的艺术知识,在世界艺术领域享有很高的知名度,并且具有远见卓识和非凡的领导力。”

(上文获得爱丁堡艺术节组委会同意,更多信息请访问 www.eif.co.uk。)

思考练习 2.3

1. 爱丁堡国际节成功的因素有哪些? 相关信息的获取请访问 www.eif.co.uk。
2. 担任这样艺术节的总导演,为什么必须具有相关国际经验而不仅仅是国内经验?
3. 如果你负责招聘艺术节总导演,你将通过哪些途径寻找人选?

本章小结

本章介绍了战略层面的节事人力资源管理,指出人力资源管理所扮演的重要角色决定了它需要被包括在活动组织的决策层。一个成功的节事包括三个主要因素:行动计划、基础设施和有效运营,以及通过各种方式向活动来访者提供的服务。在节事动态变化的设计、计划和实施环境中,一个专业的人力资源专家在节事的组织建设中发挥着重要的作用,其作用体现在节事设计、组织计划和活动实施。本章对人力资源管理的多项主要职能作了介绍,这些职能将在后面章节中一一详述。

风险管理的原则可以被运用于在人力资源的战略管理上。事实上,这是最重要的早期任务之一。一份风险评估报告提出“什么事情将会发生?”的问题,并提出如何预防和处理的措施。遇到的问题可能是负面的(例如劳动事故),也可能是正面的(例如志愿者数量太多)。每种风险需要从节事所处的内部和外部环境两个方面仔细评估,同时制订出计划来应对这些员工相关的突发事件。

复习问题

1. 解释实现战略人力资源计划的 5 种方法。

2. 对一系列子项目进行人力资源整合是很有必要的。解释如何整合。
3. 用一个例子说明活动节事的主题或使命如何指导人力资源执行计划。
4. 列举和详述节事组织管理中人力资源管理的10个关键职能。

参考文献

Armstrong, M. (2001). *Human Resource Management*, 8th edn. Kogan Page Ltd.

Hanlon, C. and Cuskelly, G. (2002). Pulsating major sport event organizations: a framework for inducting managerial personnel. *Event Management*, **7**, 231–43.

Manchester City Council (2003). Manchester Commonwealth Games Post Games Report. Viewed 17 May 2006, www.gameslegacy.com.

Maund, L. (2001). *An Introduction to Human Resource Management*. Palgrave.

Rothwell, W., Prescott, R. and Taylor, M. (1998). *Strategic Human Resource Leader*. Davies-Black Publishing.

Shone, A. and Parry, B. (2004). *Successful Event Management*, 2nd edn. Thomson Learning.

Toffler, A. (1990). *Future Shock*. Bantam Books.

Van der Wagen, L. Contexts for Customer Service. Unpublished thesis. University of Technology, Sydney.

Webb, T. (2001). *The Collaborative Games: The Story behind the Spectacle*. Pluto Press.

第 3 章

节事项目计划

学习目标

读完本章以后你能：

- 解释在节事管理中运用项目管理原则的理由
- 讨论在项目设计中的范围管理
- 分析节事组织机构的演化特性
- 描述职能团队的职责
- 描述地区工作团队的职责

介　　绍

在前几章介绍了节事管理环境的一些独特的特点，对在节事管理多变和有时候高度创造性环境中工作的管理人员提出了许多挑战。本章从项目管理的角度，运用一些在项目管理中广泛使用的术语来介绍活动节事的组织管理。

有一些争论是关于是否项目管理的框架适合节事管理这一特殊项目，因为节事管理是充满创造性和组织性的（Goldblatt，2005a；O'Toole and Mikolaitis，2002；Van der Wagen，2005）；然而必须承认项目管理的一些方法和术语已经被广泛地运用在节事管理行业中了。项目管理框架将在图 3.1 中详细说明。Tum 等（2006）在其所著的《节事运营管理》的书中采纳了项目管理的方法，作者在前言写道："每个节事组织就是一个项目，在运营管理和项目管理领域中使用的大量语言均可以在节事管理中使用，帮助管理人员管理复杂的节事"。

项目管理		
项目整合管理 ● 项目计划制订 ● 项目计划执行 ● 全局变化控制	**项目范围管理** ● 启动 ● 范围计划 ● 范围定义 ● 范围确认 ● 范围变化控制	**项目时间管理** ● 活动定义 ● 活动序列 ● 活动持续时间估计 ● 进度表 ● 进度控制
项目成本管理 ● 资源计划 ● 成本预估 ● 成本预算 ● 成本控制	**项目质量管理** ● 质量计划 ● 质量保障 ● 质量控制	**项目人力资源管理** ● 组织计划 ● 员工招募 ● 团队建设
项目通讯管理 ● 通讯计划 ● 信息传递 ● 工作报告 ● 行政终止	**项目风险管理** ● 风险确认 ● 风险评估 ● 风险应对 ● 风险控制	**项目采购管理** ● 采购计划 ● 竞标计划 ● 竞标 ● 供应商选择 ● 合同执行 ● 合同终结

图 3.1　项目管理知识结构和项目管理过程概述(PMBOK™)

项目管理框架

一个项目是一种阶段性的努力，目的是为了创造一个独一无二的产品或服务(Project Management Institute，2004)。阶段性的努力意味着存在开始和结束，这也是大多数节事的特征。事先定义的目标是计划制订的基础，结尾是计划的高潮，由节事的交付组成。而对于其他一些项目(例如工程和软件设计)，最高潮可能发生在较早阶段。项目的第二特征就是唯一性，项目可能带着重复的要素但是这并不改变其最终产品独一无二的本质。例如，每届高尔夫大师赛是一个独一无二的项目，任何一项竞赛都是一次唯一的项目。

从人力资源管理的角度来看，非常值得把节事人力资源管理作为项目人力资源管理来看待，为每一个节事强调组织计划\员工获取和团队发展。项目管理的术语是非常有用的，例如范围的概念能被用于描述作为项目一部分的产品和服务的数量。如果人力资源管理(或者更通俗一点，劳动计划)是一项与节事人员配置相关的管理职能，那么，是否提供工作服构成该职能的一项活动，将是一个关于范围的问题。在热火朝天的节事计划办公室内，职能领域相关的各类范围问题是经常被讨论的问题。人们总是不断试图改变、减少或扩大他们的职责范围。经常可以看到工作人员一脸委屈地叫嚷："那不是我的职责范围。"(在以后压力重重的管理过程中会发生更多这样的状况。)

以大型活动节事为例，人力资源/劳动力计划并不负责为每一个岗位制定工作描述，因为这是职能团队的职责范围。一个项目也将被以同样的方式描绘出来，不同职能团队的职责范围必须被有序地制定。指定职责范围是指将项目细分到一些单独的可量化目标，比如招聘目标、培训计划、政策制订和员工培训等。

亚运会和英联邦运动会等体育活动一般遵循奥委会制定的程序，对工作人员提供三个层面的培训：

1. 岗前培训——活动的一般信息，比如历史和活动程序，此类培训一般在大范围内进行。
2. 场馆培训——这个培训在场馆内(竞技或非竞技的)进行，包括场馆布局、紧急情况撤离通道、事故报告等等。
3. 岗位培训——这个培训在工作小组或个人层面展开，提供关于具体任务的详细信息。

工作细目分类提供了一个很好的如何组织培训子项目范围的例子。在这个案例中，岗前培训由人力资源部负责(一项主要的培训项目)；场馆培训则由场地管理团队来进行组织和开展(人力资源提供一些建议)；最后，岗位培训则在场馆内在职能团队范围内实施，比如体育馆的采购团队。

在进入细节设计之前

在项目范围管理开始前，关注的重点在于节事设计。Brown 和 James(2004, p. 59)指出："设计对一个节事的成功是必须的，因为设计直接影响到节事各个层面的改进……节事设计是关键部分，关系到节事的每个层面，而节事设计的核心是节事本身的核心价值。"他们列举了设计原则，如范围、形状、关注、时间和建筑。在许多方面，这部分设计是基于戏剧的理念和对观众反映的预期。作者指出，虽然计划的系统化非常重要，但是节事管理经理往往太关注于后勤保障和预算，导致活动过度关注某个层面的问题。想知道更多如何举办一个充满灵感的活动的建议,请参阅 Goldblatt(2005b)和 Malouf (1999)。

在运用项目管理原则的时候,记住这个概念十分重要。虽然项目管理的工具和技术十分有用,但是他们不能过度主导节事以至于扼杀了创新和变革,节事经理必须始终牢记这一点。最后一点,在关注项目管理阶段和组织路线图之前值得再次提醒一件与人力资源管理相关的事情——人可以对节事设计作出贡献。Shone 和 Parry(2004)把这描述成氛围和服务。观众对活动的印象很大程度取决于大家的着装和行为举止,最让人难忘的节事体验是魔幻般的,而人是创造魔幻体验的魔法师。

人力资源项目管理

根据项目管理的逻辑,一旦节事项目开始,范围计划就开始了。一般来说,计划分如下几个阶段:战略制定、项目运营(职能)、场馆运营(场馆/场地)和执行(项目实施)。这是四个主要的阶段,另外还有活动收尾阶段(又叫闭幕或离场阶段),需要写一些报告,支付费用和合同终结等,这些工作一般由一个很小的团队来完成,本文不一一详述。此外,项目的评估是极其重要的,特别是对人力资源的规划进行的评估。

步骤 1——战略计划:概念和可行性

在节事概念开发的启动阶段,需要对理念进行可行性评估,这个阶段的组织(通常是一个委员会)一般是充满活力的。灵活和角色分享是这个阶段的主要特点,组委会成员充满创新意识,同时又立足现实。按照这种特点,结构图如图 3.2 所示。

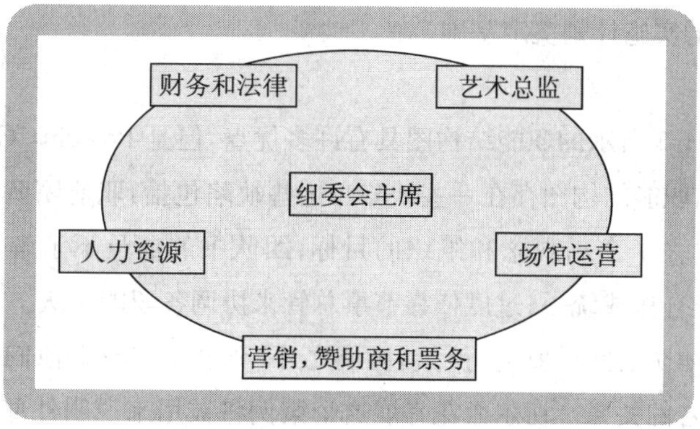

图 3.2 节事组委会

如前所述，这个阶段需要进行内部及外部环境评估。对人力资源管理而言，这将包括劳动力市场统计数据分析、社区内人们对担任志愿者的态度、劳资关系、少数民族雇佣政策等。

步骤 2——运营计划：关注职能

在节事计划的下一个阶段，每一个职能区域开始为活动的基础建设开展工作。比如安全和风险管理经理开始考虑安全工作将包含哪些职责范围，例如入场安检、巡逻、场地考察、使用闭路监控电视、事故报告系统、如何与警察等外部相关职能部门合作、急救服务和应急服务等。在这个阶段，必须决定是否外包安保服务，如果是，那么要考虑通过招标来挑选供应商。为了招标成功，必须清楚地知晓供应商的职责范围。

如图 3.3 所示的简图，职能经理需要向节事经理汇报。图 3.3 比较简单，如果更复杂一点，图中还应该包括节事的参与各方（用其他颜色标注），比如赞助商、应急服务商等。这些参与方在图中的关系线与付费员工的上下级关系线同样重要。比如赞助商，由于赞助商对于节事的成功举办关系重大，因此节事经理会考虑与冠名赞助商建立直接的关系，或者考虑让营销经理安排与赞助商相关的事务。在规划关系图的时候最好能加上节事的参与各方，并且用点线连接来凸显彼此间的关系而不仅是汇报线。

第 2 阶段是运营计划的一部分。每个职能团队必须决定他们需要做哪些工作从而可以符合战略计划的要求，即，战略计划决定要做什么，而运营计划决定怎么做。一个运营计划包括：

- 描述目标如何得以实现；
- 包括需要哪些相关资源的信息；
- 制定项目时间进度；
- 为下一阶段的实施计划奠定基础。

虽然使用如图 3.3 所示的职能结构图具有许多优点，但是 Bowdin，O'Toole，McDonnell 和 Allen(2001)指出职能结构图存在一些缺陷。这些缺陷包括：职能团队的经理过度关注于本团队的职能，而失去了全局观念和组织的目标；团队中的成员不了解其他职能团队的工作，导致团队间缺乏合作或统一；过度依靠节事总管来协调各职能团队。

除在内部工作团队之间需要进行行动协调之外，节事总监或者他们的代理人还要协调与外部的利益相关者的关系。切尔西花卉展这个案例将被用来说明外部利益相关者扮演的角色和带来的益处。

- **主办组织。**诸如切尔西花卉展这样的活动常常是由一个协会举办。在这个案例中是皇家园艺协会(Royal Horticultural Society, RHS),它是一个带有公益慈善性质的团体,举办包括切尔西花卉展在内的众多其他节事。RHS在活动中承担了众多职能。
- **赞助商。**大部分主要的活动都有多个赞助商,从冠名赞助商到不同级别的金、银和铜赞助商。赞助商希望获得媒体报道、活动招待、销售产品,如果他们的商品能在活动场地内销售。作为回报,赞助商提供财政或服务产品方面的资助,比如提供车队、通讯设备或信息技术系统服务等。2005年的切尔西花卉展的赞助商中包括Merrill餐饮公司、Renault和BBC等。
- **电视广播。**对于国际活动来说,电视广播是极其关键的,因为这些活动的听众和电视观众的数量远高于现场观众。转播权在活动开始前被卖出,对于大型活动,转播权收入是除门票以外的主要收入来源。BBC是切尔西花卉展的赞助商和电视广播商。
- **受益人。**如果活动具有慈善性质,那么在设计时就要考虑符合慈善的目的。比如切尔西花卉展的受益人是皇家切尔西医院,一个老兵之家。
- **参展商、特许经营者和其他的服务产品商。**一个活动可能会有众多参展商参加,为餐饮和零售商提供商业机会。比如在切尔西展览中有450个商业参展商。

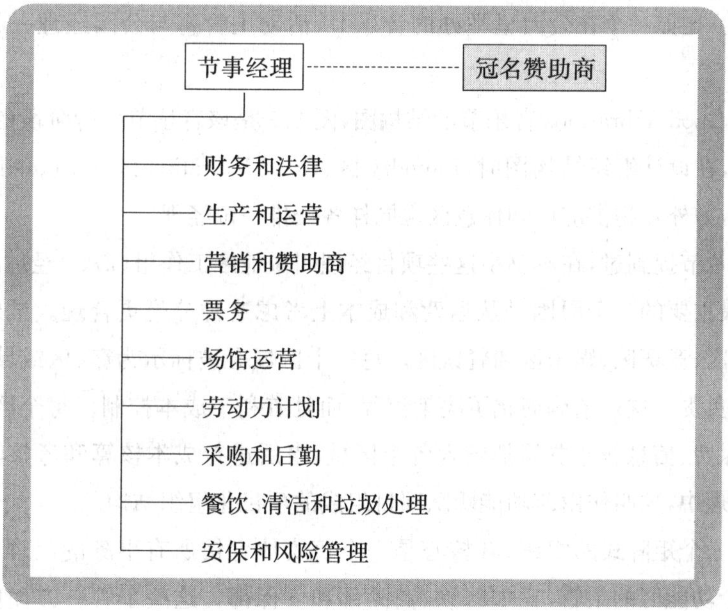

图3.3 职能团队汇报结构

- **服务提供承包商。** 许多活动将清洁、垃圾处理、灯光音响等外包给服务承包商。租赁公司提供临时座椅和其他基础设备。
- **政府。** 诸如物品运输、停车和交通管理等都要获得政府的批准。
- **警察,急救和应急服务。** 在活动开幕前与这些机构紧密合作极其重要,因为在事故发生时他们总是第一个被通知的对象。
- **社团。** 与社区保持联系是必须的,许多小企业在活动期间获得业务增长。一些政府机构制定有特殊程序指导节事组织方如何通知当地社区以及如何协调与当地社区的关系。
- **消费者。** 从营销角度来讲,分析顾客行为是节事市场战略计划的一部分,其最终指向节事产品的完成,包括销售和客户服务等。

步骤3——场馆运营计划:关注地区、场地或区域

随着活动的临近,场馆建设基本完成,组织结构变为按照地理区域来划分,一般按照地区、场馆或区域来划分。对于大型活动,这叫做“场地化”。在这一阶段,来自组委会的管理人员接管场馆并开始安装设施(也被叫作“活动布局”),如果场馆举办多项赛事,比如体操和篮球比赛,那么就要做好比赛项目切换的布局准备。

但是这样的情况是比较少见的,对小型活动并不合适。小型活动中,场馆原来的经理一般仍留在原位。比如一个在公园里举办的音乐节,活动主管将与公园经理一起参与每一个阶段的工作。

图 3.4 是 Good Vibrations 音乐节的结构图,图 3.5 是该音乐节执行阶段的组织结构图。如图 3.5 所示,在设计组织结构图时,Laundry 区、Good Vibration 区和 Roots 区每个区域都安排一位经理,另外食物供应区和休息区也同样各安排一位经理。

如前面的章节提到过,在本书中这些项目经理叫做地区工作组(ZAs)经理。这样做有几个原因,其中最重要的一个原因是从运营和成本上考虑这种分配更合理。试想,一个展区,分为商业展示区、竞赛区、娱乐区和餐饮区。每一个区域会被标示为簇、区或域,每一个区域都由一个经理负责。这种结构简化了决策流程,而且有利于成本控制。每个区域的成本,包括人工费、安保费、信息服务费等都归入各个区域,事后进行成本核算和考核时就一目了然了。在项目管理中,这叫作由跨功能团队项目组成的项目化组织结构。

图 3.6 是一个矩阵式的组织,其核心是一个负责体育馆所有事务的经理。在他的团队中,有负责各个功能区的主管,比如餐饮、商品部和安保部。这些主管一方面向体育馆经理汇报,另一方面也需要向所属功能区域经理汇报。这样,如果发生一个技术上的安全问题,

主管可以联系负责安保的职能经理寻求处理意见。这种员工和汇报关系结构与传统意义上的企业类似。

（本图经过 Jam 允许后重新绘制，更多信息请访问 www.jammusic.com.au）

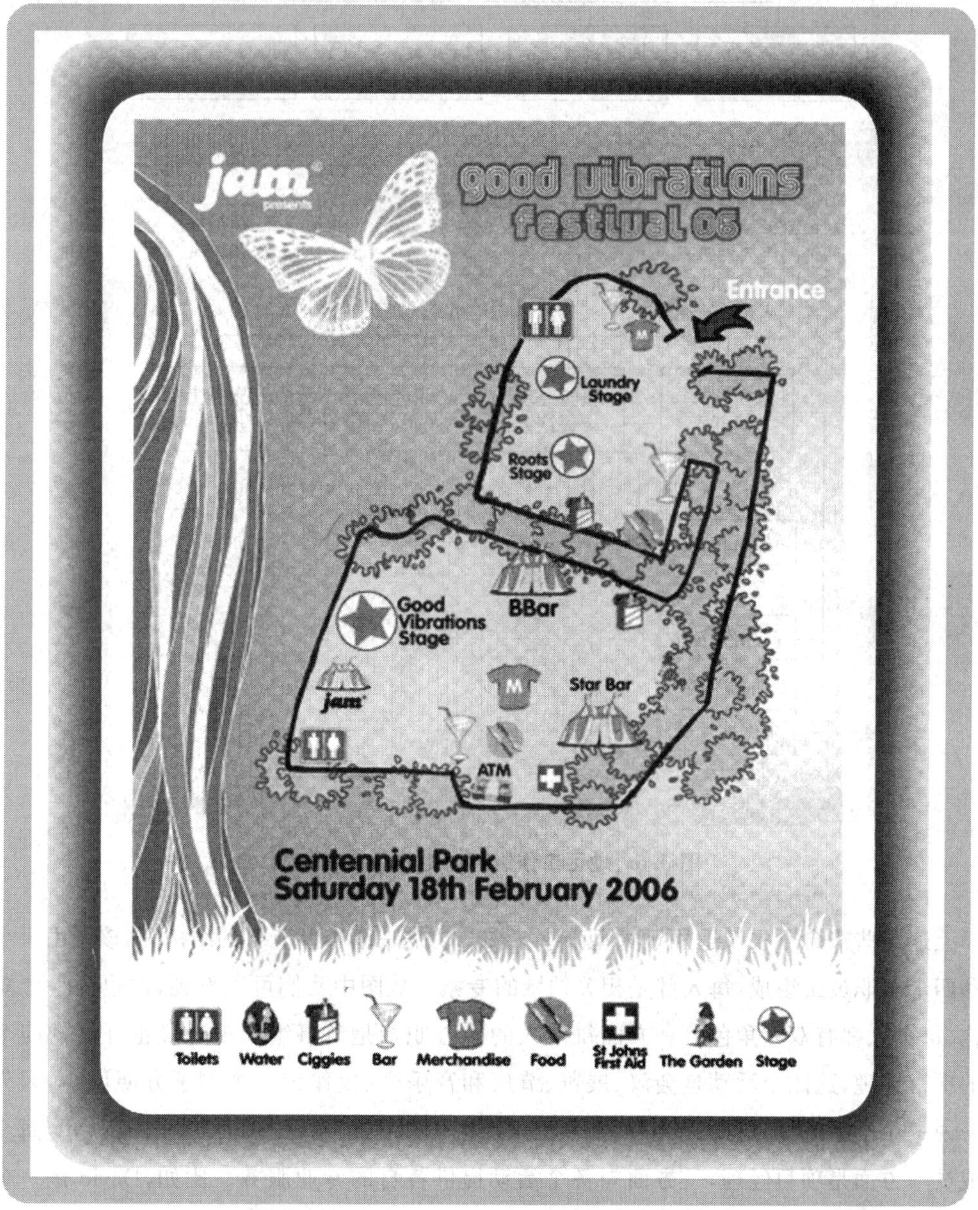

图 3.4 Vibrations 音乐节场馆地图

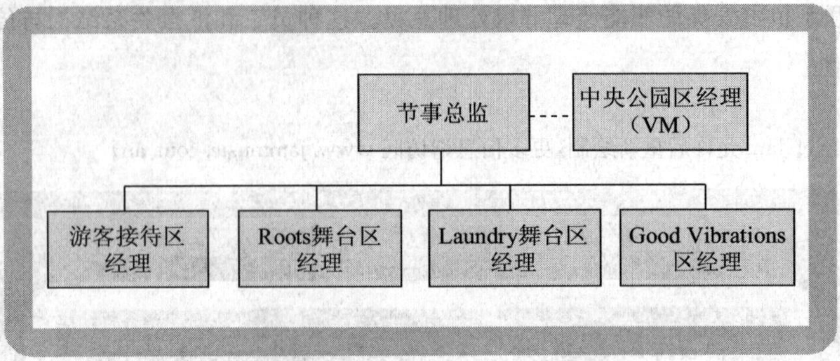

图 3.5　地区工作组经理向节事总监汇报关系图

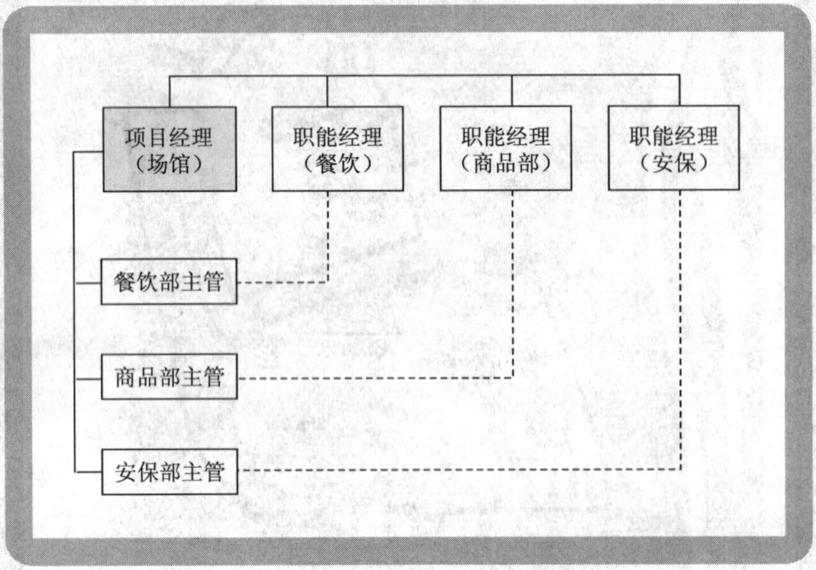

图 3.6　地区工作组管理矩阵图(跨职能)

上述这些概念不仅仅适用于大型节事。图 3.7 是一个小型节事的结构图,该图由一个经理和四个全职员工组成,每人都是相关领域的专家。从图中我们可以看到,这也是一个矩阵结构,每个人都有双重角色。一方面每个人的核心职责是节事组织现阶段正开展的四个活动的项目经理,这四个活动是会议、展览、节庆和音乐会(仅作为一个例子方便说明,因为通常来说一个小型组织举办的节事不会多元化到这个程度)。另一方面,如图 3.7 所示,每个团队成员一方面是项目经理,一方面向各个活动提供各自的专业服务。比如,David 是一个营销专家,他为所有四个活动提供营销支持;同时,他又是展览项目的项目经理。同样的,图中的实线和点线都是汇报关系线,其中忽略自己对自己的汇报线。

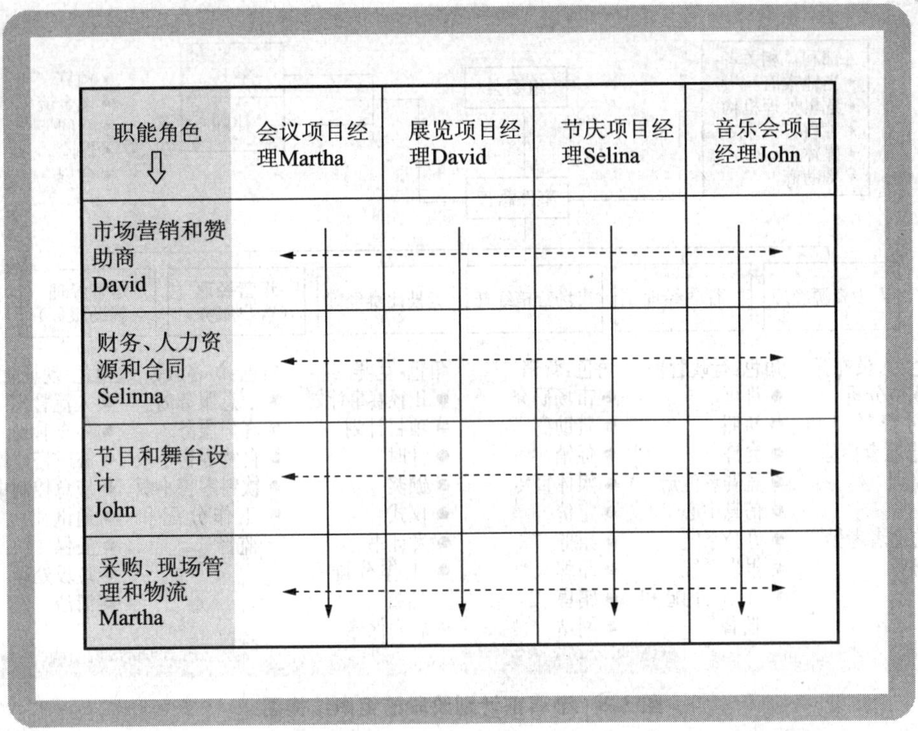

图 3.7 小型节事管理公司的矩阵式组织结构图

步骤 4——实施(节事举办)

一旦进入节事实施阶段,需要制作一张全景图,在图中标明每个在场的人的身份。每个承包商都必须在图中标示出来,其他利益相关者,比如警察,也要标示出来。同时这张图表,或者是一张简化的平行图,还必须清楚显示一旦次要事故或紧急状况发生时应如何处理。通常如果事故发生,需要最短的联络路线,这可以在图表的角上注明。

从人力资源管理角度来看,这样一个图表的重要性在于它向所有的内部客户提供的价值,包括所有节事的工作人员。这张图表起到内部通讯录的作用,因此既要全面又要界面友好易于察看。如场地分布图一样,这张全景图最好由专业人士制作,并且最好包含在员工培训手册中。

图 3.8 显示了在一项节事开始前的策划团队构成图。图 3.9 显示了节事开幕那天的组织结构图。

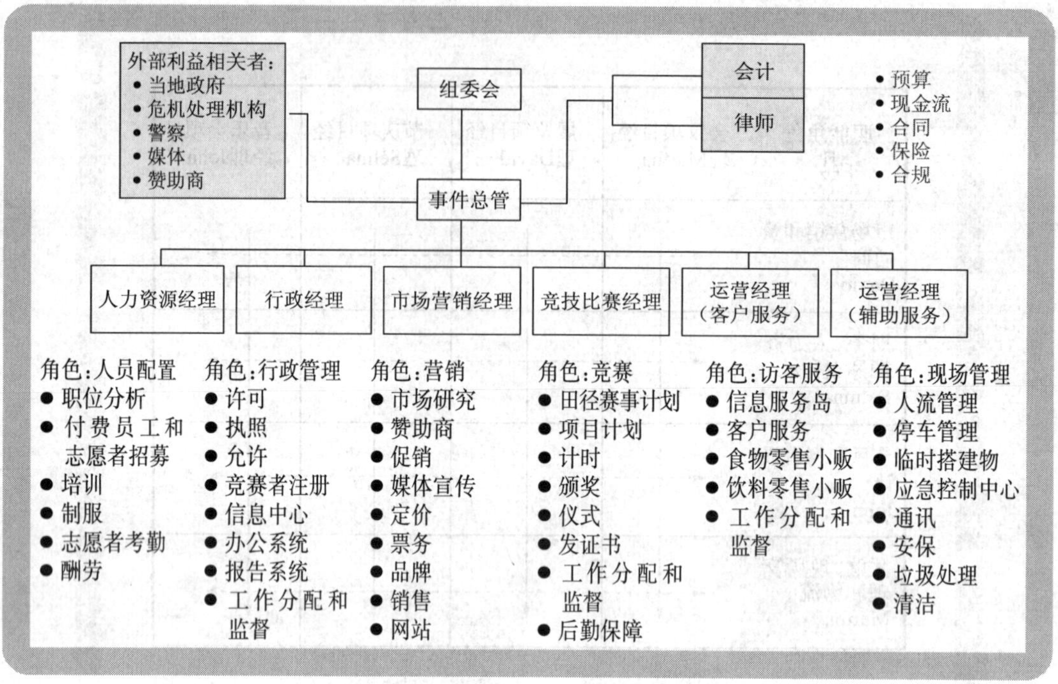

图 3.8　节事前计划阶段的组织结构图

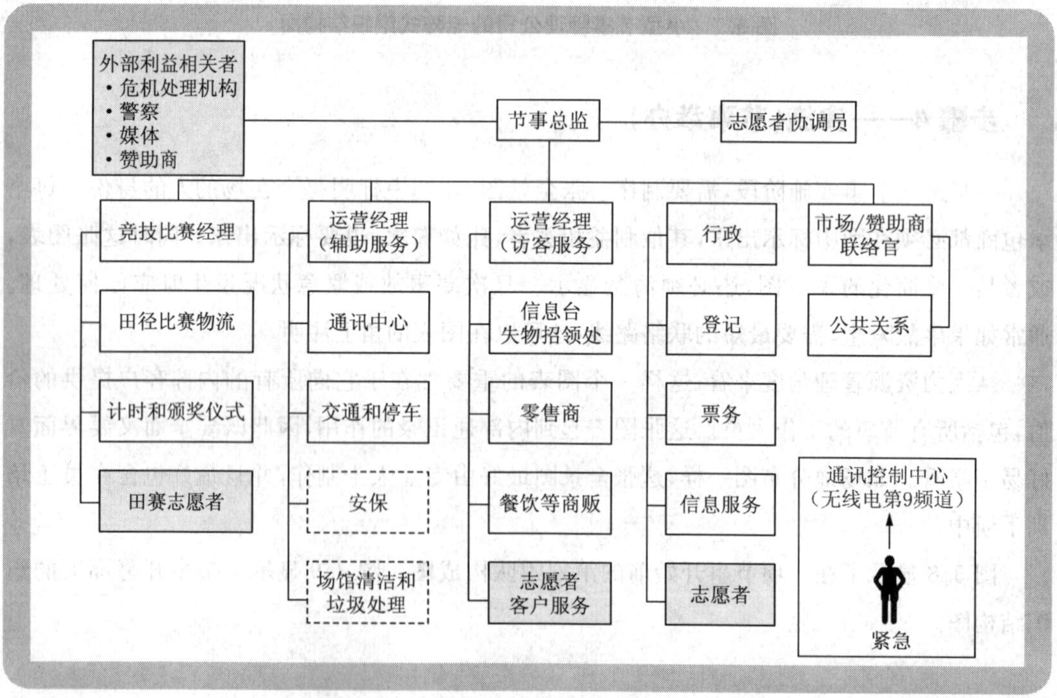

图 3.9　节事开幕当天的组织机构图

人力资源管理职能的可实施项目

从项目管理的视角来看人力资源管理，需要一系列程序来保证人员参与到项目中去。对于一项重要的一次性活动，以下内容是人力资源职能的构成部分。其中的每一项都需要一份报告或行动计划。

针对所有工作人员：

- 外部劳动力分析，确定人员和技能短缺状况；
- 检查相关的行业立法和必须遵守的事项，例如《平等雇佣机会法》(EEO)；
- 基于工作明细表的岗位分析，包括组织结构图；
- 付费员工和志愿者的职位设计和人员分配；
- 普通和特殊知识技能的培训需求；
- 职业健康和安全程序；
- 劳动力数据管理和时间记录系统；
- 劳动力政策和程序文档；
- 团队领导、员工激励和员工保留计划；
- 沟通和交流计划；
- 人力资源预算；
- 节事结束后的评估报告。

针对付费员工：

- 招聘计划；
- 招募时间表；
- 培训材料准备和培训时间表；
- 薪酬体系；
- 绩效管理系统；
- 业绩表彰和解除合同程序。

针对志愿者：

- 招募和筛选计划；
- 招募程序；
- 培训材料准备和培训时间表；

● 业绩表彰程序。

其他可选择职能：

● 制服、设计、制造和分发；

● 餐饮，包括用餐券系统；

● 工作人员证件制作系统；

● 员工交通服务。

除了以上列出的最显著职能，进一步的需求亦可能随着项目的进展而产生，如下面所列的情况。

承包商选择和承包商员工的监督和培训计划

如前面章节所述，承包商的员工可能会在所有工作人员中占据很大的比例，因此必须对此予以高度重视。最终承包商的员工将向活动观众提供无差错的服务，因此必须把他们纳入人力资源工作计划中，包括培训和业绩认可计划。这涉及很大一块成本。

教育计划

在获得重大活动的举办权后，许多政府机构会在进行缺口分析后，提供一定数量的培训基金来满足培训需求。简单的培训可能包括诸如向在场馆外工作的交通运输人员提供活动的相关信息，复杂的则可能包括一些特殊技能培训，比如厨师学徒培训、海外专业人士的引进等。当地的学校也会迫切地把重要的节事应用到他们新的课程设计中，因此他们会与组委会接触要求帮助和支持。

参与赞助商的人力资源计划

由于赞助商的员工将频繁地在活动场馆工作，因此需要制定他们自己的相关节事培训。此外，赞助商也利用节事来激励和奖励他们的员工，向员工发放参观券或参加招待会等。为此，赞助商常希望从组织方那里获得建议。他们的培训和激励计划需要组织方支持和许可。

与利益相关者协作

节事人力资源管理团队需要与数量众多的利益相关者一起工作。工会组织显然是最大的利益相关者。除此以外，还有筹款委员会、志愿者组织、家长委员会、合作伙伴等。这需要人力资源管理者熟悉相关权力机构、政治因素，具备对相关组织机构实施影响力的能力，以获得帮助和支持。这一点将在案例分析 3.1 中得以体现。

案例分析 3.1

环法自行车大赛揭幕赛
争分夺秒获得参与 2007 年环法自行车大赛的机会

在宣布伦敦赢得 2007 年环法自行车大赛的举办权之后，人们便开始争相报名以希望在世界最大的自行车赛事中担当重要角色。在举办权宣布后的短短五周时间，就有超过 1 200 人提出申请参加在伦敦和肯特市的赛事列队。

伦敦交通委员会，赛事的协调方，所获得的来自社会各界的广泛支持意味着仅剩下几百个志愿者的空缺。

参加列队的志愿者的任务是为选手和观众提供一个舒适、安全和尽兴的环境。观众们将目睹第一次在英国出发的环法大赛。

由于比赛路线经过 1 000 多个交叉路口，沿途观众估计超过 300 万人，因此需要 2 000 名志愿者来帮助管理交叉路口、控制人流、避免拥挤，并确保机动车不会误闯入比赛场地。

伦敦交通委员会特别项目经理 Mick Hickford 说：

> 这次比赛不但是一次最伟大的自行车赛，也是一次世界上最伟大的体育盛会，而且 2007 年赛事中的人群队列将为整整一代英国自行车迷们带来一次独特的经历。
>
> 我们在招募志愿者时人们展现出来的热情充分体现了英国公众对在英国举办环法大赛首发站的狂热。

志愿者支持专员 Robert Jefferies 说：

> 作为志愿者是参与本次赛事最好的方式，我们将指派专家为志愿者特别培训。

> 不列颠自行车协会希望通过 2007 年环法大赛英国站赛事的志愿者队列来鼓励更多民众参与到国家的体育活动中去，不论是作为参赛选手还是支持者。

（以上内容获得伦敦交通委员会的许可，获取更多信息请访问 www. tfl. gov. uk/tfl/press-centre/press-releases/press-releases-content. asp? prID=725）

思考练习 3.1

1. 举办这次在伦敦和肯特的自行车赛事需要经历哪几个项目阶段?
2. 赛事的利益相关者包括哪些?
3. 本次赛事的项目管理原则是如何帮助实施志愿者计划的?
4. 为什么这次赛事中人们争相担任志愿者?

节事管理标准

国际标准化组织(ISO)这么描述标准:标准是被广泛接受而成为规章的一系列指南。标准不是强制的,关于这个话题学术界一直争论不休。Julia Rutherford Silver(2005)指出,节事行业应该采纳自愿的一致通过的节事管理标准,但他也承认在美国即使要想达成联邦级别的标准协议也不太可能,更别说国际范围的标准了。在许多国家情况亦是如此。

节事管理知识协会是另一个国际组织,致力于建立全球范围的节事管理标准。

尽管当前还无法达成能覆盖所有节事管理领域的国际标准,但有三个标准被全球普遍接受,它们是风险管理、拥挤管理和应急计划。在前一章节已经向读者介绍了风险分析的概念。

国家级别的风险管理标准最早在1995年于澳大利亚和新西兰出现,后来加拿大在1997年,英国在2000年也分别提出。其他国家和地区正在研究类似的标准,国际标准化组织正在准备一系列常见的风险管理条款的全球定义。澳大利亚和新西兰的风险管理AS/NZS 4360标准(2004年版)已在澳洲地区以外的广泛地区被采用。拥挤安全网(www.crowdsafe.com)致力于讨论全球关心的拥挤管理,大量的节事管理者和研究人员在网上发表意见和最新研究成果。网站定期提供最好的操作指南和法规。比如火灾的应急疏散标准也基本在全球范围达成了共识。国际紧急管理联合会提供认证会员服务。

在招募和培训节事管理人员的时候,最好牢记这些标准的要求。

对于一个在国际上开展工作的组织来说,面对的挑战将更大。范斯提工作室(见案例分析3.2)就是这样一个节事组织。它参与了多伦多冬季奥运会和中国意大利年开幕式的活动。每个国家都有不同的法律要求、标准和规章,特别是在安全方面的要求,这需要节事组织在项目策划时进行深入了解。

案例分析 3.2

范斯提工作室

范斯提工作室(Studio Festi)是一个为人熟知的意大利特殊光效果工作室。在过去的20年里，工作室多次在全球主要城市中举办让人心驰神往的户外光效表演，东京、马德里、莫斯科和悉尼都领略过它神奇的表演。他们的表演包括户外光效特技，主要在具有历史意义或标志性建筑物上进行。

巴黎(法国)——老佛爷百货

老佛爷百货灯光圣诞节：历时超过两个月，从11月6日到1月7日，向人们展示特技光效和高空杂技表演，巴黎的夜晚街道笼罩在“Robe Lumière”美妙神奇的光影效果中，穿越整条Haussmann大街，范斯提工作室让巴黎和老佛爷百货领略到光的艺术、魅力和魔力。

在其他地方通常被看作是圣诞装饰的光饰，在这里变成了一次伟大的灯光艺术，在历时两个多月的时间里，范斯提工作室为老佛爷百货这座历史悠久的标志性建筑披上新的外衣，将其转换成一个崭新的光之艺术的杰作：一件盛装、一套舞台装扮、一场魔术。

思考练习 3.2

1. 为什么你会把这家公司的工作描绘成高超的艺术?
2. 组织方如何将项目管理的原则运用到这样一场表演的设计和运营中?
3. 从人力资源管理的角度，你认为这些全球性节事的人员招募遇到的五个主要挑战是什么?
4. 确定这些项目中三个人力资源管理者必须完成的职能。

本章小结

本章介绍了一些项目管理概念和节事项目管理的各个项目阶段。从战略计划阶段到运营阶段和实施阶段，各阶段的组织结构设计都是不同的。对一个小型的需要更多互相合作的节事，毫无疑问，工作人员不会感到随着节事临近开幕组织结构的变化。但是即使是最小的专业的节事管理公司，通常也会同时参与多个节事，因此合理运用项目管理工具是很必要的。

在节事管理这样的有时间期限的环境下，一份详细的工作明细分析能够有效帮助或约束节事计划。明细表需要满足节事的宗旨，帮助确定运营计划的职责，简化向一个不同的实施结构的可能转变。归根到底，任何图表都是一种沟通和交流的工具，人力资源职能团队为图表的制定提供帮助，同时利用这些图表完成一系列目的，包括员工招募和培训。人力资源在节事管理环境下的转换和变化中扮演重要的角色。

复习问题

1. 一个节事(展览、会议或竞赛)是如何符合项目的定义的？
2. 列举三种常见的节事工作人员培训，并说明谁对这三种培训负责。
3. 你如何看待下面的评论："运用项目管理的原则将会扼杀活动节事的创造力和灵活性，导致活动单调乏味。"
4. 用一个节事举例说明矩阵式组织结构。
5. 举例说明风险管理或应急计划的三个标准。

参考文献

Bowdin, G. A. J., O'Toole, W., McDonnell, I. and Allen, J. (2001). *Events Management*. Butterworth-Heinemann.

Brown, S. and James, J. (2004). Event design and management: ritual sacrifice?. In I. Yeoman *et al.* (eds), *Festival and Events Management: An International Arts and Culture Perspective*. Elsevier Butterworth-Heinemann.

Goldblatt, J. (2005a). An exploratory study of demand levels for EMBOK™. In *The Impacts of Events*. University of Technology, Sydney.

Goldblatt, J. J. (2005b). *Special Events: Event Leadership for a New World*, 4th edn. Wiley.

Malouf, L. (1999). *Behind the Scenes at Special Events: Flowers, Props and Design*. John Wiley.

O'Toole, W. and Mikolaitis, P. (2002). *Corporate Event Project Management*. Wiley.
Project Management Institute (2004). *A Guide to the Project Management Body of Knowledge: PMBOK Guide*, 3rd edn. Project Management Institute Inc.
Rutherford Silvers, J. (2005). *Standards: Fear or the Future?*. Mark Sonder Productions. Viewed 12 December 2005 (http://marksonderproductions.com/about/News/Feb05Standards.html).
Shone, A. and Parry, B. (2004). *Successful Event Management*, 2nd edn. Thomson Learning.
Tum, J., Norton, P. and Wright, J. (2006). *Management of Event Operations*. Elsevier Butterworth-Heinemann.
Van der Wagen, L. (2005). Olympic Games event leadership course design. In *The Impacts of Events*. University of Technology, Sydney.

第 4 章

志愿者管理

学习目标

读完本章以后你能：

- 描述在节事的工作团队中志愿者所扮演的角色
- 分析关于志愿者激励的研究
- 评估什么时候使用志愿者是适当的
- 制定志愿者管理的行为准则
- 制定志愿者招聘战略
- 提供志愿者管理的最佳案例

介　绍

现在就开始介绍志愿者似乎早了点，但志愿者管理的最好模式也是节事人力资源管理的最好模式。为了为后面章节会讨论的招聘、入职和培训提供背景资料，本章和下一章将简要地介绍节事员工队伍的两个重要组成：志愿者和承包商。接下来的几个章节要介绍的领导力、人力资源政策制定、员工认可和奖励制度等则适用于所有的员工。

在大型节事环境下，常使用场内员工这个术语，指那些佩戴活动标识，比如徽章或吊牌的工作人员。对于这类节事，所涉及的工作人员可能包括付费员工、承包商雇员、赞助商雇员、志愿者、政府官员和应急服务机构工作人员等。节事的成功依赖所有这些人员，人力资源部或职能团队经理有责任确保工作团队齐心协力，朝一个共同的目标努力工作，即向观众提供完美无缺的综合服务(Byrne et al.，2002)。

此外，在大型节事中，还有大量场外的工作人员为活动提供支持。这些工作人员来自酒店、餐厅、火车站和信息中心。牢记这点是很重要的，因为人力资源经理在做劳动力分析的时候必须考虑节事举办时在这些领域的劳动力需求，因为节事会对这些领域带来影响。即便是小型节事，比如节庆旅游，节事组织者也需要关注场内和场外工作人员的服务水准，因为他们都影响来宾对活动的印象。节事组委会常被要求为这些领域的雇员提供相关的培训资料。北京2008奥组委在这方面是非常积极的，早在2005年就通过互联网等媒介发布相关培训资料，包括介绍中国和北京的资料、奥运会背景资料、奥运培训机构信息等(Beijing Olympic Committee，2005)。

志愿者的范围

志愿者可能是节事工作团队的重要组成部分。比如2006年托里诺冬季奥运会，共招募了25 000名志愿者，其中5 000人在开幕式闭幕式上工作，包括3 500名舞蹈演员、演员、杂技演员和音乐家，以及1 500名提供后台服务的志愿者。又如韩国全州国际电影节(JIFF)，共招募260名志愿者，分成不同的团队，包括字幕、售票、信息处理和交通控制。(本次活动的志愿者之一，Kwak Won-hyeok将在案例分析4.1中和我们分享他的经历。)

案例分析4.1

志愿者：电影节成功背后的故事

如果你曾经参加过韩国电影节，志愿者工作人员数量的众多是让你感到惊讶的地方之一。虽然全世界的节庆都普遍使用志愿者，但是韩国电影节激发数千民众争相申请担任无酬劳工作人员的盛况却并不常见。在最近一个我参加的欧洲电影节上，我问一个工作人员是否能安排一名志愿者帮助我做些事情，工作人员笑着答道，“对不起，不是不想帮你，但我们没有你们的釜山电影节那么多的志愿者。”那么是什么驱使人们，特别是学生，在没有酬劳的情况下在节庆活动上提供长时间的服务呢？我的一个学生，Kwak Won-hyeok，正在全州国际电影节上担任志愿者，我利用这个机会让他谈谈作为一名志愿者的体会。

祝贺你被选中成为志愿者，我听说这次竞争非常激烈。

是的，谢谢，但是事实上，第一次我并没有被选中。第一轮选择的时候，我正在中国，我名字是在候选人名单上。我最后被幸运地选上仅仅是因为一些已被选中的人因故不能参加了。申请提交时间很早，截止日期是12月。在提出申请的时候，我们可以选择希望担任什么工作，比如票务或信息收集工作……然后在早春，我们接受了面试。面试持续了大约30分钟，因为我在申请表上写我想做贵宾迎送，所以我的面试内容部分是用英语和中文进行的，但我的中文那时不是很好，因为我仅仅在去年冬天才开始学。

在面试时被问到什么问题?

第一个问题是我过去的相关经历。我提到我参加过一个领导力培训项目，并且是大学学生俱乐部副部长。他们还问我为啥我选择在英格兰学习英语而不是其他国家。最后他问我对JIFF的看法。恐怕这个问题我没有回答得很好因为我虽然来自全州，但我对在JIFF上映的影片了解得不多。在电影节举办期间我很喜欢市里的那种氛围，但是从来没有想过自己会喜欢电影节上放映的电影。但这次的经历改变了我的看法。JIFF以短片和独立制片人作品为主，我很惊讶地发现人们对这些片子表现出的热情，我希望能有机会观看更多这类电影。

作为一个志愿者你的工作是什么?

我是外国宾客支持小组成员，我的工作主要是在汽车站接外国宾客把他们送到宾馆，或者在宾馆和他们碰头然后带他们到市中心的来客中心。我也会回答客人关于全州的一些问题，比如旅游和餐馆等方面的问题。我还安排客人的采访行程，带他们到指定地点等。JIFF雇用了三辆出租车供我们随时使用。

听上去你能见到许多制片人了?

不是很多。我们团队的每个志愿者每人负责7到8个客人。我负责说英语的客人，小组其他成员有能说日文、中文和法文的。Sosuke Ikematsu大概是最受志愿者欢迎的宾客了。他在《最后的武士》中饰演一个小男孩。他和他的妈妈一起来参加本次电影节。他非常聪明，充满好奇心。所有的女性志愿者都想领他到处参观。

电影节上一共有多少志愿者?

我们团队有26名志愿者和五六个全职员工。电影节一共有260多名志愿者，分成不同团队，比如字幕、售票、信息和交通控制等。我想我是幸运的，因为小组里有些人整天呆在宾馆或来客中心从事身份验证的工作。我们虽然经常有任务，但在没有任务的时候，我可以进进出出。

你们的工作时间是什么时候?

我们在上午10点开始工作,大概晚上10点结束,但通常要工作到晚上12点。

工作时间很长啊。你觉得JIFF给志愿者提供了哪些便利?

恩……他们给我们每天价值1万韩元的午饭和晚饭餐费(大概10美元)。我们可以参加来客及记者的聚会。我记得一共有五个晚会,但是我太累了最后也没有参加。

你一定看了很多电影吧?

不,志愿者不能看电影。也不允许我们同客人和记者吃饭和喝酒。组委会为志愿者特别播放了几个电影,包括一个短片M和一个英国动画片叫做《魔法环行岛》。那是我看过的仅有的两部电影。

等等,你不能看电影,你工作一整天,你没有很多时间与你的客人呆在一起。你从中能获得什么益处呢?

我得以从一个不同角度来体检和经历一次电影节。这很有趣,虽然工作很多很累。我以前从不了解成功举办一次电影节需要这么多的投入。在电影节的前期准备阶段和其后的工作日里,我和小组成员越来越了解彼此,我认识了许多有价值的朋友。越是接近电影节,我参与其中的理由就变得越来越不重要。我为电影节的成功举办而兴奋,没有看到电影不是什么憾事,因为我体验到成就感,我真的十分珍惜这次经历。

你对于明年的电影节有什么改进建议吗?

我只有一个建议,是关于组织问题的。他们要提供给志愿者一张所负责客人的名单和客人的所在位置。我有时被临时通知去机场接人,但没人告诉我接的是谁或要接多少人。我只能站在机场,举着牌子,希望客人能找到我。

(上述引用获得许可,更多信息请访问 koreanfilm.org/jiff05.html)

思考练习 4.1

1. 概括口述者当志愿者的感受。

2. 解释在电影节环境下,志愿者的预期得不到满足的可能原因?

3. 这个志愿者有一个建议,解释他在指什么。

4. 面试某个有过志愿者经验的人,了解他们的经历。然后对志愿者管理提出五点建议。

在深入研究一些特定的志愿者管理问题前，有必要介绍一下世界范围内人们对于志愿者身份的看法，因为志愿行为的道德标准随国家不同而不同，这对诸如善款筹集、艺术节等对社会产生影响的节事的组织者来说具有重要意义。

在美国，2004 年 9 月和 2005 年 9 月期间，共有 6 450 万人，即 28.8%的 16 岁以上的人，曾经有过至少一次志愿者经历。在同一年中，25%的志愿者是男性，33%是女性，这个数字与上一年相同。在所有年龄段、学历段和其他重要指标分类人群中，女性志愿者的数量都要高于男性。研究还发现，35—44 岁年龄组最有可能成为志愿者，其次是 45—54 岁年龄组(United States Department of Labor，2005)。

有趣的是，志愿者中有工作的人的比例大于失业的。截至 2005 年 9 月，在有工作的人群中，31.1%有过志愿者经历，而失业人群的比例是 26.4%，非劳动人口的比例是 24.4%。

表 4.1 提供了美国 2002 年 9 月到 2005 年 9 月的志愿者特征的信息。

在澳大利亚，澳大利亚统计局 2002 年的一项调查显示，过去 12 个月里澳大利亚 34%的成人有过志愿者的经历，其中 35—44 岁年龄组担任志愿者的比例最高。另外，大城市的志愿者比例要低于其他地区。

在加拿大，非营利组织和志愿者组织雇用了超过 200 万工作人员，其中 2/3 是付费员工，1/3 是志愿者。这差不多占了 12%的适龄劳动人口和大约 13%的非农劳动人口。

在一份重要的加拿大研究报告中，志愿者组织被分为提供服务功能和表达功能两种类型。服务功能指直接服务的提供，比如教育、健康、居住、经济发展促进等。表达功能指提供途径表达文化、宗教、大众娱乐、专业或政策价值、兴趣爱好和信仰等的活动。这包括文化协会、娱乐团体、专业协会、倡议团体、社区组织、环境组织、人权组织和社会运动等活动。绝大多数的志愿者被划入具有表达功能的类别。

表 4.1 根据选择特征划分的志愿者(美国 2002 年 9 月—2005 年 9 月)

单位：千

特　征	2002 年 9 月		2003 年 9 月		2004 年 9 月		2005 年 9 月	
	人数	所占人口比例(%)	人数	所占人口比例(%)	人数	所占人口比例(%)	人数	所占人口比例(%)
性别								
总数，不分男女性别	59 783	27.4	63 791	28.8	64 542	28.8	65 357	28.8
男	24 706	23.6	26 805	25.1	27 011	25	27 370	25
女	35 076	31.0	36 987	32.2	37 530	32.4	37 987	32.4

（续表）

特　征	2002年9月		2003年9月		2004年9月		2005年9月	
	人数	所占人口比例（%）	人数	所占人口比例（%）	人数	所占人口比例（%）	人数	所占人口比例（%）
年龄								
总数，16岁及以上	59 783	27.4	63 791	28.8	64 542	28.8	65 357	28.8
16岁至24岁	7 742	21.9	8 671	24.1	8 821	24.2	8 955	24.4
25岁至34岁	9 574	24.8	10 337	26.5	10 046	25.8	9 881	25.3
35岁至44岁	14 971	34.1	15 165	34.7	14 783	34.2	14 809	34.5
45岁至54岁	12 477	31.3	13 302	32.7	13 584	32.8	13 826	32.7
55岁至64岁	7 331	27.5	8 170	29.2	8 784	30.1	9 173	30.2
65岁以上	7 687	22.7	8 146	23.7	8 524	24.6	8 712	24.8
雇佣状态								
国内劳动力	42 773	29.3	45 499	30.9	45 896	30.9	46 872	31.1
被雇佣的	40 742	29.5	43 138	31.2	43 886	31.2	44 894	31.3
全职(6)	32 210	28.3	33 599	29.6	34 237	29.6	35 225	29.8
兼职(7)	8 532	35.4	9 539	38.4	9 649	38.5	9 669	38.2
失业	2 031	25.1	2 361	26.7	2 010	25.6	1 978	26.4
非劳动力人口	17 010	23.7	18 292	24.6	18 646	24.7	18 485	24.4

1. 开始于2003年，仅选择单个群体的人；选择超过一个群体的人未包括。2003年以前，归入超过一个群体的人归入他们确定的主群体。

2. 2002年的亚裔人群数据未被列入表格中。

3. 数据参照25岁及以上人群。

4. 包含高中或同等学历。

5. 包含某些专科学院，无学历和大专学历。

6. 所有工作的工作时间通常超过35小时/周。

7. 所有工作的工作时间通常小于35小时/周。

备注：上述群体的估算（白人、黑人、亚裔）不能进行汇总计算，因为并没有包括所有群体的数据。此外，拉丁群体和西班牙群体可以被归入任何一个其他群体，因此，他们被根据民族和种族进行归类。由于2003年、2004年和2005年引入了被修改的人口控制，2003年、2004年和2005年的估算数据之间的可比性比较差，与2002年数据的可比性也不是很好。如果想获取更多的信息，请查看技术指引。

(United States Department of Labor, 2005；更多信息请访问 www.bls.gov/news.release/volun. nr0. htm)

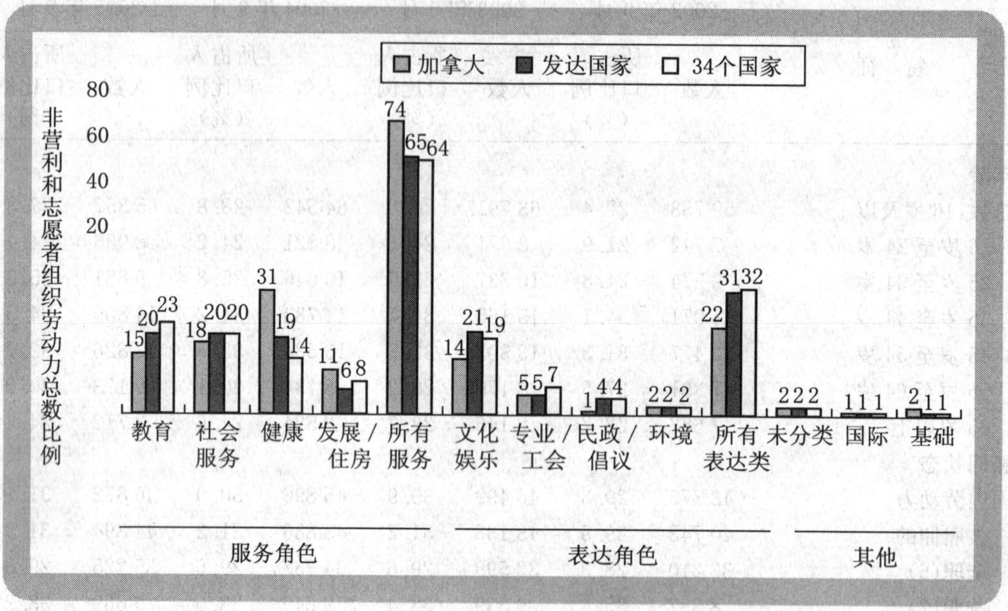

注:上述内容得到 Imagine Canada 的许可,更多信息请查看: www. nonprofitscan. ca/files/misc/jhu_report_en. pdf。

图 4.1 加拿大的非营利和志愿者组织工作人员构成

图 4.1 比较了加拿大和其他发达国家中非营利组织和志愿者组织的工作人员构成。Hall 等(2005, p. 11)指出非营利组织和志愿者组织不仅仅向人们提供工作岗位,他说:

> 这些组织之所以重要是因为他们提供的功能,这些功能是多方面的。首先,他们提供各类以人为对象的服务,从卫生保健、教育、社会服务到社区发展。其次是其呼吁功能,包括确认一些还未被清楚意识到的问题,提高公众对这些问题的认知,保护基本人权,以及其他涉及社会公益,政治、环境和社区利益和关注的问题。除在政治和政策方面的贡献之外,非营利组织和志愿者组织还表现出更为广泛的表达功能,提供途径,让其他各种各样的情感和躁动得到宣泄,包括艺术上的、精神世界的、文化上的、职业上的、社会的和娱乐的。歌剧院、交响乐团、足球俱乐部、兴趣协会、礼拜堂、兄弟会、书友俱乐部和青年团队仅是这种表达功能的一些表现形式。最后,非营利组织和志愿者组织还因为其对学者们越来越倾向于称作社会资本的贡献而受到赞誉。这些基于信任和互惠的纽带看来对民主体制和市场经济的有效运作发挥着至关重要的作用。通过在个人之间建立联系,参与各类协会组织教导人们合作的标准,并把它带入经济和政治生活。

图 4.2 显示了非营利组织和志愿者组织劳动力队伍作为活跃经济人口程度最高的前 20 个国家。

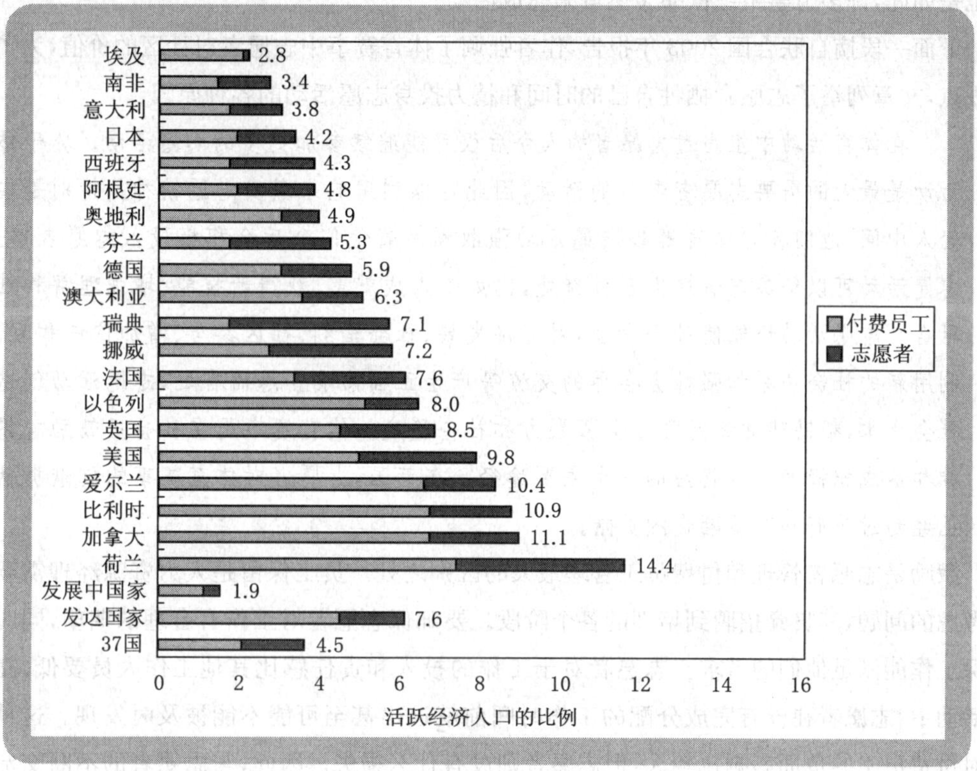

注：上述内容获得 Imagine Canada 的许可，更多信息请访问：www.nonprofitscan.ca/files/misc/jhu_report_en.pdf。

图 4.2 非营利组织和志愿者组织劳动力队伍作为活跃经济人口的国别分类图

在英国，每年有 2 200 万成人参与志愿者活动，每星期向社会提供 9 000 万小时服务。60%的志愿者说志愿者活动给予他们一个机会去学习新技能，50%的志愿者说因为有人需要帮助所以他们参加志愿者活动，90%的英国公众认为志愿者展现了人道社会的概念。

这些数字显示上述四个国家具有很强的志愿者文化。

志愿者激励

一个人参加志愿者活动的原因与社会兴趣紧密相连，而这又使得志愿者的经历给当事人带来满足感。如前所述，志愿者可能会投身到一项服务或表达功能的活动中(Hall et al.，2005)。在两种情况下，他们都希望看到目标达成，并符合活动的使命和目标。在节事行业中也是如此，许多节事组织依靠志愿者来完成活动。

下面一段摘自联合国2003年报告，作者强调了体育赛事中志愿者对社区的价值，为了证明观点，文章列举了志愿者牺牲自己的时间和精力投身志愿活动的各种原因：

> 在体育活动中担当过志愿者的人今后很可能继续参加更多的志愿活动。鉴于体育活动是最大的需要志愿者参与的活动，因此可以利用它来激发志愿精神。特别是在年轻人中间，他们参与体育赛事志愿活动强烈预示着他们今后会积极投入志愿者事业。志愿活动可以给参与者提供各种益处，比如个人成就感、获得新技能、增强理解和社会融合。志愿活动还能使社会受益，对经济发展、社会福利、社区参与、增加信任和互惠、利用新的社会关系加强社会各界的交流等产生正面影响。总而言之，志愿活动创造出社会资本，帮助建立和增强社会凝聚力和社会稳定。体育赛事是在社会里鼓励志愿精神和达成积极的社会收益的一个主要途径。在英国，志愿者对体育赛事的贡献据估计已经超过政府和彩票融资的贡献。

激励是志愿者管理和付费员工管理最大的区别之处。员工保留是人力资源经理需要重点考虑的问题，其贯穿招聘到培训的各个阶段。要确保志愿者对工作有合理的期望，同时要确保工作能满足他们的需求。志愿者对于工作的投入和责任感比其他工作人员要低，在大型活动中，志愿者在没有完成分配的工作时间前就退出甚至可能不能被及时发现。这种行为对付费员工的负面影响比较大，但志愿者则没有什么损失。因此，与志愿者的不断交流是极其重要的，必须贯穿活动的整个过程，从招募直到活动结束，这样才能确保在整个活动期间志愿者流失不会成为人力资源管理的一个难题(Byrne et al.，2002)。

在对某个地区马拉松赛事志愿者的调查研究中，Strigas 和 Newton Jackson(2003)提出一个针对该类活动的志愿者激励的五要素模型：

1. **物质激励。**这包括志愿者预期能获得的实际好处，可能包括物质利益(例如产品和服务)或会带来物质利益的社会身份价值，比如荣誉证书等。
2. **思想认同。**志愿者的动机与活动和社区的目标吻合，比如“志愿者创造了一个更好的社会”。
3. **转变生活工作节奏的需求。**在一些例子中，志愿者把志愿活动看作是单调的工作生活的一个插曲，一种暂时的逃避日常生活和发展个人兴趣的机会。
4. **自我实现要素。**社会互动、人际网络和实现自尊等成为参加志愿活动的动机，志愿者把寻求社会接触作为有效的奖励。

5. 外部因素。超出个人控制的外部因素，比如家庭传统或完成课程的要求。

在一项分析激励和其重要性的研究中，Strigas 和 Newton Jackson(2003)发现一组最主要和最次要的激励因素，如表 4.2 所示。

表 4.2　体育赛事志愿者的最高和最低动机

最　高　动　机	最　低　动　机
● 志愿者创造一个更好的社会	● 获得实践经验
● 希望帮助活动成功举办	● 从学校或雇主处获得额外的奖励或荣誉
● 作马拉松比赛志愿者很有趣	● 获得荣誉证书
● 回报社会	● 简历更好看
● 志愿行为可以帮助组委少花钱办好事	● 降低孤独感
	● 得到别人的认可

资料来源：Strigas and Newton Jackson, 2003, p. 117。

人们选择做志愿者的理由似乎各种各样，每个人都有不同的动机。许多研究试图从人口统计学角度分析志愿者背后的动机，但在一份青少年志愿者动机分析的研究中，Schondel 和 Boehm(2000)发现在青少年、大学生和成年人这几类人口分类中存在一些共同的动机，包括帮助他人、社会交流和对社会贡献的认同。但同时也存在着许多不同点，有研究指出追求某种身份的认同可以影响同一年龄段志愿者的动机。Callow(2004)指出老年人参加志愿行为的动机和方式存在很大的差异，这些因素都对志愿者的招募计划产生影响。

专家学者们正努力确定和划分各类志愿者动因。但有一点是毋庸置疑的，那就是志愿者理解活动的战略目标的重要性以及他们对活动成功的重要性。前面章节提到，一项活动是由许多小项目组成的一个大项目。让志愿者和付费员工清楚活动的临时性和限定性是很重要的。如果能明确地看到取得的进步和实实在在的成功，就能够更好地激励整个工作团队。案例分析 4.1 向我们展示了这样一个例子：在整个电影节中，志愿者没有看过一场电影，没有物质奖励，但他感到自己在电影节的成功举办过程中扮演了一个重要的角色。

领导力问题和激励方式将在以后章节详述，在本章下面内容中将把工作团队放在“一个团队，一个围墙”(Byrne et al., 2002)的背景下进行讨论，其中将穿插一些特殊的志愿者议题。

志愿者使用决策

是否让志愿者参与活动是一个巨大的战略决定。志愿者并不是无成本的，需要付出招聘成本、选择成本、培训成本、监控成本、制服成本、饮食成本等。比如在2000年悉尼奥运会，不算管理成本，每个志愿者的开销是750澳元（Tourism Training Victoria，2002）。

节事组织者招募志愿者担任工作人员的一部分，甚至有时候作为全部工作人员的理由有许多种。

1. **节事促成。**一些活动全凭一群个人的联合努力促成，他们受某项事业的驱动，推动和运作一项节事。在这些活动中，志愿者形成一个委员会，形成主旨和目标。许多音乐节和一些历史节事庆祝活动就是这样，一开始的时候规模很小，然后随着时间的推移规模越来越大。
2. **扩大工作团队。**招募志愿者的最大一个理由是通过这种省钱的方式扩大工作团队。鉴于志愿者贡献的工作时间是如此巨大，如果没有他们的参与，许多大型活动和节庆活动很难达到目前的水平（例如志愿者为曼彻斯特英联邦运动会提供了1 260 000小时无偿服务）。
3. **提高服务层次。**志愿者的岗位一般被安排在与来宾接触的服务岗位，他们对创建一个友好的活动环境贡献很大。在2002年盐湖城冬季奥运会上，志愿者提供的服务是如此出色以致吸引了包括NBC的*Today Show*和《华尔街日报》在内的媒体的大量报道（Walker，2002）。
4. **促进社区精神。**虽然节事提供了加强社区精神建设的重要途径，但这并不是招募志愿者的唯一原因。
5. **达成正面的社会影响。**让志愿者担任一个可以获得个人发展的工作，提升他们的知识技能，有益于他们的职业发展，节事可以对社会产生长远的积极影响。比如，在南非，节事被认为是能力建设的一部分。希望带来积极的社会影响也是各国争夺世界杯举办权背后的原因之一（见案例分析4.2）。
6. **促进多元化。**志愿者来自不同的背景，这有助于提高诸如奥运会、世界音乐节等活动在语言和文化交流上的服务功能。不同背景的志愿者也能为活动带来创新想法和有益的启示。
7. **扩大关系网络。**志愿者背后是他们的家庭和朋友的帮助。这样使志愿关系网络得以扩大，通过他们可以找到新的赞助商和承包商。
8. **志愿者主义信仰。**许多组织具有强烈的志愿者主义信仰，因此他们招募志愿者，向志愿者提供在活动中工作的机会。这反过来又促进了组织的学习和发展。

虽然上面招募志愿者的理由中很多是利他的，但一个节事组织者在确定他们招募志愿者的理由的时候必须老老实实，这点很关键。对于志愿者来说，节约成本显然是最明显的动机，在招募过程中，这一点可以和“没有你们我们做不到”这一主题一起被强化。

案例分析 4.2

志愿者 2006：德国世界杯足球赛上扮演的重要角色

2006 年德国世界杯足球赛获得成功的基本要素之一是志愿者的热情、友谊和助人为乐的精神。外国球迷通过与志愿者的频繁接触而对主办国留下了永久的记忆。志愿者期待能带走一些难忘的记忆。他们将获得一个独一无二的机会，在 2006 年德国世界杯足球赛上扮演重要角色，通过许多有趣的工作亲身体验赛事的氛围。志愿者的工作对于社区乃至对德国的潜在影响均意义重大，我们的志愿者表现出来的热情和努力将向人们交出一份满意的答卷。我们将在接下来的几个月时间内为 2006 年德国世界杯足球赛招募志愿团队。这些无偿工作的志愿者将扮演关键角色，让 2006 年德国世界杯足球赛的官方口号“让我们成为朋友”成为现实。

（引用获得德国 2006 年世界杯组委会同意，更多信息请访问 fifaworldcup. yahho. com/06/en/o/volunteers/vpp. html）

思考练习 4.2

1. 你认为参加足球世界杯志愿者的主要动机是什么？
2. 你认为志愿者对参与本届世界杯的期望值是否现实？解释你的理由。

志愿者管理的行为准则

大多数专业节事管理机构有一个志愿者管理的行为规范，许多志愿者协会也提供类似的行为指南。以下是组织使用志愿者服务的行为准则的一个简要版本，包括了行为准则的重要因素：

节事组织者必须：

- 遵守所有法律规定,例如《反歧视法》;
- 提供一个健康和安全的劳动环境;
- 计划和记录安全操作规范;
- 为志愿者提供保险;
- 提供清晰和准确的关于志愿者的期望如何被满足的信息;
- 提供入职培训和其他培训;
- 避免将志愿者安排在更适合付费员工的岗位上;
- 把志愿者作为团队不可分割的部分;
- 避免把志愿者安排在困难或危险的岗位上;
- 提供膳食、饮料和休息;
- 提供日晒保护和其他相关劳动保护措施;
- 提供足够的监督和支持;
- 定义工作性质、发布工作描述和职责清单;
- 开发人力资源政策并使之能覆盖志愿者,比如申诉程序;
- 认可志愿者的权利;
- 在可能的情况下向志愿者提供学习和发展计划;
- 弥补志愿者的一些实际支出,例如交通费;
- 让志愿者获得最新信息;
- 经常性地向志愿者个人或团队作出的贡献表示感谢。

长期和短期的志愿者

志愿者在各个阶段参与到节事的组织管理中,包括在多个社区节事的组委会中工作。在有些节事组织中,这样的关系可能长达数年。比如 2001 年,穿越加拿大组织向 Tony Daffern颁奖,表彰他为体育事业的发展而作出的终身贡献,Tony Daffern 不但多次参赛而且积极参与赛事的组织工作。

对于规模更大的年度节事或超级节事,比如奥运会,有些志愿者从筹备初期就加入,并在相当长的时间内在设计小组中工作。在曼彻斯特,这样的志愿者叫长期志愿者,在悉尼人们称他们为志愿者先锋,他们都与各自的节事组委会一起工作一年或更长时间。对于本田经典高尔夫公开赛这样的活动,有许多志愿者老兵在相当长的时间内每年都为赛事提供志愿者服务

(Coyne and Coyne, 2001)。但大部分志愿者仅参与短期工作,从几个小时,到几天或几周。

志愿者的来源

虽然招聘要在第 8 章介绍,但这里有必要提一下几个特殊的招募志愿者的渠道,特别是那些具有相关技术和经验的组织。许多这样的组织与节事组委会以合作伙伴的身份一起工作以确保志愿者计划顺利实施。

志愿者联合会

在许多国家里存在社区级别、省级和国家级的志愿者联合会,比如美国的志愿者行政联合会(AVA),英国的社团服务志愿者(CSV),这些组织会提供志愿者管理指南、统计数据、刊物和服务。

相关协会

许多专业协会为运动会提供裁判和官员等需要专业资格的志愿者;在文化艺术活动中也有类似的组织,他们向展览、竞赛和演奏会提供专业技能。事实上,这些协会提供资金以支持活动的举办,并能对志愿者项目提供有益的建议。

赞助商

赞助商常常希望他们的员工能参与到活动中去,因为这可以给员工提供一次锻炼的机会,或者是对员工的一种奖励。

学校

学生的实习和社会实践必修课程是志愿者的一个重要来源,同时这些活动能提供对此感兴趣的学生一个亲自动手的机会。有些学生为某项活动提供长期的志愿者服务,贯穿整个活动计划阶段;其他学生可能出于开阔视野的目的,为各类活动提供少则几小时,多则几天的服务。

特殊兴趣团体

担任志愿者有时是某项社会公益活动的一部分,例如,一场青年音乐会可能就是由一群无业青年为了某个特殊公益活动而举办的。

志愿者在节事中扮演的典型角色

上面提到的志愿者管理行为准则强调不能把应该付费的岗位交由志愿者负责，因为这可能会招致工会或其他雇员组织的不满，另外把志愿者放在付费的岗位上，比如清扫，还会被认为是对志愿者的一种剥削行为。

Cuskelly 和 Auld(2000)为志愿者管理提供了一本指南，其中包括了澳大利亚国家银行社团连接奖的国家级和州级获胜者的评语（见表 4.3）。在这些评语中得出的最重要的一条结论是工作团队的整合极其重要。要对志愿者和付费员工一视同仁，让他们觉得他们是团队的一分子，要认可他们的服务。最重要的，不要想当然地随意对待志愿者。

表 4.3　志愿者管理最佳实践的建议

	最佳实践建议	
	好的行为	不好的行为
南澳大利亚自行车赛	● 提供书面的岗位描述书 ● 确保合适的培训安排 ● 业绩认可	● 忽略新志愿者的招募 ● 忽视志愿者的兴趣 ● 区别对待
昆士兰州 Q-Rapid 赛事	● 为志愿者提供清楚的路径 ● 重视所有志愿者的知识技能和努力 ● 通过培训赋予志愿者真正的责任	● 想当然 ● 提供不充分不准确的信息 ● 忽视志愿者的服务
Coonamble Rodeo 协会州冠军 NSW 比赛	● 合理安排时间 ● 根据技能安排岗位 ● 公开讨论所有事物	● 忽视对新志愿者的指导 ● 疏忽对志愿者贡献的认可
维多利亚家庭护理州冠军比赛	● 尊重志愿者的作用 ● 聆听志愿者的报告 ● 使工作充满趣味	● 设置交流障碍 ● 想当然认为志愿者具备所需的知识 ● 想当然
塔斯马尼亚拉力协会州冠军赛	● 充分授权 ● 听取各方意见，包括付费的官员	● 不耐心 ● 不灵活 ● 想当然
WA 创意大赛州冠军赛	● 把志愿者当作团队的一员 ● 听取志愿者的意见 ● 认可志愿者的努力	● 超负荷工作 ● 把志愿者与其他员工孤立开来 ● 把志愿者分配到困难和危险的岗位上
澳大利亚青年足球锦标赛州冠军赛	● 根据技能和兴趣选择志愿者 ● 招募可以提升整个团队形象的人 ● 使任务充满趣味 ● 给予积极反馈	● 人手不足 ● 在最后关头才把工作甩给志愿者 ● 分配给志愿者的工作难度太大

注：上述内容获得澳大利亚体育委员会的许可。

志愿者项目的管理

志愿者项目计划必须精心制定，其内容远远不仅仅局限于招聘和培训。志愿者管理的内容包括建立花名册、膳食、制服、交通、安全和住宿等大量的后勤保障工作，此外还有业绩认可和奖励程序。而问题解决和内部沟通是运营阶段的关键问题等。

虽然工作描述书要留到第 8 章才介绍，但在案例分析 4.3 中，我们从这份人力资源经理的职位描述书中可以看到详细的志愿者管理内容。

案例分析 4.3

国家民族音乐节——志愿者协调员职位

国家民族音乐节

人力资源和行政经理

职责描述和选择标准

职位描述：

上级领导：节庆总监

职位种类：全职

工资：每年 44 000—50 000 澳元

时间：两年可续约的合同

人力资源和行政经理是团队管理的关键角色，直接向节庆总监报告。该职位对于国家民族音乐节这样一个年度活动的组织，以及节日组委会作为一家公司的日常运作来说都十分重要。其主要职责包括办公室日常管理、志愿者预算管理、招聘、志愿者维护和调动等。其需与产品经理共同负责部分职责。

国际民族音乐节的成功很大程度上归功于志愿者组织的贡献。志愿者是节日最重要的资源之一，该职位对维护和开发志愿者的士气至关重要。我们希望申请人能够在社区中激发人们担任志愿者的热情，能够代表活动的志愿者在社区中发挥重要的宣传作用。

职责

1. 制定志愿者管理程序

- 志愿者招募,编制值班时间表,培训和人员调动,包括确定在节庆期间主要区域里大约70个协调人的名单(跨越45个团队)。
- 管理志愿者现场支持服务,比如志愿者接待和志愿者厨房。
- 鼓舞士气和调动志愿者积极性。
- 管理协调人员的招聘和支持。
- 实施、加强和修改志愿者政策,确认所有程序有文字记录,遵守风险管理和组织政策。
- 制定和管理志愿者服务预算,包括志愿者培训、协调人会议、任务报告和志愿者行为记录。
- 组织和推进志愿者和协调人会议、任务报告和社会功能。
- 与刊物经理一起管理向1 500名志愿者分发的季度简报的准备、印刷出版和分发工作。
- 如果某个协调员无法到位或不能发挥功用,需要担任临时协调人直至找到替代者。

2. 整年的行政管理工作

- 与节日总裁、生产经理和节目经理一起,为节日各项工作制定时间表和核查清单(例如:演员、商贩、票务、营销计划等)。
- 作为管理团队的成员,参与整个节日活动的设计和公司管理计划的制定。
- 管理节日开幕前的志愿者团队,包括招聘、培训、工作分配,以使某个或全部区域能够按时间进度表完成任务。
- 负责全年的行政系统的管理,包括大宗物件的邮寄、电话、传真、电子邮件、文具和志愿者调配等。
- 发展和改进预付款、采购和票务系统。

3. IT系统

- 帮助技术团队开发预付款、采购和票务的数据库和系统。
- 帮助技术团队开发技术人员和志愿者数据库。
- 帮助活动快报和各类表格的生产。
- 管理所有数据库的数据录入工作。

4. 现场工作(例如:在节庆期间)

- 管理大约1 100名志愿者的接待和调配工作。
- 与协调人联系确保志愿者的需求得到满足。
- 解决某些区域无志愿者出现的情况,向发生未预见的紧急事件的区域加派志愿者。

- 节庆期间，如果需要，担任紧急情况处理经理。

5. 其他责任

- 向委员会提供秘书服务，包括记录保存、会议纪要和会晤组织。
- 解决任何节庆相关领域出现的纷争和问题。
- 信息收集、分析和制作报告。
- 作为团队成员，出席常规的员工会议，跟踪措施执行情况。
- 节庆活动的人事管理，包括工资发放，所得税扣除和个人记录维护。
- 其他节日总裁制定的工作。

挑选标准——必须具备

1. **个人品质。**人力资源和行政管理经理对于成功举办国家民族音乐节责任重大。国家民族音乐节是一个充满活力不断进步的组织。人力资源和行政管理经理必须具备很强的适应能力，对志愿者的需求和董事会制定的战略任务作出反应。
2. **交流技能。**成功的申请人需要具备出色的交流技巧，要专业、有效和不卑不亢，与志愿者、专业人士、股东、赞助商和员工进行卓有成效的沟通；申请人必须具有出色的谈判技巧和人际交往技巧，能够与不同类型的人一起工作，能够与不同文化教育背景和年龄层次的人交往；申请人必须具有耐心、宽容心和同情心，能够坚持原则；能够在公开会议和论坛上自如演讲和回答问题。
3. **积极主动和对工作的投入。**该职位经常需要在有时间限制的条件下工作，申请人必须能在繁忙的工作中保持冷静和头脑清醒，能自我激励，在没有人监督的工作环境下完成任务。
4. **在预算范围内达成目标的能力。**人力资源和行政管理经理被要求执行年度预算。因此申请人必须具有在限定的年度预算下运作项目的能力。运营预算包括志愿者培训、现场志愿者餐饮、志愿者总体需求和服务（比如文具和设备）、志愿者行为记录、快报和社会职能等。
5. **团队合作能力。**国家民族音乐节过去和将来的成功基于努力工作、投入、技能和运营团队的凝聚力。这个团队包括付费员工和数量巨大的志愿者。人力资源和行政经理必须具有在团队合作环境下工作的能力。这样一个工作环境是协作的和高产的。
6. **电脑技能。**人力资源和行政经理需要管理和维护志愿者的数据库和教志愿者如何使用节事办公室的操作系统。申请人必须具备 Office 软件、Filemaker Pro 程序（或类似的数据库应用软件）的相关知识和使用经历，同时需要熟悉 Apple OSX 操作系统和相关应用程序。

选择的标准——期望具备的

相关的知识背景。国家民族音乐节是澳大利亚著名的民族艺术节。我们期望申请人具有相关的知识背景并能对活动全身心地投入。熟悉国家民族艺术和知晓活动的主要参与方的申请人将成为我们优先考虑的对象。

(经国家民族音乐节组委会同意,更多信息请访问 www.folkfestival.asn.au)

思考练习 4.3

1. 用一句话描述志愿者协调员的工作职责。
2. 讨论以下的陈述:"志愿者协调员必须为志愿者说话,避免他们受到剥削。"
3. 描述由一个志愿者协调员承担的计划行动。

本章小结

本章着重介绍了把志愿者作为节事工作团队组成部分的战略决策。我们详细讨论了志愿者动机并列举了一些志愿者动机的研究报告,研究报告指出人们担当志愿者的动机多种多样。人口统计学和其他形式的研究没有给出一个统一的趋势,因此节事组织方必须认识到,对于任何一项节事,志愿者的动机和期望都是多元化的。大量研究均指出要了解和认可志愿者在整个节事中扮演的重要角色,同时节事组织者向公众传达节事目的也具有相同的重要性。整合一个具有凝聚力的工作团队是重中之重,其中一个团队是在"场内的"。每个人都希望自己受到重视,希望参与到某件重要的事件中,希望获得兴奋和一些美好的东西。

复习问题

1. 比较本章数据和你所在社区和国家中的志愿者参与比例。
2. 区分服务功能和表达功能。
3. 研究一个大型活动,分析志愿者的数量和他们所扮演的角色。
4. 列举和解释人们担当体育赛事志愿者的五个理由。

5. 提供在一个特殊活动中使用志愿者的理由。

6. 列举和描述志愿者的三个来源。

参考文献

Australian Bureau of Statistics (2002). General social survey: summary results. Cat. no. 4159.0. Viewed 1 October 2005, www.abs.gov.au/Ausstats/abs@.nsf/2.6.4?OpenView.

Beijing Olympic Committee (2005). The pre-Games training guide. Viewed 10 June 2005, http://en.beijing-2008.org/71/76/column211637671.shtml.

Byrne, C., Houen, J. and Seaberg, M. (2002). One team. *Communication World*, 28–32.

Callow, M. (2004). Indentifying promotional appeals for targeting potential volunteers: an exploratory study on volunteering motives among retirees. *International Journal of Nonprofit and Voluntary Sector Marketing*, **9(3)**, 261–74.

Coyne, B. and Coyne, E. (2001). Getting, keeping and caring for unpaid volunteers for professional golf tournament events. *Human Resource Development International*, **4(2)**, 199–216.

Cross Country Canada (2001). CCC Volunteer Award Winners. Viewed 2 October 2005, www.cccski.com/main.asp?cmd=doc&ID=578&lan=0.

Cuskelly, G. and Auld, C. (2000). *Volunteer Management: A Guide to Good Practice*. Australian Sports Commission: Active Australia.

Giammarco, T. (2005). 2005 Jeonju International Film Festival Report. Viewed 1 October 2005, http://koreanfilm.org/jiff05.html.

Hall, M. *et al.* (2005). *The Canadian Nonprofit and Voluntary Sector in Comparative Perspective*. Imagine Canada.

Institute for Volunteering. Volunteering UK – key facts and figures. Viewed 1 October 2005, www.ivr.org.uk/facts.htm.

Schondel, C. and Boehm, K. (2000). Motivational needs of adolescent volunteers. *Adolescence*, **25(138)**, 335–44.

Strigas, A. and Newton Jackson, E. (2003). Motivation: volunteers to serve and succeed. *International Sports Journal*, **7(1)**, 111–23.

Tourism Training Victoria (2002). Strategic training issues for the 2006 Commonwealth Games. Viewed 17 May 2006, www.cecc.com.au/programs/resource_manager/accounts//ssv/CommGamesReport.pdf?view_file_btn=+View.

United Nations (2003). Sport for development and peace. Viewed 17 May 2006, www.un.org/themes/sport/index.htm.

United States Department of Labor (2005). Volunteering in the United States. Viewed 30 April 2005, www.bls.gov/news.release/volun.nr0.htm.

Walker, M. (2002). Going for gold. *TD*, May, 63–9. Viewed 17 May 2006, www.astd.org/astd/publications/td_magazine.

第 5 章

承包商管理

学习目标

读完本章以后你能：

- 解释在节事组织中承包商所扮演的角色
- 讨论人力资源经理在承包商管理中扮演的角色
- 明确由使用承包商引发的一些劳资纠纷
- 描述承包商管理的最佳方案

介　绍

在大多数活动里，承包商的雇员在全部劳动力中占相当大的比例。承包商提供的服务包括舞台管理、娱乐、技术、票务、注册、餐饮、安保、保洁和垃圾处理等。因此，承包商员工的管理是节事人力资源管理的重要组成部分，需要不断完善整合、开发和统一的内部和外部客户关系(Rothwell et al.，1998)。

人力资源经理要考虑许多问题，包括承包商开展工作的不同工作条件，他们的健康和现场的工作安全问题、保险和餐饮配送等。

在节事管理环境中，整合这些服务团队是一个挑战，因此必须对他们进行培训，特别是入职培训或上岗培训。因为对于客户来说，现场的任何一个工作人员都是为他们服务的，都是他们质疑和投诉的对象。

如果决定使用志愿者，节事组委会可能会招来一些来自潜在承包商组织和工会的不满，因为他们觉得志愿者剥夺了付费员工的工作机会。他们会说志愿者没有受过恰当的培训或没有能力完成被分配的工作。因此组委会必须很好地协调与这些利益相关者的关系。

哪些职能将外包,哪些职能由内部工作人员来担当的战略决定必须尽早制定,因为这关系到相关的法律规定,比如电工、叉车驾驶员、保安等岗位的工作人员需要职业资格认证。工伤事故保险是另一个需要重点考虑的问题,上自组委会下至最小的分包商都必须把这件事放在心上。此外,在节事这种多边的环境中,确定节事服务的外包合同经常需要重复谈判,这一点在节事的计划阶段必须考虑周全(Allen et al.,2005)。

如图5.1和图5.2所示,承包商的员工在全部节事员工总数中所占比例为最大,比如在2004年雅典奥运会和2000年悉尼奥运会期间,这个数字分别是54%和51%。

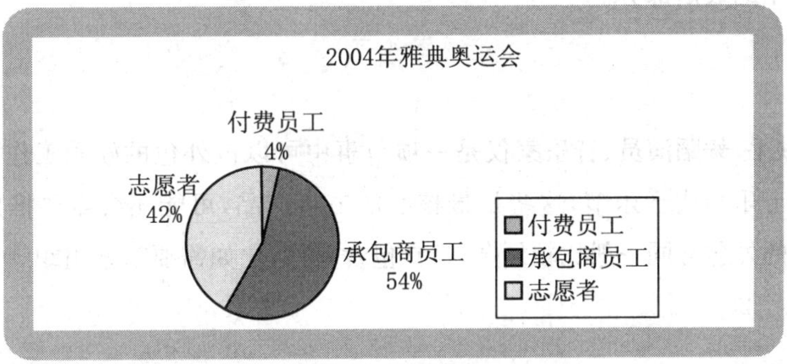

图5.1　2004年雅典奥运会劳动力构成

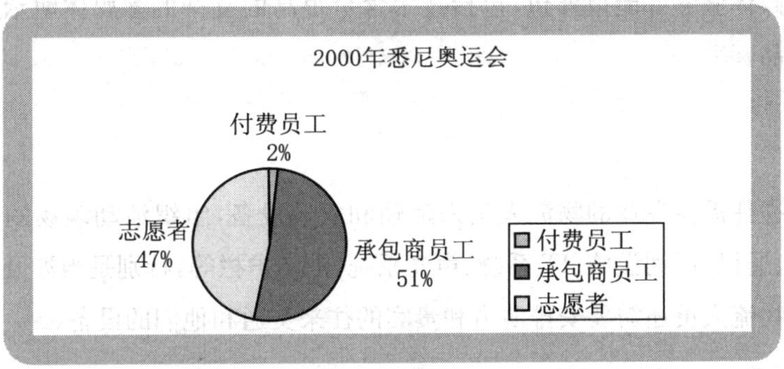

图5.2　2000年悉尼奥运会劳动力构成

承包商服务的常规类别

以下是经常外包给节事服务公司或供应商的服务项目。这个名单不是最完整的,而且也不包括设备租赁供应商或其他不同类型的产品。

节事设计

节事设计专家会被告知组委会对活动的要求，比如一次会议、一个颁奖典礼、一场表彰大会或一次产品发布会，专家们为客户设计节事相关概念和相关成本。

产品

广义来说，产品是指在节事中展示的所有元素，从概念到实施和评估。有时候，狭义的产品仅指节事中的表演部分。

娱乐

主持人、歌手、舞蹈演员、音乐家仅是一项节事中可以被外包的娱乐工作人员中的一部分。对于一场音乐会或音乐节，这些是最核心的节事产品，可能还会需要推广者和经纪人等。娱乐项目的外包合同一般比较复杂，且常包含附件，比如需要节事组织者额外支付的费用（Allan et al.，2005）。

灯光、声音、视听设备和多媒体

所有的多媒体服务都能被外包，包括技术含量很高的复杂的多媒体演示。这些服务常被叫作技术产品。

物流

大型活动往往需要专业的物流人员来运输和安装设备，组织活动现场的一些具体事项比如人流走向、通讯、便利设施、IT 系统、声光系统、围墙护栏等，特别是当涉及临时的户外场地时。有时候物流人员还需要安排演员和贵宾的往来交通和他们的设备。

登记服务

大型的活动一般会雇用专业机构的服务，通过特殊软件实现在线注册，同时提供现场登记服务。

场馆装饰

场馆装饰包括道具、椅套、气球造型和花卉陈列等。在一些案例中，一个主题活动需要一整套设计和搭建装饰性建筑物。

印刷

需要印刷的东西包括入场券、节目介绍、培训材料、各类标志等。有些活动会专门设计一套形象识别系统,包括颜色体系、字体、图标等,这套东西应用在所有的印刷材料和标志上。

照相和摄像

专业的照相和摄像是常规服务,活动结束后,影像资料可以被制作成各种形式或通过在线获取。

舞台设计

表演舞台的准备是极其重要的一项工作,包括诸如特殊灯光效果和其他舞台布局等。需要设计的舞台可能是一个普通舞台和布景,也可能是需要高科技支持的表现出极高艺术水准的一次盛大开幕仪式。

餐饮

绝大部分的节事提供餐饮服务,提供这类服务的公司也多如牛毛。服务内容包括菜单设计、食物安全指南、有经验符合要求的服务生等。食物的形式从快餐到宴会。有时候,餐饮服务被外包给被授予特许经营权的商家或餐饮店,这时候需要签署单独的合同。

清洁和垃圾处理

清洁和垃圾处理是一个特殊的服务,特别是在节事的环境下,垃圾处理计划对户外节事几乎是必须的。表5.1提供了曼彻斯特英联邦运动会上的垃圾处理的数据。

表5.1　2002年曼彻斯特英联邦运动会(2002.7.11—2002.8.6)场馆垃圾分类和重量(吨)

场馆名称	废弃物	纸板箱	塑料	玻璃	纸张	铁制品	铝制品	总计
Sportcity	175.24	0.3	1	5.8	2.6			184.94
Velodrome	24	1.2		2.6	0.4			28.2
Belle Vue	28							28
Salford Quays	6							6
G-Mex	20			1.2	2.6			23.8
Aquatics	33.6							33.6

（续表）

场馆名称	废弃物	纸板箱	塑料	玻璃	纸张	铁制品	铝制品	总计
MEN Area	16			1.5		31.09	3.11	17.5
Rivington	6.4							6.4
Bolton Arena	30.3			1.5				31.8
Wythenshawe Forum	11.2							11.2
Heaton Park	28							28
Athletes's Village	135.22	17.86	1	4.7	3.4			162.18
Bessemer Street	48.8	22.48	0.42	1.2				72.9
Town Hall	2							2
IBC Other	56.8				7.5			56.8
总计	621.56	41.84	2.42	18.5	16.5	31.09	3.11	727.52

资料来源：Manchester City Council，2003；更多信息请访问 www. gameslegacy. com。

安全

包裹检查、场地检查、人员监控（拥挤管理）和财产安全是安保人员的职责，此外许多安保人员也接受过应急事件处理的培训。

招聘

大型项目常使用招聘公司来招募付费员工，包括使用在本地或海外寻找经验丰富的专业人士的猎头服务。

培训

培训有时被外包给培训组织。例如，位于维多利亚的 Holmesglen TAFF 公司为 2006 年墨尔本英联邦运动会提供培训服务。

确定承包商

对于一个小型节事，组委会通过网络搜索、黄页或推荐基本就可以找到合适的承包商。节事规模再大一点，组委会需要事先将相关消息传播出去，比如为一个场馆提供餐饮服务。也可以不管是何种类型的节事，只指定一批供应商同时禁止其他餐饮供应商在场馆内出现。

最后，还可以通过招标这样一种正式的形式来确定最终的供应商。在欧盟，节事服务外包竞标要遵守相关法规，对合同细节和选择供应商的程序都有明确规定。

节事服务合同管理的各个阶段

下面从人力资源管理的角度，来介绍从合同谈判到服务提供和评估的整个过程：

1. 项目范围和工作明细

界定项目范围，进行工作分析

制定项目说明书

进行劳动风险管理分析

分析外部劳动力问题，劳动力数目和技能分析

制定人力资源说明书，例如员工担保和服务等级说明书

2. 招标和评估标书

根据标准和权重系统标准来评估投标人

检查投标人推荐证明

评估招标人对外部和内部人力资源要求的理解

检查是否有违反行业法规的行为

确定合同提前解除的办法

讨论服务目标和签署合同

应变措施准备

3. 承包商介入

制作和分配操作手册、流程和问题检查清单

组织上岗培训和入职培训

监控承包商的岗位培训

检查考勤计划

组织制服和工作证件的分发

安排承包商员工的餐饮

检查上下班交通安排（对于需要很早上班或很晚下班的员工，安排交通会很困难）

4. 活动举办期间

实施运营计划

监控服务情况

查明原因,解决问题

沟通和激励

处理员工缺勤

将承包商纳入奖励和业绩认可体系

5. 服务水平评估

检查事故报告

评估服务等级

写推荐材料

合同终止

发送感谢信和表扬信

虽然承包商管理不是人力资源部门的职责范围,但是由于承包商的员工在整个工作团队占很高比例,因此人力资源部门必须参与其中。

劳资关系问题

由于不同的行业可能有不同的劳资关系方面的行业规定,因此劳资关系问题是承包商管理中比较复杂的一项内容。虽然这主要由承包商负责,并不是节事组织方的责任,但如果不纳入考虑,一旦发生纠纷会对节事带来诸多问题。为了获得最佳服务,2000 年悉尼奥运会专门制订了一个特殊的行业协议,覆盖所有现场工作人员(场内员工)。这样做的好处在于,不同职能领域的员工被纳入一个统一的系统里,所有干完全部工作班次的员工都可以获得全勤奖。同时由于所有的付费员工都纳入了一个工资体系,承包商制定的预算也更加精确。

很少有活动能制定上述这样一份跨领域的协议。因此组委会和服务供应商就不得不与各种工作场所协议打交道了。下面是从一份清洁和物业服务承包者协议中节选的内容,该协议包含了工作岗位设定、工资等级和其他一大堆没有在本书中摘录的关于清扫工的规定。此外,该协议还包括大量的其他条款(共 40 条)。其中有一项是异味物品处理津贴,包含这一条款是完全可以理解的。从这个例子我们可以看出一个宽泛的职位描述将导致很大的灵活性。

清洁工作等级

(a) 节事清洁工作是指为各类节事提供清扫、修理和维护服务,这些节事包括文化体育、科学技术、农业或娱乐，以及各种性质的展览等。节事清洁工作不包括常规的保洁工作，而是专门为某项节事服务的，且服务时间不超过三周。

(b)“第一等级清洁工”指一个在节事(见上文定义)前、期间和结束后提供普通清洁服务的临时雇员，其工作包括但不限于以下这些职责：操作手动电器清洁设备比如鼓风机、真空吸尘器和抛光机等，擦拭座位，清洁厕所，捡拾垃圾，在座椅下面和周围吸尘，在座椅下面和周围拖地，对桌面进行吸尘和清洁，以及其他体力劳动，接受管理人员的直接监督。

(c)“第二等级清洁工”指一个在节事(见上文定义)前、期间和结束后提供普通清洁服务的临时雇员，如果需要，除了完成第一等级清洁工的所有工作职能外，还需要驾驶或操作清扫车和擦洗车、洗涤机、垃圾收集车、蒸汽清洁器和压力清洗设备等；负责器具的分发和发布储藏和供应指令，负责监督指挥第一等级清洁工，并对他们提供必要的在职培训，接受一般监督。

(d)“第三等级清洁工”指一个提供清洁服务的临时雇员，如果需要，能够完成第一和第二等级清洁工的所有工作职能，除此以外还是操作培训师和工作协调人。

表格3B——工资及节事服务等级(7(iii),(v))

下面的工资等级从第一个完全支付周期开始生效，在2004年7月1日后启动。

按小时计算工资的临时员工(美元)

第一级：周一至周五	
节事第一等级员工	17.41
节事第二等级员工	18.29
节事第三等级员工	19.66
第二级：周六、周日和公共假期	
节事第一等级员工	24.46
节事第二等级员工	25.75
节事第三等级员工	27.80

从上述等级中，我们看到，一个第一等级即基础级别的清洁工只能从事手工清扫而不能操作除吹风机、吸尘器和磨光器之外的其他清扫设备。这些分类具有很强的限制性，特别是不同场次之间的清扫工作，这时需要包括主管在内的所有人全员参与。

此外，这个协议对承包商将部分服务转包给分包商的情况有明确的说明，要求分包商也必须服从协议的规定。如前所述，这是一个重要的风险评估事项。节事组织方位于承包商金字塔的顶端，必须从头至尾承担责任。出于这个原因，合同必须包括最新的公众责任和员工赔偿的保险证明书。

在2000年悉尼奥运会期间，承包商/服务供应商、人力资源部门（工作团队计划）、工会和场馆经理们之间的合作程度空前紧密，工会代表在现场解决出现的问题。这样紧密的合作对于奥运会这个级别的活动来说是史无前例的。如Webb指出的，组委会将公共和私人组织和工会组织集合在一起共同制定了一个独一无二的行业协议。这个协议，随着时间的推移，在主要成员之间建立起相互的尊重、信任和坦率公开的私人关系。Webb进一步指出，组委会应当问承包商如下几个问题：

1. 你从哪里获得关于员工数量和他们的技能水平的信息？
2. 如果你的临时员工也同时被别人雇用了，你是否能保留住他们？
3. 如果节事地点路途遥远你怎样保证员工按时上班？
4. 你的常规员工有多少可能缺勤？

（Webb，2001，p.78）

此外，我们还要问自己大概的缺勤率会是多少，因为不管哪一天总有员工会因为生病或其他原因而缺勤。

与供应商共同制定合作计划极其重要。这听起来容易但做起来难，在实际操作中，由于承包商得以最终确定的时间往往太晚，以至于没有时间来共同制定合作计划。

承包商员工的招募和培训

节事组织者用具体的运营术语来解释大型节事遇到的问题，比如我们必须在全国范围内租赁每一件技术设备，有时还需要从国外空运。人力资源问题与此类似。举办地城市常常无法提供短期活动所需要的劳动力数量。

餐饮承包商Spotless Service谈到这个问题的时候深有感触，有一次需要雇用8 000名员工，而当地的劳动力市场根本无法满足需求，Spotless Service采取三项措施来解决员工短缺问题：

1. 租借。包括从他们的其他国际项目中借调员工，从专业的节事租赁机构租赁员工，从学校招募活动期间正在放假的学生。

2. 招聘。招聘无经验的人员，然后送他们去参加政府出资的培训获得所需职业资格。

3. 培训。调用其他项目的非关键岗位员工，通过培训使他们符合本次活动的要求。
(Webb, 2001)

既往节事的经验指出，参加与付费员工和志愿者一样的入职培训和场馆培训使承包商获益良多。这使得员工团队更具凝聚力，更能够向客户提供无缝服务。但是这还不够，在曼彻斯特英联邦运动会结束后，承包商们向组委会提出一个要求，即要向他们提供特殊的项目资料来满足他们的需求，“这让人感到是拧上的而不是锈上的”。(Tourism Training Victoria, 2002)

在对重大体育赛事组织工作的研究中，Hanlon 和 Cuskelly(2002)指出，有必要在招标说明会中讲清楚承包商的员工需要参加相关节事培训，因为这会增加承包商的成本。“这样做，承包商们就可以更好地理解对他们的高期望，能了解岗前培训所需要的时间。”(p. 237)他们还强调在节事的环境下，将入职和现场运营手册作为培训材料的重要性。绝大部分节事都有运营手册，但作为培训资料的频率并不高。

合同监督

节事举办期间，职能团队经理必须对合同中列明的产品和服务质量进行监控。比如清洁和垃圾处理经理(一个付费的职位)需要对清洁合同管理负责，并随着活动开幕的临近对合同细节进行调整。同时可以让志愿者根据检查清单检查承包商的服务产品质量，比如检查节事场地的清洁程度。如果在整个活动期间，职能团队经理除了质量监控外无事可做，那表示在承包商导入期的合同谈判是极其成功的。但是 Maund(2001)提醒，必须认识到承包商的员工并不是组织方的员工，因此可能导致不确定和汇报关系的混乱。服务等级要求应该向承包商(管理层和主管层)提出而不宜直接向现场的承包商员工提出。

合同规格和服务标准

为节事的服务供应商起草招标书需要详细了解期望的服务标准。比如对餐饮服务来说，菜的种类和数量是最低要求。餐饮服务有不同种类(从快餐到宴会)，质量水准也多种多样(从热狗到点菜服务)，所以通过详细条款对服务质量下定义十分重要。基于节事的规模，以及招标前计划的详细程度，准备服务规格的程度也会有所不同。对于一个小型节事，可能没有正式的标书，菜单和服务标准通过双方协商共同制定，然而这带来的一个问题就是可能造成双方的误解，比如是点菜的还配餐的，是向不同的客人提供两种选择吗？要准备多少菜式？是从原材料开始准备食物还是使用速冻的半成品？需要考虑自助餐吗？是否要为素食者准备食物？酒按饮用量计费还是定额收费？客人能点烈性酒吗？咖啡是过滤的还是蒸馏的？

Taylor(2005)指出采用公开招标程序的一个结果可能会限制选择，导致投标人提出低成本低质量的服务方案。质量和数量必须被仔细评估。因此，他建议，这类招标分两轮进行。特别对于那些餐饮属于重要组成部分，或者是与节事主题相关的，或者是昂贵的，建议采用这种形式。比如一个节庆晚宴就是这样一个例子，餐饮的质量对整个活动至关重要。而对于那些餐饮质量并不十分重要的节事，比如仅需要提供快餐的，合同上也需标明服务规格，而如果是户外活动，食物的卫生状况是最重要的要求。

一份户外活动餐饮合同可能包含以下所有内容：

- 菜单和价格；
- 员工等级；
- 食品安全计划；
- 垃圾管理计划(可循环的餐具和盘子等)；
- 基础设施要求(水和电)；
- 带到现场的设备。

如果标准不明确，承包合同管理将产生许多麻烦。因此规格标准越详细，发生误解的可能性就越小。对于一个一次性的活动，如果承包商无法满足要求，另找一家就太晚了。在活动开始之前要对餐单和食物质量进行充分讨论和试吃。

在订立合同时需要考虑以下内容：

- **书面合同。**所有合同必须是书面的。对于大部分组织来说，在谈判早期订立书面合同看起来是毋庸置疑的。但随着节事组织工作的进展会遇到许多条款的变更和新增，这些变化必须在合同中明确注明并书面同意。
- **服务标准。**合同必须明确双方的期望，这样产品和服务才可以明确定义。作为活动组委会，你肯定不希望看到你的餐饮服务商出现食物短缺的情况，因为被抱怨的对象是你而不是承包商。此外，活动组委会必须要求所有的零售商对他们的服务和产品质量全权负责，包括娱乐、座椅、音效、装饰、绿化等。
- **保险和资质。**如前所述，承包商必须证照齐全和购买相关保险。光有口头承诺是不行的，签约前必须提供员工赔偿和公共责任险的相关文件的复印件。

- **损害赔偿条款。**因承包商原因造成的损害必须由组委会赔偿，例如户外停车机构可能会对损坏室外停车场的绿化而向组委会开出罚单，这个罚款将追溯到负相关责任的承包商头上，这必须在合同中明确列明。
- **付款条件。**付款方式必须在谈判后达成，包括预付款和尾款。支付的数额可能采取佣金形式或者按照营业额提取一定比例，比如按照出售的商品数量。承包商租用场地需要支付租金。可能需要支付保证金，活动结束后搬走设备，恢复场地原样后返还保证金。
- **沟通例会。**诚信友好的定期协商是建立长期良好合作关系的基础。问题出现后必须立刻协商解决。在活动开幕前建立良好的工作关系将使各方获益，特别是当活动需要各方额外投入时。

McCabe等(2002)在他们关于会议管理的文章中提到下列四个方面可能会导致服务质量发生变化：

1. **技术品质：**需要提供什么技术服务？可能包括食品、灯光和其他技术服务。
2. **功能品质：**如何提供服务？员工是否经过培训和符合要求？系统和程序是否运转良好？
3. **流程品质：**在服务中获得评估。从客户的角度，是否每一个环节连结在一起达成无缝服务？
4. **输出品质：**实施后续服务。这是事后客户评估，通常采用问卷调查的形式。

总而言之，承包商管理包括仔细地选择供应商、商贩等服务商。在这之后是承包合同谈判，确定细节和标准。如果在磨合阶段各方建立起积极友好的合作关系，当问题出现时这样做的好处就能体现出来，因为在最后忙乱的时间里需要在场的所有人一起努力和协作才能解决问题。案例分析5.1介绍基于承包商角度的几个问题。对于客户来说，只有一个合同承包商，那就是节事的组织者，需要为所有服务负责。此外，客户也未必知道节事期间有那么多承包商参与其中。

案例分析5.1

澳洲佬看到的一线曙光

在奥运会期间澳大利亚通过各种方式做了一次大清扫，Roy Master在雅典写道。

雅典奥运会上实际使用的垃圾收集车是预计的两倍，但是大部分车都没有装满，这体现出这届奥运会的两个主要问题，即太多的安全措施和不足的观众人数。安保协议要求在场馆进出的垃圾车每次垃圾装运都必须用新的塑料包装密封，并且打印新编号，按照要求做会更方便。由于观众人数不多，所以许多垃圾车都没有装满就离开了。本届奥运会的观众人数是奥运会历史上最低的，比1992年的巴塞罗那奥运会还要少。本届奥运会的清洁和垃圾处理工作外包给一家澳大利亚公司——由Cleanevent领导的一个联合承包商，合同价值5 000万欧元(8 500万澳元)，虽然存在上述问题，但由于合同的底价性质，Cleanevent在雅典项目上还是有利可图的。

另一家拥有商品销售权的承包商Concept Sports International(CSI)，则不太走运，它被授权在主会场边上一个3 500平方米的超级商店内出售带有奥运五环标志的纪念品，商品从标价1.5欧元的铅笔到500欧元的纯银项链，但是顾客必须凭奥运门票进场。

这一点与悉尼奥运会截然不同，在悉尼奥运会上，人们可以随意进出而不需要什么通行证。但在雅典人们必须凭票才能进入会场区。

一个被忽略的问题是，按照欧洲标准希腊是个穷国家，能够购买昂贵的由国际奥委会定价的奥运门票的人并不太多，但人们同样希望购买奥运纪念品。为了解决这个难题，CSI向澳大利亚承包商军团求助。在本届奥运会上，澳大利亚商团广泛参与到安保、清洁、食宿、交通、娱乐和零售等服务中去。CSI的首席执行官和大股东Gary March说道：我们澳洲佬帮助奥运会准时开幕，在这过程中我们互帮互助。他们按照雅典人的行事风格讨论让人们没有入场券就能进入商店，我认为这根本就来不及，让我们期望我的澳洲老乡们来做些什么吧。

如果不是澳大利亚商团的介入，7万名田径赛场观众也许就无法从现场的两块巨型屏幕上看到比赛特写了。Great Big Events公司承包了奥运会的广播、音乐、视频系统、记分牌、运动员介绍和包括奥运主会场在内的8个场馆的颁奖仪式等服务。组委会在场馆内分配给其一间控制室，但是屏幕操控和音效设备却被安排在场馆外的一辆直播车内，这对于田径比赛的直播和现场运动员的跑跳特效剪辑很不方便。公司总裁Bowman说，这对于在场馆内直播电视节目非常重要，但是要说服雅典奥运组委会不是一件容易的事情。为了解决这个问题，我给澳大利亚同事打电话发邮件，动用了澳大利亚商团的力量，最后通过后门获得了组委会的同意。组委会又分配给公司一个场馆内的房间作为直播间，房间里配置了一流的电子设施，可以看到全场的监视器和屏幕操作设备，与整个场馆活动连接在一起。Bowan说合同并不完美，但总得到雅典来做生意。

他为多个大型赛事提供整套视频和音频服务，包括悉尼奥运会、曼彻斯特英联邦运动会、橄榄球世界杯、布里斯班友好运动会、2006年墨尔本英联邦运动会。Cleanevent在亚特兰大、悉尼、盐湖城和曼彻斯特获得清洁服务外包合同，同时在雅典领导由一个希腊公司和一个西班牙公司组成的联合清洁服务承包商。

Cleanevent公司的拥有人Craig Lovett说："我们处在一个高级参谋的位置。由于介入比较晚，我们最终与其他公司组成一个联合体。比如主场馆直到开幕前四天才交付给我们。尽管参加人数很少，但我们将提供超过100万人工小时的服务，需要雇用2 500名雇员，动用价值超过250万澳元的清洁设备。我们共处理了6 500吨垃圾，比悉尼少。但与悉尼不同，在悉尼人们吃得多，但在雅典，人们喝得多。我真希望餐饮服务商能把瓶装水的价格涨上去(半欧元)，这样就不会有这么庞大数量的饮料瓶等着我们去收拾了。47%的垃圾需要被回收利用，比悉尼的87%的比例低。人们消费的羊肉串上的番茄酱足可以填满一个奥运会的泳池了。"

(Master, Roy, 2004, Game plan has silver lining for Aussies, *The Sydney Morning Herald*, 23 August. 引用获得许可。)

思考练习5.1

1. 这个案例表达了承包商的一些看法。试从承包商和组委会两方的角度分析节事劳动力数量预测会遇到什么困难。

2. 提供三个关于如何改善节事组织者与承包商之间的谈判和合作的建议。

本章小结

本章讨论了在节事组织中承包商或供应商的角色和重要性，强调在节事现场，承包商的雇员很可能要超过组委会的员工。比如一个展览公司会十分依赖承包商来搭建展会和提供登记注册服务。在挑选承包商时，承包商是否有足够的符合要求的员工是重点讨论内容。必须对承包商的员工进行培训以使他们符合节事的要求，并具备回答观众的提问的能力。清洁工作人员在节事中的重要性常常高于其他服务人员，但也可能不是这样。因此，为了提供满意的服务，每个现场工作人员(包括承包商员工)必须接受节事的相关培训，比如岗前培训和现场培训。

复习问题

1. 列举和解释五个承包商/供应商的例子，并说明他们提供的服务。

2. 承包管理有几个阶段，请分别简述。

3. “计划、选择和管理承包商是场馆经理的任务。”讨论上面这句话，参考本章中的建议，即当指定了多个承包商并且他们的员工构成工作团队中重要部分的时候，人力资源管理需要参与其中。

参考文献

Allen, J., O'Toole, W., Harris, R. and McDonnell, I. (2005). *Festival and Special Event Management*, 3rd edn. John Wiley & Sons.

Hanlon, C. and Cuskelly, G. (2002). Pulsating major sport event organizations: a framework for inducting managerial personnel. *Event Management*, **7**, 231–43.

Maund, L. (2001). *An Introduction to Human Resource Management*. Palgrave.

McCabe, V., Poole, D., Weeks, N. and Leiper, N. (2000). *The Business and Management of Conventions*. John Wiley & Sons.

Office of Industrial Relations, NSW Department of Commerce. *Cleaning and Building Services Contractors (NSW) Award*, award code 116, serial C3860. Viewed 4 May 2006, www.industrialrelations.nsw.gov.au/awards/pathways/results.jsp?contentlist=true&contentlistresults=false&award_code=116.

Rothwell, W., Prescott, R. and Taylor, M. (1998). *Strategic Human Resource Leader*. Davies-Black Publishing.

Taylor, P. (2005). Do public sector contract catering tender procedures result in an auction for 'lemons'?. *International Journal of Public Sector Management*, **18(6)**, 484–97.

Tourism Training Victoria (2002). Strategic training issues for the 2006 Commonwealth Games.

Webb, T. (2001). *The Collaborative Games: The Story behind the Spectacle*. Pluto Press.

第 6 章

劳动法及注意义务

学习目标

读完本章以后你能：

- 解释为什么了解劳动法很重要
- 讨论为什么“一知半解是极其危险的”
- 列举和描述主要的劳动法和相关规章
- 解释注意义务的概念
- 在节事工作场所应用职业健康和安全方面的法律知识

介　绍

本章将简单地介绍节事管理相关的劳动法知识。由于各国、各州的劳动法和相关法规存在很大差异，因此本章仅讨论一些基本原则，但必须提醒管理者的是，他们应该就当地的法律法规做深入研究。

任何节事，不论规模大小，组织者都必须密切关注每一个现场工作人员的工作环境，其中安全问题是重中之重。强制性的会前宣讲被当今的节事组织者广泛采纳，包括工作安全、事故报告制度和危机处理流程等在内的安全问题被详细解释。对大部分节事，所有的工作人员，包括承包商员工，都必须出席宣讲会，有时候还需要通过安全知识考试。这是风险管理的基础，并且是实现保险目的所必需的。

每一级人员都要承担监护义务，我们已经看过太多的发生在足球比赛和摇滚音乐会上的伤亡惨剧。2005 年 10 月在韩国，一起踩踏事故导致 11 死 72 伤(包括 8 个老人和儿童，最小的 12 岁，最大的是一位 76 岁的老妇)，让人想起辛辛那提 1979 年 Who 音乐会惨案，那次有 11 人死亡。韩国的踩踏惨剧发生时人们聚集在尚州城一个体育馆前准备入场参加音乐晚会，但大门没有按时开放。在 1999 年澳大利亚 F1 墨尔本大奖赛上一名司礼员被杀。

安全问题不但对观众而且对工作人员都很重要，在火灾或恐怖活动等引发的骚乱过程中工作人员也无法幸免。在活动开幕冲刺阶段最容易出事故，因为所有人都为了在截止日前完成任务而疯狂工作。在雅典奥运会期间，13 名移民建筑工人在奥运会设施内死亡，而整个悉尼奥运会期间只有一名建筑工人死亡，因此雅典建筑工会大发雷霆。雅典奥运村建筑工人工会总裁 Giorgos Philiousis 激动地对媒体说：这是犯罪，为了利益而不顾工人的死活，承包商为了赶工期以获得奖励而忽视员工的健康和安全措施，这才导致事故高发。(Workers Online, 2004, p. 216)根据工会提供的数据，受伤人数也相当高。与之相反，悉尼奥运会因为工会的密切参与被认为是一次范例。本章最后的案例分析 6.3 将做相关介绍。

因此，从人力资源管理角度，对制定劳动安全政策和程序应该给予优先考虑，关于职业健康和安全的内容将在本章详细讨论。组委会不但要对自己员工(包括志愿者)的健康安全负责，而且要对所有在场工作人员的健康安全负责。

本章还要讨论与组委会签订雇佣合同的工作人员的雇佣条款，这有别于服务承包合同涉及的员工。条款内容包括平等雇佣机会、最低工资和离职条款等。绩效管理、解雇条款、申诉制度等将在第 11 章和第 13 章详述。

工会的作用是本章的另一个主题。2000 年悉尼奥运会现场有 10 000 名工会成员(场内人员)，以及 30 个工会组织者。所有的工会组织联合在一起通过与组委会的谈判达成一个特殊的奥运会协议，使得奥运会全体工作人员获得比普通协议要平均高 15%的工资。此外，工作人员还获得了免费交通、免费食物和 1.5 美元/工作小时的全勤奖等福利。获得工会的支持对于成功举办大型节事是至关重要的，就如下面一段摘自申办 2012 年伦敦奥运会材料的文字所指出的(TUC, 2004)。注意，在这其中承包商也被提及了。

> 如果 2012 年奥运会能在伦敦举办，它将是“一次世界从未看过的最好的奥运会”。我们确信工会将扮演一个重要的角色，为奥运会的成功举办提供广泛的支持，并且为整个赛事的举办和组织提供质量保证。历史经验显示，赢得主办权对于主办城市并不总是好事，有些城市做得很成功，有些则一般。大家公认悉尼奥运会是一次伟大的成功，如果科勋爵的“一次世界从未看过的最好的奥运会”诺言能够实现，悉尼将是伦敦一个准备超越的目标。“伦敦 2012”已经看到与工会一起工作是悉尼成功的秘诀之一。
>
> 在 9 月的英国工会联盟会议中，科勋爵，“伦敦 2012”主席，做出承诺，表达了组委会与工会紧密合作的愿望，他说：“如果伦敦想要赢得主办权，如果我们要举办奥运会，我

们需要你们的支持。我们需要你们的支持去制定成功举办奥运会的组织战略。我们希望从本地的社区中招募尽可能多的工作人员，并且获得伦敦发展委员会和其他合作机构经营的本地培训机构的补充。在成立组委会期间，我们将制定一个公平的雇佣框架和政策，包括薪酬、合同条款、健康和安全制度等。我们将执行这些政策，并且在招标和评估承包商时充分考虑这些问题。这也同样将是我们赞助商的指导原则。同时我们也不能忘记，一次成功的奥运会离不开志愿者无私的奉献。悉尼和曼彻斯特为我们提供了学习的榜样。伦敦奥运会预计招募70 000名志愿者。为了最大化志愿者获得的机会，我们将建立一个志愿者工作方案和社区志愿者招募机构，这样人们可以通过志愿者工作机会提升技能。与工会和开发商一起合作，我们能确保基础设施按期完工，确保不超支，并且可以将合适的资源投入技能发展、培训和健康安全保证，所有这些都将成为常规行为。我将鼓励工会代表进入新的组委会，并且参照悉尼奥运会的经验制定一个框架协议。在我们向国际奥委会提交我们的申请书的时候，我们应该很自信地说，我们有来自政府的坚决、明确和强烈的支持，我们应该向国际奥委会展示来自工会和工商界的强力支持。这必将增强我们获胜的几率。”

与雇佣相关的法律环境

人力资源经理必须熟悉与雇用劳动力相关的法律法规。习惯法是基于法庭判决而形成的法律，其基础是先例。成文法则是各级议会制订的法规。成文法中包括反歧视法、职业健康和安全法和最低工资法等重要法规。

习惯法

习惯法中有两类与雇用劳动力密切相关。首先是合同法，合同法调整所有的合同关系，对我们来说就是雇佣合同。当一个人接受一个雇佣提议（口头或书面的），一份雇佣合同就建立了。在合同框架下，雇主和雇员双方有明确的权利和义务。如果发生违约行为，将由法庭判决，因为习惯法在法院系统的管辖下。在习惯法下一个雇主必须：

- 支付正确的工资（符合国家最低工资要求）；
- 报销员工与工作相关的费用；
- 提供安全的适合员工履行职责的工作环境；
- 不得有损害雇员信誉、羞辱员工和造成员工精神创伤的行为；

● 不得有损害信心和信任以致雇佣关系无法维系的行为。

有些条款并不一定在合同中出现，而是包含在法律的规定，或者工作场所惯例和实际操作的约定中。比如雇主有责任提供一个安全、可靠、符合健康要求工作环境是法律规定的，包含在所有雇佣合同内。

作为雇员，必须：

● 遵守雇主合法的和合理的指令；

● 对工作表示出足够的关心，具有完成工作的能力；

● 对雇用期间雇主为工作而分配给员工的所有财物负责；

● 在雇用期间发明的任何流程和产品必须告知雇主；

● 向雇主如实报告获得的业务相关信息；

● 对雇主忠诚，不向雇主的竞争对手透露商业秘密，不诽谤雇主的产品和服务。

习惯法调整的第二个重要的雇佣关系是过失，雇主对员工负有监护义务，包括提供一个安全的工作场地和工作系统。如果员工受伤，他/她可以根据习惯法要求经济补偿，但在有些国家会受相关条例的限制。为了获得赔偿，需要证明雇主没有提供恰当的预防措施来避免事故的发生。

雇佣关系法律：成文法

如前所述，成文法是议会制订的法规。有许多法规覆盖下面这些状况，比如育婴假、劳资纠纷处理程序、工会法、集体合同或协议、工资支付法、职业健康安全法等。以上这些法规中的有一些本书仅作简单介绍，特别是反歧视法，各国都有大量法律规定。

职业健康和安全法规

职业健康和安全法是成文法调整的内容。虽然习惯法中也有雇主注意义务的规定，但成文法包括更细致全面的法律要求，比如要求成立安全委员会、工伤事故申报制度等。任何违规将导致调查和罚款。

比如英国的《职业健康和安全条例》要求所有的雇主保护员工的健康、安全和福利。大多数国家，包括美国、澳大利亚、新西兰和南非，也有类似的立法。法规覆盖所有的工作行为。雇主必须尽一切可能去预防工作伤害或职业病。一般来说，健康和安全条例还要求雇主保护在他们的营业场所的公众、临时员工和承包商员工的安全和健康。

雇主需要提供：

● 一个安全的工作系统；

- 一个安全的工作场地；
- 安全的设施、厂区和机器；
- 安全和胜任的员工，因为雇主要为他们的雇员和经理的行为负责。

雇主应该进行风险评估并采取步骤去消除和控制潜在风险，并将所有与化学物质接触、工作流程或操作等有关的潜在危害告知雇员。教育、培训和监督是保证工作场地安全的几个主要措施。注意，雇主的安全责任应该覆盖所有在工作现场的人员(包括承包商员工和公众)。在节事环境下，有几个特别要关注的问题。如图 6.1 所示，在曼彻斯特英联邦运动会中，伤害事故是最常见的安全事故。这些事故的发生源于不当设备、疲劳、压力过大或不熟悉环境。

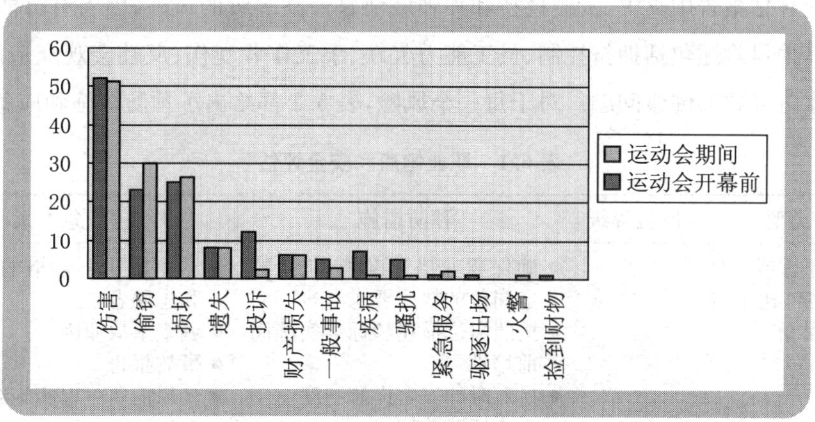

资料来源：Manchester City Council，2003；更多信息请访问 www. gameslegacy. com。

图 6.1　按事故类型划分的运动会前和运动会期间的事故

体力劳动工作是伤害事故的高发区，因此必须做充分的风险评估，评估的依据是工作量和个人能力。在一些案例中，需要考虑为工作人员配备防护服。对于接触化学物品和操作大型设备的工人，必须提供培训和操作指南。对某些有职业资质要求的岗位，必须检查相关人员的证书是否有效，是否合格，这与雇员必须和其他胜任的员工一起工作的要求有关。

在节事组织期间有两个关键时间段，安全问题常常被忽视，即开幕前和闭幕前。在开幕前，由于截止时间即将到达，为了赶进度，安装人员加班加点 24 小时施工经常发生。在接近闭幕的时候，所有人都筋疲力尽，发生安全事故的几率更大。因此必须关注工作时间和休息时间，因为疲劳是一个重要的导致风险的原因。欧盟有一些控制工作时间的规章为节事管理提供了有益的指导，如下：

- 每周最多工作 48 小时；

- 四周带薪休假；
- 每日休息时间不低于 11 小时；
- 每 6 小时给予 20 分钟休息，青少年员工工作超过 4.5 小时给予 45 分钟的休息；
- 每周至少休息 1 天。

必须进行一次针对职业健康和安全的风险评估。评估应遵循如下几个步骤：环境分析、风险确认、风险分析、风险评估和风险处理。绝大部分国家有必须遵守的风险评估标准（Hood and Rothstein，2000）。这方面的规定太细致本书无法一一详述，表 6.1 提供了一个简化的风险评估案例。

如第 2 章所述，风险根据发生的可能性和后果来评估，同时对风险造成的后果划分等级。在这份风险评估报告中火灾、武装挟持和炸弹威胁是最高等级的风险，因为有可能造成伤害和死亡。其他风险还包括拥挤控制、员工能力欠缺、手工作业受伤、反社会观众造成的伤害、中暑或脱水等导致的健康问题。对于每一个风险，表 6.1 都给出了预防措施和应急方案。

表 6.1 职业健康和安全评估

风险类型	风险等级	预防措施	应急方案
员工能力不够或不具备相关资格，比如开叉车或大吊车	主要	● 确保职业描述准确，包括特定岗位的执照要求 ● 按照岗位描述和标准实施岗前培训 ● 换班时的安全提醒制度 ● 工作情况监控	● 迅速撤换不合格的工作人员和志愿者 ● 调查事故原因 ● 事故报告 ● 如果需要可以实施纪律措施
拥挤管理的程序和指令不充分	灾难性	● 书面记录拥挤管理方案 ● 职责分配 ● 情景模拟演习 ● 向员工介绍情况 ● 实施演习和模拟训练	● 如果需要可以实施急救服务 ● 通知场馆通讯中心，提交支持请求表 ● 调查事故和提交事故报告
抢劫运钞车	灾难性	● 制订劫持处理程序 ● 复印指令并在主要场所张贴 ● 培训员工如何执行程序	● 不折不扣地执行相关程序 ● 调查事故和提交事故报告
手工作业伤害	主要	● 提供合适的工具和设备 ● 确保现场主管接受职业健康和安全培训 ● 岗位培训时提供手工作业指南 ● 张贴安全宣传画和指南	● 急救服务 ● 调查事故和提交事故报告 ● 如果需要，提交保险理赔
反社会观众骚乱导致的伤害	主要	● 布置足够的安全人员 ● 限制酒精饮料消费 ● 警察参与	● 急救服务 ● 联系警察和保安 ● 完整的事故报告

（续表）

风险类型	风险等级	预防措施	应急方案
炸弹、火灾或恐怖威胁	灾难性	● 根据国家法规制订相关程序 ● 训练监督员和工作人员 ● 演习相关程序 ● 场馆搜查	● 执行既定的应急程序，改变场馆的通讯中心
高温脱水	一般	● 提供饮用水、帽子和太阳镜 ● 提醒工作人员和志愿者，确保他们获得必要的休息 ● 告知中暑症状	● 急救服务 ● 喝水和休息

在工作人员岗前教育的时候需要包括如下职业健康和安全相关内容：

- 场地布局；
- 汇报路线，特别是重大事故和一般事故的汇报路线；
- 可能发生的节事特定风险举例；
- 活动中禁止带入的物品（比如瓶子和点火器）；
- 入口控制；
- 炸弹和可疑物件检查；
- 疏散程序；
- 潜在危机和个人风险；
- 急救服务；
- 个人事故和伤害；
- 公众事故和伤害；
- 监护义务和保险。

有些节事会要求工作人员参加安全知识考试来测试他们对安全条例和风险管理的了解程度。如果不安排考试，至少要求签到，以掌握谁参加了培训谁没有参加培训。对那些未参加培训的人，把培训材料用电子邮件或类似方式发给他们。可以把所有上述信息做成口袋书的形式发给员工。

有大量关于节事和节事安全的书籍，详细介绍了风险管理，并且提供职业健康和安全风险管理的指南，这里推荐几本，Allen et al.，2005；Bowdin et al.，2001；Goldblatt，1997，2005；O'Toole and Mikolaitis，2002。

经济赔偿

与职业健康和安全密切相关的是伤害事故发生后的经济赔偿。法律规定如果发生工伤事故雇主需要向受害员工提供经济赔偿。在英国、美国和澳大利亚，以及大部分国家，工伤赔偿属于无过错赔偿（也叫做严格赔偿），即不论员工是否采取了必要措施，都要支付赔偿。有些工伤条例规定了特定伤害类型所能获得的赔偿金额。过去，员工可以根据习惯法的过失责任要求赔偿，或者向法庭提起诉讼。目前，一些国家开始试图通过设置限制或完全排除可能性来限制习惯法的责任主张。比如在美国，雇员可以放弃习惯法赋予他们的起诉雇主的权利以换取经济赔偿和医疗福利。雇主的好处是通过接受有限度的和确定的责任，就可以免除员工对他们的起诉（见案例分析 6.1 和 6.2）。

这项法规的目的是保证发生工伤、事故或死亡后员工可以获得赔偿。关于员工赔偿的法规会经常变化和更新。要注意的是，根据定义志愿者与雇主无劳动关系，因此不属于员工赔偿保险的覆盖范畴。他们被纳入节事组委会公众责任险，或者特殊的针对志愿者的保险覆盖范畴。

案例分析 6.1

伤害赔偿

雇员伤害赔偿法规为在工作场地和工作期间受到伤害的个人提供了赔偿权利。通常赔偿范围被限制在雇员或其家庭成员。但有些州规定，在特定环境下，志愿者也可以获得赔偿，而另外一些州则把某种类型的志愿者也算作雇员。由于各地的雇员伤害赔偿法规有所不同，因此节事组织者需要熟悉当地法律法规，以决定如何购买员工赔偿保险。

是否能将员工赔偿法规运用在志愿者身上取决于所在州的法律，有些州把非营利组织的雇员和志愿者都排除在外。比如阿肯色州在条例中明确把完全出于公益慈善目的性质的组织排除在雇员伤害赔偿覆盖的雇佣关系的定义之外。爱达荷州则认为不以营利为目的的组织产生的雇佣关系不属于雇员伤害赔偿的范围。而另外一些州则让志愿者组织自己选择是否把志愿者纳入雇员伤害赔偿。

在一些州，志愿者是否享受雇员伤害赔偿需要由法庭来决定。一些法庭依据志愿者是否接受任何形式的酬劳来作出裁决，比如生活津贴、食宿、费用报销等。而另外一些法庭则不依据是否接受酬劳，而是根据使用志愿者的机构对志愿者施加什么程度的管理和控制。

虽然你可能不想支付雇员赔偿保险费，但是如果可以选择，将志愿者纳入雇员赔偿保险将提供一个重要的优势。几乎所有的州都规定，一旦个人申请雇员伤害赔偿，她/他就失去了起诉雇主获得个人伤害赔偿的机会。在这些州，雇员赔偿提供了一种交易。根据工伤赔偿规定，员工无需举证雇主过失就可以获得赔偿，但是他们获得的赔偿可能远低于法官可能判给他们的赔偿。

（引用获得非营利风险管理中心的许可，更多信息请访问 www.nonprofitrisk.org/csb/csb_mgv.htm）

思考练习 6.1

1. 对案例做个小结。
2. 例举出一个把志愿者排除在雇员伤害赔偿外的州、地区或县。
3. 解释为什么志愿者保险十分重要?

雇用条件

调整劳资关系的相关法规规定了雇用条件的协商机制，这些法规随国家和职业类别不同而不同。一些劳动者受到广泛的保护，特别是那些存在行业工会的行业，但有一些劳动者受到的保护十分有限，仅受最低工资法和基本劳动法的保护。如果是工会通过谈判达成的合同、协议或约定，雇用条件的约定极其详细，覆盖特别津贴、工作小时、全职和临时工资率等内容。而在澳大利亚，人们正试图减少构成澳大利亚工作场地协议中雇用条件最低要求的数量，以便增加劳动就业的灵活性。

平等就业机会和反歧视立法

大部分国家的法律规定雇主在决定是否雇用，做出培训和晋升决定时不得基于非工作相关的个人特征。这些非工作相关特征包括：

- 年龄；
- 种族；
- 性别；
- 婚姻状况；
- 信仰；
- 国家原籍；
- 身体残疾。

另外,面试的时候不允许问及以下这些问题。这些禁止被提出的面试问题是:

- 你结婚了吗?有结婚计划吗?
- 你有孩子吗?有生孩子的计划吗?
- 你的孩子是否会影响你的工作灵活性和可能性?
- 你出生在哪里?

以上规定适用于志愿者。拒绝录用的理由必须是工作相关的。

最低工资和工资时间

最低工资的概念已经被多次提及。在美国,《公平劳动标准条例》在联邦层面上规定最低工资标准。这个条例对非成年员工(童工)的工作时间做了特别规定。劳动部工资和工作时间司负责执行和加强关于最低工资、加班及《公平劳动标准条例》和《家庭及医疗假期条例》中对童工做出的规定。《公平劳动标准条例》规定支付给雇员的工资必须不低于最低工资,每周工作时间为40小时,如果超过40小时,加班工资是正工资的1.5倍等。

在英国,关于工作时间的规定,包括休息和休假,很早就被列入法律。从节事管理角度来说,关于工作时间的规定带来挑战。为了活动如期举行,员工们加班加点,尽管员工心甘情愿,但这带来一个严重问题。雇主们必须意识到,从法律角度讲,这不但违反了规定而且带来严重的风险。因为允许员工和士气高涨的团队长时间加班,雇主会被认为没有尽到注意义务。

假期

有许多种关于假期的规定,包括:年假、育婴假、丧假等。这些假期可能由相关法规定,也可能在合同中约定,各国规定的差异巨大。

工会

工会的潜在作用前面已经提及。同样的,各国的工会和政府相关机构的运行方式存在巨大的差异,比如美国和英国。

工作纪律和解雇

纪律问题在节事环境中十分普遍。从监管角度看可能是因为缺乏程序和控制。比如工人和志愿者可能会骚扰运动员和名人,或互相骚扰;主要设备莫名其妙地失踪;闭幕前期运动员村内的大量物件被带走,比如旗帜和其他物件被顺手牵羊当作纪念品带走十分普遍,许多志愿者也觉得应该搞些纪念品。在悉尼奥运会期间，一个在证件中心工作的志愿者为自己搞了一个可以自由出入奥运村的运动员身份牌，但是这个倒霉的志愿者在证件上使用了一个有名的运动员的名字，所以被立刻发现了。

关于员工违纪和解雇的政策将在第 11 章介绍。

在美国的大部分州里，没有签订劳动合同的雇员被认为是自由雇员。这样的雇员可以因为任何理由被解雇，只要不违法就行。有很多种不合法的解雇理由。这些理由基本属于两个大类，一是违反歧视法，二是违反某项公共政策的解雇。一般来说，员工只能因为劳动合同内的条款而被解雇。与之相反，澳大利亚有一项不公平解雇法(目前正在辩论和修改过程中)，该法对解雇和裁员作出了规定。

员工考勤登记

最让节事管理者和承包商头痛的问题之一是组委会员工和志愿者的考勤登记，特别是那些需要在各个场所走动的工作人员，他们可能在场馆 A 签到上班，然后在场馆 B 签字下班。显然，使用一套复杂的带有条形码的可在每个出入口扫描的身份证件可以一劳永逸地解决问题。但是，大多数的节事没有足够的预算来为一次临时活动配备这样的系统。然而这个问题必须解决，因为节事管理者需要了解有多少人在现场工作。志愿者考勤是志愿者管理中的流程管理的重要内容。

如前所述，本书建议为志愿者提供保险(见案例分析 6.2)。

案例分析 6.2

第一批为北京奥运会志愿者购买的保险已经签署

在与北京奥运会组委会签署了合作伙伴协议不久之后，中国人民财产保险股份有限公司今天为北京 2008 奥运会第一批志愿者签署了保险合同。

第一批保险合同向 36 名在筹备阶段工作的志愿者提供个人意外伤害和医疗保险。这份提供了全新险种的合同标志着中国人民财产保险公司与北京奥运会组委会的合作正式开始。

北京奥运会志愿者计划所指的志愿者包括所有在赛事前和赛事中在志愿者计划范围内向奥运会和残奥会，向其他人士和社会提供志愿服务的人员。据估计，北京奥运会和残奥会共需要招募 10 万名志愿者。作为北京奥委会的合作伙伴，中国人民财产保险公司将向开幕前和奥运期间北京奥委会志愿者提供保险服务。

（详见 http://en. beijing2008. com/51/69/article211986951. shtml。）

申请人资格审查

在评估一名申请人是否符合要求的过程中，有以下这些内容需要审查：

- 是否具有签证和合法的工作身份；
- 相关证书和许可证（例如叉车驾驶员）；
- 教育和其他职业资格（例如：酒精饮料提供证书、食品安全培训、医疗急救证书等），所有这些证书证件需要核查是否在有效期内；
- 警察记录，主要是大型活动需要；
- 与儿童一起工作的经验、相关培训、是否有儿童侵犯记录；
- 来自过去雇主的证明和推荐。

在所有情况下，必须在申请人同意接受检查的情况下才能实施检查。通常在申请协议后面附加愿意接受检查的申明以达到上述效果，协议须由雇员或志愿者签字。如果是在线申请也要考虑同样的问题。

录用信

如前所述，录用信构成一种合同。因此录用信需要包括以下一些必备条款：

- 提供的职位；
- 薪水/工资；
- 福利；
- 试用期；
- 开始和结束日期（是否基于项目的或临时的）；
- 告知所附职位描述，包含责任和义务；
- 告知所附员工手册，包含组织政策和规章；
- 双方签字。

在志愿者协议中，在显著位置标明该职位的志愿者性质，以及双方的权利义务是十分重要的。

记录保留

需要保留以下员工记录，以备审计（特别是税务部门的审计）。保留时间长短遵照各地规定，但本书建议7年。

- 名字；
- 地址；
- 担任的职位；
- 工作小时或时间卡明细；
- 薪水或收入总额；
- 扣除金额，比如个税；
- 假期过期和已使用的记录。

此外，强烈建议同时保留志愿者的面试、培训、评价和工作时间记录等资料。

案例分析 6.3

信心魔戒

在2000年悉尼奥运会的研究报告中，Tony Webb(2001)指出政府和工会的合作达到一个新水平，并进一步详细探讨了其他一些经验教训。

奥运期间劳资关系协调——如何在现场开展

“我们已经忙到只知道处理现场发生的问题而甚至忘了比赛还在进行的地步。”Paul Howes说。

工会从这次赛事中还学到一件事，尽管事前作了周密的安排，还是有许多问题冒出来需要赛事期间临时安排处理。在奥运会开幕前两周，工会获准在每个场馆派驻1名工会代表，直接与工作人员接触。在整个奥运期间，共有来自五个工会的32名工会代表被派驻现场。此外，员工可以通过拨打一个呼叫中心的电话与位于奥运公园组委会大楼内的工会2000取得联系和获得帮助。按照事先安排，整个赛事期间，工会与工作人员保持联系，在接到电话后马上确认和解决任何场馆内遇到的劳资问题。为了确保高效处理纠纷，所有相关官员都接受了劳动委员会和SOCOG举办的三天培训。在每个场馆现场，工会代表与场馆经理平起平坐。SOCOG设计的管理结构是，每个场馆经理监督分配给他们的工作人员和志愿者的工作，承包商的员工由承包商负责管理，但需要向场馆经理汇报。

幸运的是，在赛事开幕前12个月发生的一系列纠纷帮助工会、SOCOG和承包商建立起一种信任。发生的纠纷包括：

- 奖金数额变化；
- 参加仪式的付费员工和志愿者相关问题；
- 汽车驾驶员的红包；
- 童工问题，一些非成年人工作人员最小的只有14岁，他们以自由职业者的身份作为承包商，获准在现场兜售商品；
- 新西兰保安人员没有相关职业资格或职业担保；
- Bondi Beach 体育馆工作人员酬劳不足纠纷；
- 其他很多例纠纷。

这些问题都获得了满意的解决，充分的信任和尊重也被建立起来。但是在赛事期间发生的问题却仍然大大超出想象。

尽管在赛事开幕前一些问题已经很明显了。6月奥运村开放的时候，我们发现奥运村的工作人员对一些问题仍不胜了解，特别是工资问题。在工会的帮助下，向全体主管人员做了演讲和协议解释说明。在奥运会开幕的几天时间内，餐饮承包商遇到一大堆问题。由于餐饮销售情况比预计的水平要低，承包商提出要解雇1 000名员工。根据协议中关于灵活用工的条款，工会经过谈判将部分员工调配到其他岗位。SOCOG 通过网络和 Email 等渠道联络企业协会，告诉企业有员工愿意、希望能为他们工作，询问他们是否需要员工。这些企业协会马上把信息转送给会员，在很短时间内，SOCOG 收到来自全市企业的大量邮件，告知需要员工的数量和技能要求等。此外，一条职业热线帮许多下岗的工作人员找到工作。此外，值得注意的是，工会和承包商还协商采取降低每个员工的工作时间的方式来减少解雇数量。

在所有的问题里面，最大的问题是关于酬劳的问题。每天都会发生没有及时支付工资的情况，有时候延误支付工资达数周。这些问题是经常发生的，但解决起来并不是十分复杂或困难。让人头痛的是问题不间断地发生以及未预计到这个问题是个普遍问题而准备不足，导致系统设计不够并且在赛事期间又无法进行调整。

在工会参与的12个主要劳资纠纷中，有8个是可能导致赛事期间发生罢工的严重纠纷，SOCOG 的高层也进行了相关干涉。整个期间共处理了涉及2 500个个人的纠纷，其中主要是酬劳问题。在实际解决纠纷过程中，官方正式的通过场馆经理来解决纠纷的程序常常被跳过，大部分纠纷都直接通过雇主解决。因此许多雇主都在现场派驻公司代表，负责解决纠纷，由此工会和这些公司之间建立起一个人际网络。如果认为雇主有诚意解决问题并致力于解决问题，工会一般选择旁观。

下面这个案例很具有代表性，反映出这种合作的特性。上文谈到餐饮承包商在赛事早期解雇员工的重要纠纷中，20名在4个场馆内酒吧工作的员工威胁要罢工，因为他们的3个同事被餐饮承包商 Sodexho 解雇了。Chris Christodoulou 回忆道：

在 John Quayle 和 SOCOG 的帮助下，我们在晚上 10 点、12 点和早上 5 点召开 3 次紧急会议，与纠纷涉及的主要员工在酒吧喝酒谈判，最终把问题摆平。

Paul Howes 讲述了另一件事：

> 只准备了两个工作人员餐厅。有员工反映，午饭时间开始时他们刚下班，吃饭时间只有 20 分钟，现场又很拥挤，这点时间仅够他们从工作场地和餐厅之间来回。得知此事 SOCOG 说服了用人单位，20 分钟应该从员工到达餐厅起计算。但是赛事期间，由于餐厅排队的人太多，一般需要 10 分钟才能拿到食物，经过协调，为了确保工作人员能够吃上饭，吃饭时间再次作了调整。工作人员应该获得充裕的进餐时间，所以我们向他们提供有弹性的用餐安排和多次的短休息，承包商给了我们一个合理的回应。没有人违反制定的规定，大家士气高涨。

悉尼奥运会在各方努力下取得圆满成功，成为最出色的一届赛事。我们遇到各种各样的问题，大的、小的、重要的、不重要的，我们需要从成功和失败中汲取教训，才能更好地理解下面这些重要问题：

- 哪些人力资源关系框架中的重要因素使得成功举办这届奥运会成为可能？
- 在那些发生几乎导致灾难问题的领域中，缺少哪些因素，是否是因为这些因素的缺位导致问题的发生？
- 尽管出现这样那样的问题，为什么这些领域还是取得了成功？
- 在今后那些需要大量团体一起协作的大型活动或项目的计划中，我们可以从中学到哪些有益的经验教训？

本章小结

尽管各国和各州的法律法规存在很大差异，但人力资源管理者必须对这些问题予以高度重视。其中最重要的问题是工作时间和酬劳，其次是节事工作现场的职业健康和安全。节事蕴含着许多风险，浏览一下 www.crowdsfe.com，可以让你更确信无疑，必须把拥挤管理和安全管理纳入岗前培训、在职培训、工作指南和情况介绍会的重要内容。雇主对员工的注意义务要求对工作现场的每个人给予负责管理，包括在现场走动的工作人员和志愿者。注意义务对象也同时包括现场公众。

需要对人力资源管理是否符合法律法规的要求作风险管理评估，这包括所有相关的法律和法规。此外,风险管理评估还需要包括职业健康和安全,因为对于临时性的技能不足的员工,安全问题是萦绕活动组织者和主管经理心头的大问题。

复习问题

1. 哪些人有雇佣合同?
2. 工伤保险是否覆盖志愿者?
3. 什么是注意义务?
4. 雇主承担哪些职业健康和安全责任?
5. 哪种因素会引发雇佣歧视投诉?

参考文献

Allen, J., O'Toole, W., Harris, R. and McDonnell, I. (2005). *Festival and Special Event Management*, 3rd edn. John Wiley & Sons.

Bowdin, G. A. J., O'Toole, W., McDonnell, I. and Allen, J. (2001). *Events Management*. Butterworth-Heinemann.

Goldblatt, J. (1997). *Special Events*, 2nd edn. John Wiley and Sons Inc.

Goldblatt, J. J. (2005). *Special Events: Event Leadership for a New World*, 4th edn. Wiley.

Hood, C. and Rothstein, H. (2000). *Business Risk Management in Government: Pitfalls and Possibilities*, National Audit Office, London.

Manchester City Council (2003). Manchester Commonwealth Games Post Games Report. Viewed 17 May 2006, www.gameslegacy.com.

O'Toole, W. and Mikolaitis, P. (2002). *Corporate Event Project Management*. Wiley.

TUC (2004). Unions have a vital role in making London 2012 the best Olympic Games the world has ever seen. Viewed 12 October 2005, www.tuc.org.uk/economy/tuc-9023-f0.cfm>.

Webb, T. (2001). *The Collaborative Games: The Story behind the Spectacle*. Pluto Press.

Workers Online (2004). Athens update: dying games. Viewed 12 October 2005, http://workers.labor.net.au/216/news85_athens.html.

第 7 章 职位分析

学习目标

读完本章以后你能：

- 解释职位分析的过程
- 评估最有效的职位分析方法
- 编写职位描述和岗位要求
- 区分不同的雇佣条件
- 解释为何职位描述是人力资源计划的关键元素

介　　绍

职位分析指通过相关信息的收集，了解特定职位的全面信息的过程，内容包括职位描述和岗位。在本章和下一章中我们可以看到职位描述是招聘、员工选择、培训和绩效管理等一系列人力资源管理内容的基础。虽然一些小型的节事组织者对没有书面的职位描述书和缺乏人力资源计划毫不在意，但是对于那些需要在复杂的专业性要求很高的环境下举办节事的组织者来说，职位描述书是人力资源管理计划中不可或缺的部分。职位描述书是招募到合适的员工的基础，向接受职位的申请人提供工作指南，也是制定员工培训计划和实施绩效管理的基础。对于大部分个人和组织来说，职位描述是无价之宝。在节事的环境下，职位描述（比如工作检查清单）属于操作层面计划的一部分，对获得无过错表现至关重要。

什么是职位分析?

职位分析是探索职位本质的过程(Brannick and Levine，2002)，因此，一个系统的分析过程十分必要。职位分析的结果是针对包括志愿者在内的每一个岗位的职位描述和岗位要求。

一份职位描述提供汇报对象、工作任务、工作结果和工作条件等内容的概要描述。一份岗位要求描述了理想候选人的详细要求，包括知识、技能和其他完成工作任务需要具备的特性。

根据项目计划，在进行职位分析的时候需要分析以下问题：

- 该职位的主要意图是什么?
- 这个职位由付费员工、志愿者还是承包商承担?
- 工作任务是什么?
- 需要具有什么技术、知识和其他特征?
- 有哪些法律规定，例如必不可少的执照?
- 工作发生的时间和地点?
- 汇报关系是怎么样的?
- 需要考虑哪些环境因素?
- 期望看到什么样的工作结果?
- 这个职位是否会在项目进展过程中被改变?

图 7.1 显示，人力资源战略计划下面是工作细分结构，一个大项目被分割成数个子项目。这些子项目通过图标和时间线表示出来。需要进行劳动力分析来确认在人员供应和培训上的缺口，而这又反过来引导出分配给付费员工、志愿者和承包商的任务。到了这个阶段就可以设计组织结构图了。

人力资源运营计划旨在确保所有的任务被正确分派并且尽可能获得最好的绩效。整个计划包括人员招募、甄选、培训、后勤保障、绩效管理和业绩认可等。所有这些活动都基于几个重要的人力资源管理职责，包括风险分析、预算、人事政策和流程管理，以及详细的、系统的、每个项目阶段的职位分析。

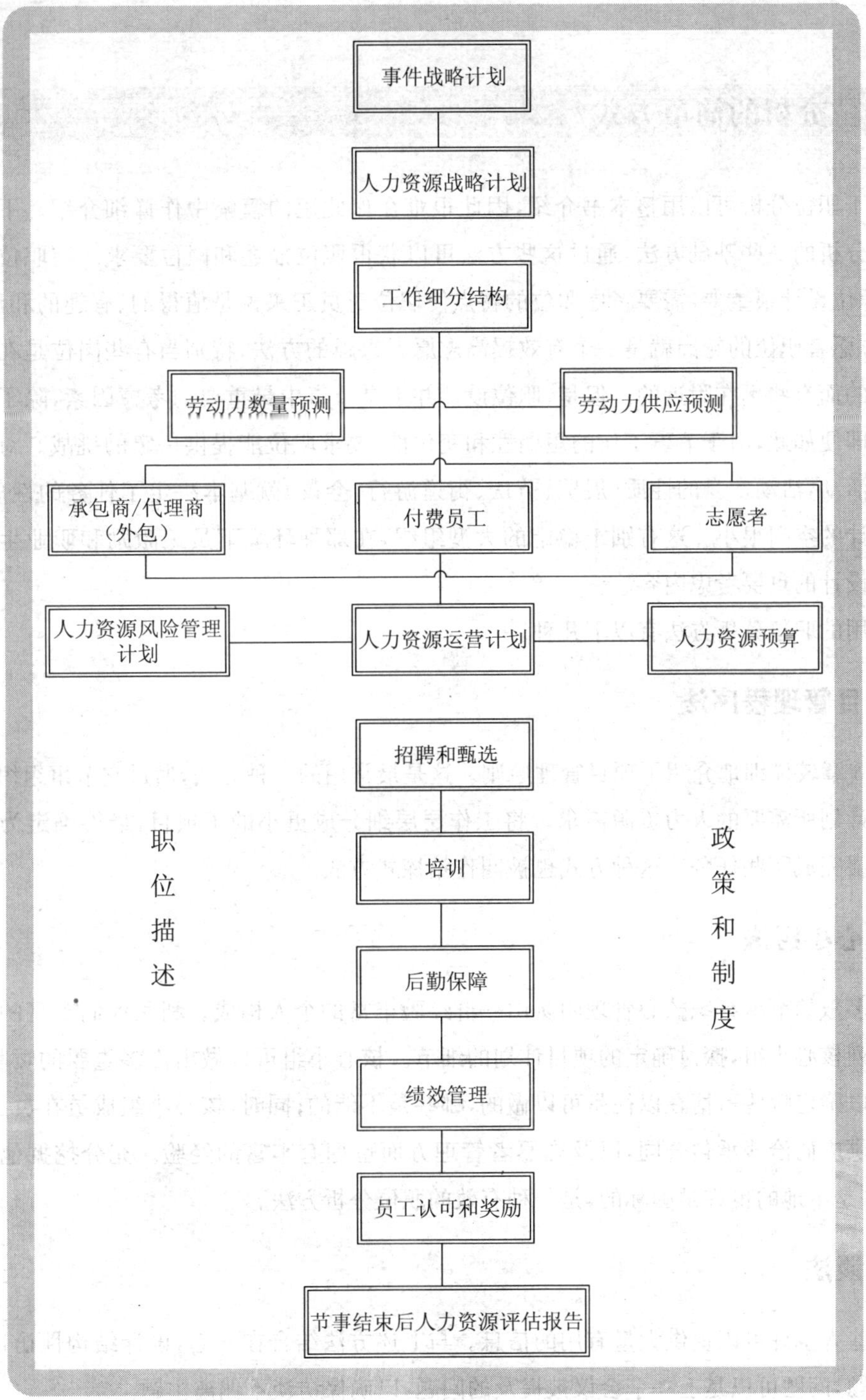

图 7.1 人力资源管理战略计划

职位分析的简单方式

关于职位分析可以用整本书介绍，因此很难在如此短的篇幅中作详细介绍。下面是实施职位分析的一些基础方法，通过这些方法可以获得职位描述和岗位要求。在职位分析过程中，职位设计很重要，需要考虑职位的特点使职位对员工来说是值得的、有趣的和满意的。比如，志愿者职位的轮岗就是一个有效提高志愿者兴趣的方法，特别当有些岗位是在活动现场附近的而有些不在附近的。但是，职位设计并不是节事中最重要的考虑因素，除了付费的职位。即便如此，由于节事工作的短期性和变化性，要求职位能提供一定的挑战。对于绝大多数的活动，活动本身的性质(展览、节庆、街道游行、会议)就基本决定了任务的性质，留给职位设计的空间很小。这有别于稳定的大型组织，在那种环境下员工激励和职业生涯计划是职位设计的重要考虑内容。

常用的职位分析方法有以下几种。

项目管理程序法

第 3 章较详细地介绍了项目管理原则。这是最常用的一种方法，通过它节事组织分析实施整个计划所需要的人力资源需求。将工作层层细分成更小的子项目，最终确定为了达成项目需要完成哪些任务。这种方式也被叫作钻探式方法。

核心小组法

大多数的节事组织核心管理团队由一群经验丰富的个人构成。利用他们丰富的经验组成一系列核心小组，探讨确定的项目计划的细节。核心小组可以做出许多重要的贡献，比如他们可以确定哪些事情在以往是可以做的，哪些是不能的；同时，核心小组成员在员工招募，与服务供应商洽谈承包合同，以及志愿者管理方面也拥有丰富的经验。充分挖掘他们的经验，也许是本地的也许是国际的，是一种有效的职位分析方法。

访谈法

某些人也许可以提供大量有用的信息。与上述方法结合在一起，设计结构性访谈会议，提出问题，问题可以是上一个会议被提及的问题，以确保访谈不偏离主题。

问卷调查法

一旦高层次的计划完成以后，一份简单的职位分析问卷是相当有用的。图7.2给出了一份为功能区域建立职位描述的问卷样本。

职位头衔，职位概述，汇报关系
职责/义务和工作结果
工作环境/背景，特殊要求，设备
雇用条件(酬劳、志愿者、雇用条款)

图7.2 职位描述问卷样本

行业调研法

行业调研是另一个职位分析的方法。类似的职业和节事往往具有类似的要求。有些法规方面的要求，比如提供酒精饮料的执照，可能是岗位要求的一部分。具备食物安全系统和流程知识是餐饮主管人员的必要条件之一。

关键事件分析法

没有比关键事件能更有效指出计划的不足。在使用这个方式时，需要考虑以下问题：

- 什么做错了，什么做对了？
- 什么是贡献因素？
- 个人的行为如何影响事故的发生(积极和消极方面)？
- 如何在人力资源管理计划、政策和流程中体现出来(或没有体现出来)？

例如，由于门卫让一个无进入权限的人进入受控区域，引发炸弹搜查和安全检查。这个关键事件表明门卫缺乏训练，因此需要检查培训内容，或者设计一个评估环节来检查志愿者对不同的身份证件准则的理解程度。一些更严重的事故，比如伤害和意外，会导致对安全控制措施的更多关注，于是更多的志愿者将被分配到安全检查岗位。

正如 Sanchez 和 Levine(2000)指出的，尽管采用了严格的分析方法，职位分析还远不是一门精确的科学。职位分析的研究人员经常通过分析等级协议来评估结果的准确性。然而 Sanchez 和 Levine 指出结果有效性是另外一种评估工作分析结果的方法。表7.1展示了节事人力资源管理的最后阶段，一份事后的评估报告，通过这份报告人力资源计划中的许多要素的结果有效性可以得到评估。通过对一些关键事例(和许多没有那么关键的事例)的分析,可以发现所有职位分析、职位设计、员工雇用和培训中的不足。

研究成功因素是另一个重要的途径。我们可以问自己:"这起关键事件是如何反映出人力资源计划是成功的?"比如有这样一些事例,一名志愿者主动帮助一名生病的观众,或一名保安主动向观众提供信息,我们需要分析一下在人员雇用、甄选、培训、激励等方面做了哪些工作使得员工能够向观众提供额外服务。

Sanchez 和 Levine 指出,过于细致的职位分析有时候不利于设计合理的甄选程序。因此,虽然职位分析的过程必须系统化,但是在节事环境下,启发式的方法(做一些有根据的猜测)在多变的项目计划制定过程中也同样重要。项目管理充满变化,极具挑战,同时信息又不完整(McCray, 2002)。然而,在引入启发式方法的同时,必须确认潜在的偏离因素,设计相应措施以弥补偏离因素导致的偏离。

确定雇用条件

职业分析的一个重要内容是确定雇用条件。在节事环境下,雇用形式有许多种,传统的全职长期员工几乎没有。雇用形式可能包括以下几种:

付费员工

如果一名工作人员满足了几项条件那他/她就是一名雇员。首要条件是,他/她同意提供服务;他/她同意接受指挥。所以控制是雇佣关系成立的一项基本要素。其他条件还包括在雇主的场地中工作,使用雇主提供的工具和设备。由此雇员与组织产生隶属关系(Maund, 2001)。最后,判断条件还包括,为雇员的劳动时间支付报酬,产生金钱的交易行为。

全职雇员

一个全职雇员全周工作,一般每天8小时,每周5天。当然不同国家和地区的立法、不同的行业协议,对于工作时间会有不同的规定。由于这样的规定的存在,员工工作时间如果超过规定的正常工作时间,必须向其支付加班工资。实践中,许多节事的工作人员的工作时间是很灵活的,为了赶工和满足特别项目的要求,经常在筹备和活动期间长时间工作。

兼职雇员

一个兼职雇员做全职雇员的部分工作，按照实际工作时间的比例来享受福利，包括工资和假期。比如工作半周，则领取相同职位的全职雇员一半的工资，同时享有一半数量的年休假和病假。

无固定期限合同员工

指与雇主具有无固定期限雇佣关系的员工。

临时工

临时职位在节事中十分普遍，例如，付费的志愿者协调员也许被雇佣3个月。

小时工

小时工按小时工作和计酬，一般用来顶替生病或因其他假期而不在岗的员工。他们的小时工资高于无固定期限合同员工或临时工的小时工资。

除上述形式，还存在以下的雇佣形式。

派遣员工

派遣工的性质稍微复杂一点，因为从技术上讲，是派遣公司雇用他们和支付他们工资。但是他们以与其他雇员一样的方式工作，接收指挥，全面参与组织的活动。尽管如此，他们仍然是派遣公司的雇员。

志愿者

志愿者不是雇员，不用支付工资，一般也不享受雇员的福利，也不包括在雇员赔偿范围里。必须在职位描述书和其他与志愿者的沟通中明确说明这一点。

承包商

一个独立的承包商不属于雇佣关系范畴，他们控制自己的独立公司，自己决定工作地点、工作时间和由谁来完成工作。他们的公司独立运作，自负盈亏。工具和设备归承包商所有。他们的雇员虽然在节事场所工作，但对雇用他们的承包商负责。

虽然所有在节事现场工作的人员都统称是节事的工作人员，但是仅有不多的一部分是付费员工。明确的工作人员雇佣关系是基于法律的要求。必须向任何节事组织的雇员发放录用信，这封信就是雇佣关系的证明。

在人力资源计划中应用职位分析

许多组织把职位描述看成是一种必须要完成的文书工作，只是一种形式，一旦完成就丢在一边。在节事环境中，职位描述极其重要，在项目设计和实施上发挥着重要作用。管理整个工作团队的业绩是人力资源运营计划的目的，图 7.3 提供了这样一个例子。Plekhanova(1998, p. 116)指出："许多传统的过程模块化的方法并没有提供关键人力资源分析以及他们对项目履行和结果质量的影响，因为他们更关心如何获取和使用资源，而没有提供对资源能力和兼容性的研究、分析和管理。但是对于软件设计项目，人和人的能力对项目的结果和质量的影响至关重要。"Plekhanova 上述这段话虽然是针对软件设计项目而言，但用在节事管理项目上也很合适，因为工作人员和他们的能力对项目的履行和质量至关重要。

职位描述
（主要包括一个职责和工作结果列表）
↓
岗位要求
（用来确定理想员工或志愿者的知识、技能和其他要求）
↓
培训计划
（员工知识技能与职位要求之间的差距构成一份培训计划）
↓
绩效评估
（根据职位描述书中的职责和工作结果表评价员工的工作表现）
↓
行为纠正措施
（不佳工作表现可以根据清楚定义的职责和义务予以确认）
↓
事后评估
（向对被甄选出来的个人提问来评估计划，找出最初的岗位、角色和职责设计的不足之处）

图 7.3　制定人力资源运营计划

职位描述

职位描述是对一项工作最重要特征的总结，包括工作的一般特征（例如技能、职责和义务）和工作的程度（比如技能、努力程度、职责和工作环境）（阅读案例分析7.1）。职位描述应该描述和聚焦于职位本身，而不是可能承担这项工作的某个特定的人。

职位描述一般包括四方面内容：

1. 确认职位在组织中的位置和汇报关系。
2. 描述工作内容，一般以责任和义务列表的形式。在某些案例中，这些职责可以被分成几个类别。
3. 描述工作环境和特殊要求或限制，比如执照和其他强制性的要求。机器、工具和设备也在这里被描述。同时说明是否需要户外工作或换班制度等情况。
4. 描述雇用条件，包括工资级别和雇用时间。

岗位要求

岗位要求描述一个理想的申请人应该具有怎么样的与职位描述相匹配的能力。图7.4中的职位描述很清楚地显示申请人需要具有类似节事的工作经验，有编制项目预算的经验，使用过项目管理计划软件比如 Microsoft Project 等。所有这些都与工作岗位直接相关。

如果岗位要求按照职位描述书中对特定岗位的说明明确指出哪些属于不符合项，就不大会遭到雇用歧视投诉。如果遵守《平等雇用机会法》的原则，那么招聘和甄选程序就能经得起检查。

在编制岗位要求的时候，大部分人在知识和技能（能力）部分没有什么问题，但在写“其他要求”部分时问题很大。没有经验的人往往喜欢写诸如“开朗外向”，“有条理、自信”，或者“不抽烟”等内容，但是首先这些特性无法量化衡量，其次它们与职位要求并无直接的联系。显然，不抽烟，肯定是不合适的。虽然办公室和场馆内是不准吸烟的，但也没有必要询问申请人在其他地方或其他场合是否抽烟。这个领域也很容易违反法律法规。另外一些不应该出现的不常见的要求包括必须要符合工作制服的风格、35岁以下、良好的社会关系、漂亮、肌肉型、强壮等。即便是对体育感兴趣也不适合用在体育活动志愿者的岗位要求里，因为可能这个岗位的工作地点在场馆后面远离赛场。同样的，如果岗位不要求开车，那么有驾驶执照也不应该包含在岗位要求里。

职位描述:节事协调员

汇报对象:执行总监

工作描述:

节事的计划、监控和日常管理,包括会议、小型研讨会、董事会、展示会、社交活动等。维护节事的主日程表。与行政管理人员一起协调活动,和其他工作人员一起开展工作。

工作职责/任务:

1. 管理和监控所有公司会议、会见和其他社交活动的计划和执行;
2. 确认场地和服务供应商;
3. 监督和批准活动主日程表;
4. 维护一个当前的、准确的和详细的项目任务进度表;
5. 与场馆和各类服务供应商/商贩就租金和合同条款进行谈判;
6. 制定并向组委会提交预算以获得批准;
7. 监督服务以符合合同条款的要求;
8. 参加活动,现场监控,确保每一个细节都按计划被执行;
9. 邀请嘉宾,监控和协调嘉宾的回复;
10. 安排员工出差和住宿;
11. 提交活动情况报告;
12. 协调内部餐饮和接待。

职位要求:

1. 节事举办期间可能需要加班加点;
2. 必须会开车因为有时需要接送演讲人和会议来宾。

雇用条件:

1. 全职长期工(每周工作时间 37.5 小时);
2. 工资等级:行政管理人员,三级。

图 7.4 职位描述——节事协调员

图 7.5 是另一个岗位要求的例子,其中给出了更合适的“其他要求”的描述。

最后再给一个岗位要求里关于挑选标准的建议:如果某些活动的主题很明确,同时负责食物和饮料的工作人员是主题的组成部分,那么挑选与主题匹配的工作人员就站得住脚了。比如一个节事包含一个中式的宴会、装饰和娱乐活动,那么可以挑选中国人长相的工作人员,要求能讲中文,因为可能会雇用演员进行表演,这样的要求就不会违法。

使用职业描述作为培训和监控的有效工具

职位描述能被用作员工和志愿者培训。实际上,如果志愿者对工作需要承担的职责有一个清楚的预期,同时他们的主管有一个岗位培训和措施的框架,那么志愿者职位描述可以同时作为工作列表和监控措施(见表 7.1)。培训师能够解释每个特定的任务,同时志愿者能够联系每一个特定的任务,这样才能确保志愿者知道该做什么并充满信心。

岗位要求——活动协调员

相关知识和工作经验:

1. 具有活动/会议计划和协调的工作经验,要求相应的职位级别;
2. 了解本地旅游和酒店行业中的节事服务供应商/零售商,包括场馆、宾馆、餐饮店等;
3. 能够组织超过 50 人的团队旅行、食宿和接待安排;
4. 有丰富的合同谈判经验,特别是宾馆和场馆的合同谈判;
5. 有丰富的制定预算和分派资源的经验;
6. 有丰富的管理社区志愿者的经验,包括招募和培训;
7. 具有基本的音效和视频系统知识。

技能:

1. 熟练使用办公自动化软件;熟悉所有的 Microsoft Office 软件,包括 Excel 和 Project 软件;
2. 熟悉特殊节事计划软件,比如 EventPro,将被优先考虑;
3. 有驾照。

其他要求:

1. 能够同时处理多项工作;
2. 关注细节;
3. 能够在时间压力和工作压力下开展工作;
4. 团队精神,与各类人一起工作,适应力强;
5. 能够在最低的监控和指挥的环境下工作,高度的主观能动性。

图 7.5 岗位要求——节事协调员

表 7.1 在培训和工作中使用的职位描述书

任　　务	时间周期	每日检查记录
检查电动控制箱开口,察看有无阻塞物	每个小时 1 次	
检查通道,特别注意楼梯以确保无障碍物	每天 2 次	
检查员工区清洁状况,包括餐厅和员工休息室	每天 2 次	
检查循环垃圾箱,如果发现有垃圾通道被污染,向厨房监督员报告	每个小时 1 次	
检查事故报告系统: ● 检查员工入口和餐厅区是否有足够的事故报告填写表 ● 收集事故报告箱中的事故表,交给控制中心 ● 检查重大事故和紧急疏散信号设备是否正常	每天 3 次	

使用职位描述作为绩效管理工具

一些组织使用的绩效评估表过于宽泛。比如评估标准包括诸如表现良好、与团队一起工作等描述性词语。大家可以考虑一下，如果使用职位描述中的职责列表来评估个人业绩是否更有效呢？比如，以图 7.4 所显示的节事协调员的职位描述为例，评估情况将如图 7.6 所示。

任务：维护当前的、准确的和详细的项目任务进度表；与员工一起定期检查工作进度，确认已完成任务、未完成任务和任务变更。

表现等级：

评语：

任务：与场馆和各类服务供应商就租金和合同条款进行谈判。

表现等级：

评语：

图 7.6 依据职位描述的绩效考核

案例分析 7.1

如何写职位描述书

职位名称：开幕和闭幕舞台助理

工作简述

志愿者将与团队一起负责搭建帐篷、安装座椅、搭建舞台和展示亭。活动结束后与团队一起负责拆除上述设施。

汇报对象

生产经理

任务

- 搬运设备
- 移动重物
- 搭建帐篷和展示亭

- 搭建舞台
- 其他杂事
- 安装标志
- 其他体力劳动

班次

开幕前:早上4点到下午2点

节日期间:早上8点到下午4点

闭幕后:早上10点到下午4点

雇用条件

志愿者,无酬劳

提供工作服和工作餐

岗位要求

- 具有同类型体力劳动的工作经验
- 具有某些手工技能,主要是木匠技能
- 具备基础的职业安全和健康训练

具有相关经历者优先考虑。

思考练习 7.1

为2006年世界杯足球赛(见案例分析7.2)设计两个类似的志愿者岗位的职位描述书,请扩展职责列表,并具体化职位要求和雇用条件。

案例分析 7.2

2006年世界杯足球赛志愿者要求

证件部

证件部为所有官员、运动员、媒体代表、承包商和本地同事发放个人证件。证件佩戴者可以出入场馆和附属设施。

官方证件对高效管理2006年世界杯足球赛上庞大的组织团队和工作人员至关重要。证件也是进入官方设施的合法标识。

2006年世界杯足球赛的工作团队和工作人员数量庞大，证件管理至关重要。凭官方发布的证件才能进入相关场所。

证件部的志愿者需要接待来办证中心办理证件的各类人员，负责制作和发放身份文件。志愿者还要负责当天有效证件的发放，并且在问题解决小组帮忙处理诸如证件丢失等问题。除了极少的例外，志愿者的工作场所基本固定在场馆附近特定区域。

信息技术和通讯部

每天数以千计的媒体记者要通过Email、传真和电话向全世界发送大量的信息。为了处理海量数据，我们需要一个可靠和大范围的IT和通讯网络。在2006年世界杯足球赛上，新闻媒体区需要大约500台电脑终端。

我们需要具有相关专业技术的志愿者来帮助处理PC、网络和通讯故障。志愿者将在不同的地点工作。

球迷服务部

在2006年世界杯足球赛期间，所有比赛举办城市的市中心都将设立一个球迷联谊会。球迷联谊会将成为一个接触点，向球迷提供世界杯和本地的相关信息。

球迷可以到联谊会来联系其他球迷或寻求帮助，比如丢失护照，无法预定回程机票等。志愿者将频繁接触来自世界各地的球迷，从而接触到各种不同的文化。

物流部

这个部门将制定计划，实施和控制管理运输、传递、储存和分配的物流程序。物流部遇到的挑战包括组织、协调和控制相当数量的临时构造设施的安装和拆卸，以及精确使用体育馆间的运输和传递路线。

志愿者将参与整个物流过程，帮助装卸物品，管理库房，比如存放重要临时存储设施。

整个赛事期间，志愿者的工作地将固定在某个地点，但要准备接受灵活的工作时间安排。

市场营销

我们的任务是实施和保护15个官方合作伙伴和6个官方供应商的独家广告权利。必须保持场馆周边地区是无竞争区域，区域内只有FIFA合作伙伴才能发布广告。

分配给志愿者的一个主要任务就是监控官方合作伙伴和官方供应商的广告，确保在受限制区域没有其他的广告出现。

公共关系和媒体联系部

世界杯足球赛期间有来自世界各地的约12 000名新闻工作者从这里发布新闻报道。在每个体育馆都建有一个场馆媒体中心。国际媒体中心则设在慕尼黑贸易中心，它是整个世界杯期间连接全球电视台的神经中枢和指令发布中心。

我们的任务是为中心提供一个良好的工作环境和友好的工作氛围。

志愿者将是媒体工作者询问信息的第一个接触点。他们将传达最新资讯，向所有的媒体区域发布指令(主看台、报刊中心、媒体会议、摄影记者区、电台工作室等)，提供技术指导(比如怎样使用ISDN和怎样连接因特网)，帮助将运动员的反响翻译成多种语言等。

各媒体中心将在赛事开始前几天开始运行，赛事期间不间断提供服务，因此志愿者将要在这里工作数周。

项目管理

像世界杯这样规模的赛事，需要很长的筹划阶段，迫切需要纪律严明的项目领导团队和高效的沟通机制。在类似的活动中，2006年世界杯足球赛将是第一个使用基于网络的伞形控制系统(MS Project软件)来进行项目管理，该系统覆盖所有的子项目，并与常规状况报告系统连接。风险管理也通过类似的线路进行处理。

整个赛事期间，志愿者将为设在柏林的FIFA总部的项目经理们进行的战略性和概念性谋划提供行政支持，并向整个项目提供以往的相关数据。

客户服务和保安部

保安部负责在所有的比赛举办城市实施一致的安全措施。我们的口号是："最少的限制，最大的安全。"我们需要大量的使领馆和球迷一起来创建一个和平的友好的比赛氛围。志愿者将向保安人员和警察提供帮助，将作为非正式的面向所有观众的联络点。志愿者将被安排在场馆和举办城市的中心城区。

票务部

票务部负责协调所有与票务相关程序，包括座位计划、票务预订、出票和入场程序等。到2006年6月，所以场馆入口将安装电子入场管理装置。

志愿者必须熟悉票务分配和控制程序，知道如何操作票务系统。

每个地方将设一个票务中心，在开幕前数周投入使用。

运输和交通部

运输和交通部负责比赛球队、球队工作人员、裁判员、媒体工作者和游客的交通运输。服务在比赛前两周就开始，一直延续到赛事结束后的几天。

我们将负责12个比赛城市内的交通运输，使用800辆汽车和100多辆大巴士。我们的职责还包括预订和组织德国境内的飞机和火车旅行，因此我们将在所有比赛城市的FIFA指定宾馆、火车站和飞机场设有服务点。由于要负责这么多地点之间如此庞大数量的旅客的运输，我们需要一个广泛的和协调良好的组织结构，包括可见的和幕后的。

志愿者的工作内容丰富多样，覆盖整个运输网络。由于我们的为官方嘉宾服务的班车司机来自世界各地，他们将为赛事的顺利举办提供重要的帮助。大量的支持工作正等着我们本地旅行协调中心的志愿者的到来。具有相关经验的志愿者将帮助我们维护车队，或作为交通经理的助手。另外有一部分志愿者将被挑选出来担任专业人士和志愿团队的联络员。

竞赛部

竞赛部负责与赛程顺利实施直接相关的所有事项。它的职责包括全程陪同比赛球队，从到达直至离开，协调球队训练场地，在比赛日维持秩序，准备和安装训练器材和场地，为比赛队伍、官员和观众提供医疗支持，管理裁判员团队等。

我们招募有相关技能的志愿者，在宾馆和赛场之间陪同比赛队伍，为负责裁判员和医疗队伍管理的经理提供广泛的支持。

食宿和旅游部

食宿和旅游部的主要职责就是帮助诠释"一个广交朋友的时刻"的赛事口号，打造一个可见的、有意义的和真实的感受。2006 年世界杯组委会指定 2006 世界杯食宿服务中心管理赛事期间所有食宿相关事务。服务中心负责确保为各类来宾提供充沛的、合适的、精心挑选的和价格公道的食宿服务。

志愿者将作为服务人员被安排在赛事指定旅馆和代表团中心，负责相关团体逗留期间的所有组织事务。为"一个广交朋友的时刻"的口号注入生命，我们需要的是优秀的人际交往能力和出色的接待技能。

志愿者管理部

2006 年世界杯足球赛期间所有与志愿者承担的工作相关的行为将在志愿者计划内得到协调和执行。在赛前实施志愿者培训，在比赛期间向在志愿者中心的志愿者提供制服和休闲设施，这些事情都需要计划和协调。

这个部门的志愿者的主要任务是向分散在各个地点的大约 1 000 名志愿者提供餐饮，并帮助志愿者管理经理使志愿者中心的运行顺畅和高效。

志愿者将被分派到场馆或各志愿者中心，在世界杯期间，场馆和志愿者中心将每天开放。

本章小结

本章介绍了职位分析的过程，职位分析的成果是为一项节事的付费员工和志愿者形成职位描述和岗位要求。由于节事项目会随时间而演变，出现新的优先考虑，或甚至是新的艺术性方向，因此职位分析过程必须兼顾系统性和灵活性。虽然人力资源部门或节事经理需要监控职位分析的过程，但职位描述的细节一般由直接管理员工的主管人员（职能团队经理或场馆经理）来制订。2000年悉尼奥运会共编制了3 500个职位描述，但小型节事则可能只有几个。职位描述在多个方面关系到后续的各项人力资源管理职能，比如招聘、甄选、培训和绩效管理，这些内容将在以后章节中介绍。

复习问题

1. 什么是职位分析？
2. 什么是职位描述？
3. 用一个例子解释职位描述的四个部分。
4. 什么是岗位要求？
5. 对"如果节事计划是经常变化的，那么职位分析就是浪费时间"这一说法你如何看？
6. 解释为什么区分付费员工、志愿者和承包商的工作条件很重要？

参考文献

Brannick, M. and Levine, E. (2002). *Job Analysis*. Sage Publications.

Maund, L. (2001). *An Introduction to Human Resource Management*. Palgrave.

McCray, G., Purvis, R. and McCray, C. (2002). Project management under uncertainty: the impact of heuristics and biases. *Project Management Journal*, **33(1)**, 49–57.

Plekhanova, V. (1998). On project management scheduling where human resource is a critical variable. In *6th European Workshop on Software Process Technology*. Springer-Verlag.

Sanchez, J. and Levine, E. (2000). Accuracy or consequential validity: which is the better standard for job analysis data?. *Journal of Organizational Behaviour*, **21**, 809–18.

第 2 部分
人力资源运营：建立团队

本书的第 2 部分关注于人力资源计划的运营。对于小型节事的实践者来说，这是开始做事的阶段。在这个部分我们将讨论三个不同的主题：员工招募和甄选、寻找和挑选最合适的员工，然后是员工培训的主要任务。

此外，我们还要介绍后勤保障：向员工提供饮食和制服，确保数量足够的工作人员按时上班，提供必要的员工服务和出勤记录等。第 2 部分的后面几个章节将涉及人力资源计划的两个重要内容：领导和激励。这两个职能的目标是当情况变得很艰难的时候仍能够激励和留住员工。最后一个职能，但并非最不重要的职能，是业绩认可和奖励，这是志愿者计划必不可少的内容。

不幸的是，我们在本书结束的时候不会有一个庆功会，但庆功会经常是人力资源计划运营结束的节目。拥抱、泪水、保持联络，每个人的脸上都洋溢着笑意，这是每个节事期待的结束时刻，以弥补过去一路走来的艰难困苦。

第 8 章

招聘和甄选

学习目标

读完本章以后你能：

- 定义人力资源需求
- 搜寻申请者
- 甄选员工和志愿者
- 保留招募和甄选记录
- 确认合法

介　绍

本章将介绍招募和甄选付费员工和志愿者的过程，这经常成为人力资源经理的噩梦。一些活动是如此流行以至于人人都想去那里工作，比如成千上万的人都希望能在大型活动开幕式的表演场地工作。在 2000 年悉尼奥运会期间，有一个人在 1 000 多天里天天给组委会打电话，向每一个接电话的人表示自己希望成为开幕式志愿者。而对于另外一些节事，情况正好相反，比如募捐活动，费九牛二虎之力也不能保证招募到足够的人手。

雇用全职临时员工是另一个巨大的挑战，仅仅因为工作的临时特性。尽管节事具有固有的吸引力，组委会几乎不会向申请人提供全职的工作机会或者提供职业发展道路，而在传统的组织机构中这是很普通的。一个会议中心显然能够在管理层保持一支全职员工团队，但是对于基层的服务端的工作人员，基本都是临时性的。为一个摇滚音乐晚会招募志愿者是全世界最轻松的工作了，只需一个电话，消息很快会被传得满世界都知道，为这个去发布广告是不理智的，否则组委会的电话一定会被打爆。

所以，了解劳动力市场的状况、人们的动机和他们的兴趣所在对开展招聘工作将起到事半功倍的作用。

招募和甄选的定义

人们常认为招募和甄选是同一件事情，但其实它们是不同的。招募是吸引潜在求职者的过程。一次成功的招募宣传将吸引并且仅吸引足够多的申请人。太成功的招募宣传有时会成为一场灾难，申请人数量太大，而对每个申请人都要根据甄选标准进行挑选。比如一个当地市政府发布的招聘节事经理的广告吸引了 1 000 个申请人。但是很不幸，因为广告写得很含糊，缺乏所需要的知识、技能、相关经验和其他要求。因此组委会不得不对 1 000 个申请人一一挑选，有些申请人有学校庆典和慈善舞会的组织经验，有些市政府员工曾经从事过审批程序的工作但仅在这个领域有经验。

因此在发布招聘广告之前必须仔细衡量，设计合理的标准。广告中的要求有多严格是一个判断问题，如果要求太苛刻，只能获得很少数量的申请人。

甄选是挑选合适申请人的过程。在这个过程中，《平等雇佣机会法》发挥着重要作用。挑选员工的尺度必须直接与职位本身相关。必须根据申请人的能力来决定是否录用。岗位要求是选择标准的书面材料。

甄选志愿者是个很困难的过程，特别是当工作比较宽泛，没有什么具体标准，同时人们对这份工作兴趣高涨的时候。所以为了避免麻烦，最好在岗位要求中添加诸如沟通技巧、客户服务技能、相关经历、对城市和地区的相关知识等要求。所有这些都是节事中服务观众所需要的。需要注意的一点是，不能因为申请人不是活动举办地居民而歧视他们。因为就像其他所有的职位一样，需要志愿者或付费员工自己决定交通和住宿事宜。

期望管理是很重要的。如果工作仅涉及日常琐事，需要搬运设备，远离活动场所，必须事先向申请人说明。部分申请人在了解这些情况后可能会撤回申请因为职位不符合他们的期望。

定义人力资源需求

前面介绍职位分析的章节提到如何制定人力资源主干计划，包括考虑员工数量和种类，以及开始工作的时间。在节事管理中，这不仅取决于人力资源需求还受限于预算。为了控制预算，人员雇用被一直推迟到最后一刻甚至之后，在节事管理中都是常事。什么时候开始雇用员工由用人部门的经理决定。部门经理还要决定哪些岗位是必须的，以及是否与最初的用工计划一致。如果是特殊需求必须被标明，相关的雇用方式和广告宣传获得同意后才可以实施。

图8.1介绍了雇用和甄选的流程。获得候选人资料后，将根据岗位要求中的标准通过一个竞争性程序进行筛选，选出最合适的人选。然后安排面试，面试通常有两次，一次是由人力资源部面试，一次是由用人部门的主管面试。对于比较重要的职位，比如艺术总监，通常由一个专家委员会进行面试。接下来要进行背景调查，对于某些职位，还需要调查未刑记录。最后向候选人发放聘用意向书，意向书中写明相关条款和雇用条件。做完这些以后不要忘了及时通知落选的申请人。

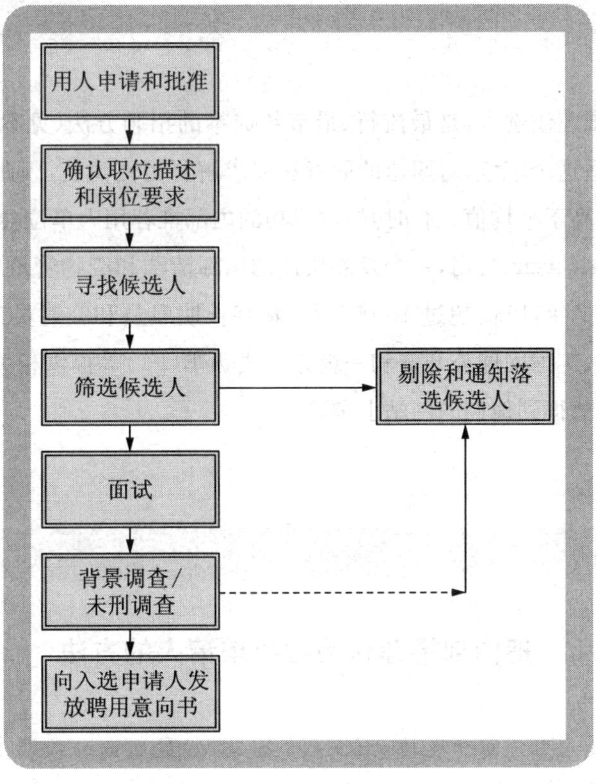

图8.1 招聘和甄选流程

Arcodia和Axelson(2005)在研究中发现，澳大利亚国内节事经理的招聘广告中集中提到五项最重要的技能，分别是组织和计划技能、沟通能力、团队合作能力、客户服务能力和计算机技能。紧跟其后的技能是建立内部和外部关系的能力。研究总结出的五类品质类别是主动积极、灵活性、乐观、友善和投入/专注。这项研究中最有趣的一个成果是从 1 002 个职位广告中分析出 355 个与节事管理相关的职位，其中有些职位粗看与节事管理关联度并不大。

搜索候选人

有许多邀请候选人的方法，各种方法的成功几率和成本差别明显。

内部推荐

邀请内部员工推荐候选人，是最流行、最节约成本的招聘方法（见案例分析 8.1）。因为内部员工知道谁合适这个职位，对职位的职责和要求解释得更清楚，因此申请人的期望值更合理，而且成功几率高于平均值。有时候，对成功的内部推荐用人单位会提供奖励。

这种方法是 Cleanevent 公司，一个发展快速的国际清洁和废物管理公司，最核心的招聘方式。公司成立了 17 年，雇员超过 10 000 人，兼有长期雇员和临时员工，曾经向四届奥运会、温布尔登公开赛、美国网球公开赛和一级方程式赛车（F1）等提供相关服务。他们的人力资源做法值得学习，值得到他们的网站上浏览一下。

案例分析 8.1

把内部推荐作为搜寻申请人的方法

根据南辛辛那提人力资源管理协会（SOCT SHRM）最新的一项调查，70 个该地区内的公司在招募新员工时，倾向优先使用内部推荐的方式。在所有的回收问卷中，近 70%的受访者表示他们希望他们的员工推荐新人，大约 50%的受访者表示他们也同时会使用地区性的网络招聘网站，比如 www. fairfieldcountyjobs. com，www. westchestercountyjobs. com， www. fairfieldcountyhelpwanted. com 等。紧随其后的是使用全国性的网络招聘服务,比如 www. monster. com, www. hotjobs. com, www. careerbuilder. com 等,这个比例略低于50%。再往下,是报纸广告,比例相差较大,大约只有22%左右的人事经理使用这种方法。

也许调查最让人吃惊的是,选择人才中介机构的比例还不到20%。但是本次调查的主要负责人,与副总裁 WillBrewer 一起开展本次调查的 SOCT SHRM 的副总裁 David Lewis 说,人才中介机构如此低的百分比部分是由于经济不景气。

Lewis 说:"调查的结果准确反映了我们所处的这个时期,如果调查是在1999年进行的,那时劳动力市场严重供不应求,那么调查结果就会截然不同了。那个时候,人才中介机构对招募新员工至关重要。而现在的情况是供过于求。"

"此外,在过去几年,企业一直在削减人力资源的预算,逼迫人力资源经理寻找成本更低的招聘方式。"Lewis 补充道。使用人才中介机构的费用是昂贵的,需要数千美元,但对于一次成功的内部推荐,标准是被推荐人在公司工作6个月以上,企业只需支付500—2 000美元的奖励,显然是省钱了。

思考练习 8.1

1. 为什么与其他招聘方式相比,企业会优先考虑内部推荐?
2. 什么样的劳动力市场状况会导致企业转向其他的招聘方式?

在活动或公司网站上发布招聘信息

几乎每个大型活动都会在他们的网站上发布招聘信息鼓励直接申请。这些网站深受消费者的喜爱,提供节事各方面的信息,包括节目和组织。比如爱丁堡艺术节、多伦多电影节、Rio 嘉年华、Volve 游艇赛等活动均是凭借自身的声誉吸引潜在职位候选人的例子。而对于一些小型节事,招聘工作的挑战性要大很多,这些节事需要从当地社区寻找工作人员和志愿者。

人才中介和招聘顾问

如案例所示,除了最难找的职位,很少使用人才中介机构。但也有例外。许多大型活动会使用一家招聘公司作为服务供应商,有时是赞助商,帮助组委会在各领域满足人员配置需求。比如,继成功为德国汉诺威世博会、曼彻斯特英联邦运动会、悉尼2000奥运会提供招聘服务后，Adecco 公司为 2006 年托里诺冬奥会招聘和培训两万名志愿者。

报纸广告

报纸广告仍然是招聘中等层次职位和专业人士职位的常用方法，比如会务、生产助理、舞台经理和音效技术员等。通过仔细选择报刊，可以将申请人范围限制在当地或扩展到全国。

职位搜索引擎

有许多职位搜索网站，比如 seek. com 和 mycareer. com。在这类网站上发布招聘信息成本较低且易于组织。这些网站往往提供申请人一个填写信息的模板，这样做便于搜索需要的信息。有些网站允许求职者在申请时发送简历和自荐信等附件。这些招聘网站是大型职位公告板，有些是专项职位公告板，后者可以是一个节事行业协会维护的公告板，这比在大型职位公告板上发布职位需求更具有针对性。

图 8.2 是一则网络招聘广告的例子。

后勤和运营经理

节事和后勤经理

前程远大的职业机会

引人注目的体坛偶像

我们是一家知名的体育协会，欢迎加入我们的节事和功能部，我们提供优秀的职业机会。该职位向食品和饮料经理汇报，负责日常计划、采购、存货控制和食物饮料的运输和分配。

点击这里申请职位 ⇨

图 8.2 网站广告例子

行业协会和俱乐部

志愿者协会是招募志愿者和获取建议的首选机构。许多体育活动和音乐会都有某些协会或俱乐部支持，这些协会和俱乐部在活动的组织和计划中发挥重要作用。合格的裁判员和官员对体育赛事至关重要，可以通过这些俱乐部指派。与俱乐部和协会的关系是为篮球、高尔夫或蓝调音乐会等活动寻找专业人士的最佳最快速的途径。

学院和大学

学校是提供志愿者和实习生的最好来源。与学校良好密切的关系可以为各方带来利益。比如利兹城市大学旅游酒店和节事学校的节事管理本科学生可获得在节事行业实习一年的机会(Williamson，2005)。毫无疑问，经过这样长的实习时间，学生们在岗位上可以有出色的表现，能够把课堂上学到的知识运用在实际工作中。在澳大利亚，技术和成人教育学院(TAFEs)已经成为招聘工作的常见起始渠道。

设计招聘广告

设计招聘广告，不管是报纸广告还是校园公告栏广告，其目的是一致的，即吸引最合适的候选人同时阻挡不合适的候选人。这就要求广告必须一方面使职位具有足够的吸引力，同时又必须要明确岗位要求和对候选人的期望。图 8.3 是一则招聘广告，其中包含两大部分，一是职位描述，解释和强调职位的吸引力；二是详细的筛选标准。如果广告合理清楚，候选人会进行自我评估他们是否符合最低要求。

赞助商协调员

我们是一家政府机构，承办港口区内的高规格节事。我们正在寻找一位出色的员工负责赞助商计划，维护和开发与现有商业组织的良好关系。该职位富有挑战性，要求候选人具有很强的在竞争市场中工作的背景。

职位描述：

1. 为活动达成新的赞助商协议；
2. 维护和有效管理现有赞助商关系；
3. 为当前和新活动开展市场营销；
4. 如果需要，与其他政府机构协商和谈判；
5. 管理和开发商业和行业关系。

选择标准：

1. 具有在艺术和娱乐领域的赞助商开发和管理的相关经历；
2. 具有与主要客户谈判和管理合同关系的相关经历；
3. 具有项目管理技能，能在时间压力下完成任务；
4. 具有与主要的政府机构和商业企业的良好关系；
5. 具有市场营销、商业管理或节事管理专业本科以上学历；
6. 了解节事相关的主要法律法规。

图 8.3　一则恰到好处的广告示例

如果选择报刊广告，那么版面就十分重要，不同版面的广告效果差别很大。有些页面和位置比另外一些从视觉上来讲效果就要好一些，比如右手边的广告位。不同广告位的不同价格很好地体现了这一点。在澳大利亚，酒店类职位会被单独放置在一个专栏中而不是在普通分类职位广告栏中。这对刊登节事管理岗位就有些尴尬了，因为这些岗位大都与酒店接待类工作关系不大。为了安全起见，一些组织在两个广告专栏中都放置职位广告。许多专业的节事网站都提供电子杂志，可以刊登职位广告（见 www.specialevents.com.au）。

下面是发布报刊招聘广告的一些建议：

- 在标题中清楚定义职位；
- 不要遗漏公司名称和联系方法；
- 解释和宣传付费职位或志愿者职位；
- 明确选择标准；
- 清楚描述职位内容和雇用条件；
- 确信措辞符合《平等雇佣机会法》的要求。

使用网络招聘

Michael Foster(2003)写过一篇很好的网络招聘指南。任何希望使用网络招聘作为主要招聘方式的人都有必要阅读一下这篇指南。以前研究报告指出 70％的公司在招募新员工时倾向内部推荐，Foster 认同这个结果，但同时建议可以在企业内部网上刊登大量的职位广告，这样员工就可以知道哪些岗位目前空缺，另外广告中也要明确推荐成功后给予的奖励。

在开发在线招聘网站时，应该向申请人提供一个界面友好的录入工具。这对志愿者招募绝对重要，否则申请人就不得不为每一张书面的申请表填写大量信息。

下面是 2004 年雅典奥运组委会提的几个问题：

- 姓名和联系方式；
- 教育背景；
- 职业；
- 学习的专业（对于学生）；
- 健康状况（考虑因素）；
- 残疾情况（为方便安置）；
- 何时可以上班；
- 语言能力（口头和书写）。

然后根据不同的职能区域，申请人被询问有关经验和兴趣的问题：

- 观众服务；
- 保安；
- 兴奋剂检测；
- 场地员工；
- 运输；
- 证件服务；
- 奥运村运营；
- 媒体运营；
- 技术；
- 票务；
- 场地管理；
- 医疗服务；
- 赛事(申请人最多能选择三个运动来确定他们的能力水平达到哪个级别:运动员、裁判、教练、俱乐部成员)。

对于这些职位,简历的填写格式比较严格,一般不让申请人自由发挥。而对于高级职位,允许其提交一些介绍性的文字和上传简历。简历存放在一个数据库里,通过输入查询关键字可以调出简历。输入诸如风险管理、演出、Microsoft Project、会晤计划、拥挤控制等可以从数据库中找到符合条件的申请人。对于每一个在线申请人和每一份上传的简历,系统最好在结束的时候弹出感谢框。节事组委会还需要考虑招聘对节事本身的宣传效果。一个大规模的招聘活动,通常会包括媒体和网络,会激发起人们对节事浓厚的兴趣,这最终可能会增加出票量。良好的组织形象,节事产生的商誉,是人力资源计划和运营过程中需要考虑的重要内容。

为了增加职位的访问量,必须将职位网页加入 Google 和 Yahoo 等主要的搜索引擎。如果想确保搜索引擎吸引申请人访问网站,需要将职位网页与活动的主网站分开注册。此外网站的设计也很重要。Foster(2003)建议,增加互动可以有效增加访问者的关注,因为“浏览者点击得越多,他们被吸引的机会就越大”。通过这种方法,访问者在网站浏览的时间会更长,可以通过分析点击的内容来查看访问者的兴趣所在,使网站设计者和招聘方进一步了解访问者的兴趣和身份。

图 8.4 显示了曼彻斯特英联邦运动会从 2001 年 5 月启动招聘计划到 2002 年 8 月结束招聘计划期间接受到的志愿者在线投递简历和纸质简历的数量情况。图 8.5 是一个很好的志愿者申请表的例子。

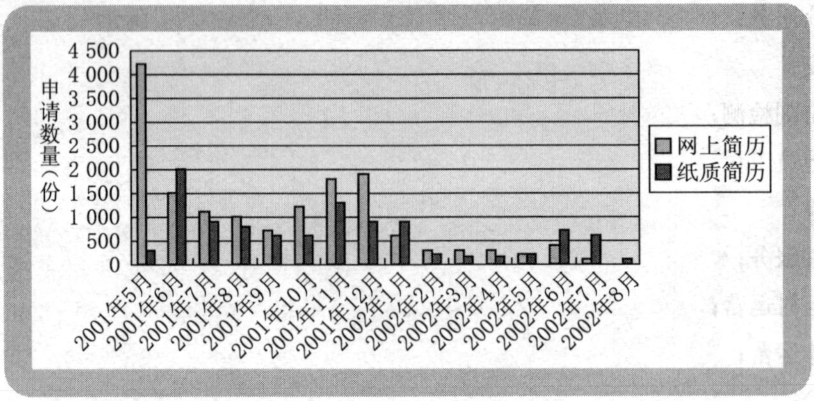

更多信息请访问 www. gameslegacy. com。

图 8.4 曼彻斯特英联邦运动会月度志愿者简历数量(纸质 V 网络)

坎莫尔民族音乐节
志愿者申请表

2005 年音乐节:7 月 30 日—8 月 1 日

*为必填内容

1. *姓　氏:＿＿＿＿　*名　字:＿＿＿＿
2. **联系方式:**
   *家庭电话:＿＿＿＿　手　机:＿＿＿＿
   办公电话:＿＿＿＿　传真号码:＿＿＿＿
3. **电子邮箱:**＿＿＿＿
4. ***地址:**
   街　道:＿＿＿＿
   城　市:＿＿＿＿
   所在省:＿＿＿＿　邮政编码:＿＿＿＿
5. ***是否曾经参与过节日志愿者工作?**　是:○　否:○
   如果参与过,从事什么工作?＿＿＿＿
   您的协调人是谁?＿＿＿＿
   哪一年?＿＿＿＿
6. ***如果未被安排具体工作,是否允许我们为来年活动保留您的档案?**　是:○　否:○
   (注释:如果您想成为志愿者,必须能在活动期间从周一至周六参加工作)
7. ***您是否有驾照?**　是:○　否:○
8. **紧急情况下的联系方式:**

*姓　　名:

*关　　系:

*联系电话:

9. ***您是否有我们所需了解的身体及健康上的限制?**

否:○　　是:○　　如果有,请详细写明

10. **您是否持有急救资格?　　是:○　　否:○**

如果有,级别为

11. ***志愿者工作区域:以下列出的区域需要志愿者。请从下列选项中选出您优先考虑的 4 个区域(1, 2, 3 和 4)(志愿者将在自己选择的区域内工作)**

注:组委会最需要的岗位用 ** 标示。

** 儿童区域 □　　临时办公室 □　　** 网站建立/维修 □

** 环保(垃圾回收/停车场) □　　接待 □　　交通 □

(需要 4 级执照)

** 门卫 □　　停车 □　　协调员/ □

协调员助理

问讯台 □　　** 安保 □

12. ***年龄:(选一)**

16 岁以下 □　　16—17 岁 □　　18—24 岁 □　　25—60 岁 □　　60 岁以上 □

监护人联系信息(仅 16 岁以下者需)

申请者年龄(若 16 岁以下):

监 护 人 姓 名:

监护人联系电话:

13. ***T 恤尺寸(选一)**

Small □　　Medium □　　Large □　　X-Large □　　XX-Large □

14. ***志愿者协议**:如果成为志愿者,我会遵守志愿者道德规范,履行职责。我知道如果是第一次参加志愿者活动,我可能被分配到期望工作区域以外的工作。我承诺为组委会提供 8 小时以上的志愿者服务。

我同意　□

打印表格并邮寄至:

坎莫尔音乐节

志愿者协调组

PO Box 8098
Canmore AB
T1W 2T8

注：如果需要，请先调整您的浏览器边框（文件→页面设置）和字体大小，以确保在打印前所有问题合适页面大小。在单独的页面附加补充意见。

最后修改于：2005 年 3 月 14 日

图 8.5　一份志愿者申请表格

准备面试

一旦收到一定数量的申请，接下来要根据筛选标准进行初步选择。尽快通知落选人。通过初选的申请人接下来接受第二轮筛选，通常是面试。

虽然人们一直在争论面试对于挑选合适人选的有效性（De Cieri，2003），但迄今为止，面试仍然是招聘过程的主要组成部分。提高面试效果的一个方法是向所有候选人提出同样的一组经过精心准备的问题，这些问题围绕职位描述和岗位要求。这些问题应该是行为性问题，能够反映出候选人的既往经历而不是关于他们以后会怎么做的假设性问题。如果招聘的是图 8.3 例子中的赞助商协调员的职位，面试可包括以下一些问题：

- 赞助商开发的既往经历

  问题：简述你以前获得赞助商的方法？

- 与主要顾客谈判和管理合同关系的既往经历

  问题：你以前在管理主要客户的合同关系时遇到过哪些挫折和问题？

- 项目管理技能，以及在时间压力下完成任务的能力

  问题：描述你管理过的某个项目，期间一些未预见事件对主要进程造成的重大影响。

- 与政府机构或商业企业中的关键人物建立关系

  问题：你同政府的关系如何影响你的工作？

- 市场营销、商务或节事管理的资历

  问题：为什么你认为自己的资历对这个挑战性职位有优势？

- 了解与节事相关的主要法律法规

  问题：请说明赞助商管理的法律规定。

实施面试

面试有两个主要部分：一是向候选人解释职位，二是获取候选人信息判断候选人是否符合标准。一般面试官会先提问，然后介绍职位，这样可以给候选人时间来放松和吸收信息。同时面试官对候选人是否适合有一个大致的判断，然后决定该花多少时间用于介绍职位。有时候，如果候选人太出色了，那么面试会演变成一次组织的自我推销来争取候选人的过程。

案例分析 8.2 讨论了许多面试的经验教训。

案例分析 8.2

组织成功的面试，避免法律纠纷

我们都很清楚，如今与雇用员工相关的法律纠纷越来越多。每一个招聘专员、招聘经理、主管和部门经理都必须认识到一个错误的问题，一个不当的调查都可能导致歧视或不当解雇的法律纠纷，而这些官司最终的申诉或败诉很大程度取决于在面试阶段的问答。因此，很有必要把风险管理纳入面试流程，以最小化组织可能面对的雇佣纠纷。

你或你所在的公司可能会被指控作出带有歧视性质的问题、申明或评论。此外，面试中一些保证或承诺可能会被认为是带有约束性的合同。找出蕴含风险的领域是避免在面试中提及这些错误事项的最好办法。

为了最小化歧视纠纷，面试官需要熟悉哪些是不能问的问题。比如你不能问一位女性申请人有关她的丈夫、小孩或是否有怀孕计划等问题。如果一位男性申请人被录用，或者女性申请人录用后又被解雇，这些问题可能会被用作性别歧视的证据。对于年纪比较大的申请人，不能问他们是否能接受比他们年纪小的主管的指挥。

另外，在面试中不能做一些可能会被认为是构成雇佣合同的言论。在介绍职位的时候要避免使用“永久”、“职业机会”或“长期”等词语。

面试官也不要对职位的稳定性作出过多的承诺。不要说只要绩效好就不会被解雇之类的话。比如申请人被告知，如果你一直表现良好，就能一直干下去。申请人接受了职位，但6个月后由于公司裁员而被解雇。这可能会引发官司，员工会起诉公司违反雇佣合同的约定，因为他/她只有被证明不胜任岗位才能被解雇。法庭有时候会认定在面试中作出的承诺构成合同约定。

绝大部分公司至少配备两个人来负责面试和雇用。确保各项流程的连贯性十分重要。设计包括所有客观标准的面试表格,这样的表格可以作为检查明细使用,可以确保不同的面试官能保持一致,同时也构成文件资料,以备将来落选候选人提起歧视诉讼时作为支持录用决定的证据。

学会根据能力来评估职位候选人。在开发评估标准时,尽量避免宽泛的主观判断,尽量使用更客观的标准。

(www.herability.com/employers/articles/interview_for_success.html)

思考练习 8.2

1. 本案例提供了不应该在面试中问及的问题指南(同样适用于志愿者招募)。解释为什么这些问题是不当的?

2. 举三个行为性面试问题的例子,问题必须与节事行业要求相关。

测试和评估候选人

有许多种类的心理测试、智力测试和特殊技能测试,比如文字处理测试。

关于心理测试,虽然它们很流行,但其有效性和可靠性一直是专家争论的焦点,关于这方面的争论一直没有停过(Aiken, 2000; Cook and Cripps, 2005)。心理测试必须由能够进行评估和解释测试结果的专业人士来实施。人才中介机构是实施这类测试的一个典型渠道。测试必须可靠,多次测试的结果必须保持一致,必须有效,能反映需要测量的内容(结构效度)。最后,测试结果必须能有效预见被测试人在多大程度能做好这项工作(预测效性)。

背景调查是甄选过程的重要一环。许多雇主出于对法律和道德问题的考虑不愿意作出评估性的评语,调查候选人简历中的内容是否真实的理由十分充足。根据 Society for Human Resource Management(2004)统计:

- 40%的人力资源经理表示在过去的三年里他们增加了对潜在雇员的背景调查的时间投入;
- 96%被调查企业对可能发生的雇用行为采用了某种类型的背景调查;

- 50%的回收问卷表示他们通过背景调查查出一些与简历不符合的地方，比如以前雇用的时间、犯罪记录、以前职位的头衔和过去的工资等。

保留记录

必须记住一个聘用决定可能会在将来被质询，因此需要保留整个选择过程涉及的所有相关文档，包括对候选人书面简历的打分和面试打分记录，背景调查结果也要完整保留。根据能力来决定录用是期待的结果，如果选择过程的方法正确，那么在选择过程结束后很久仍然能够证明其合理性。另外，要记住，评语的措辞不能违反《平等雇佣机会法》的要求。

每个经历过甄选过程的人都体会到过程的压力和强度。由于面试是员工与组织的心理契约的第一个阶段，第一印象很重要。因此一个愉快的、积极的、有益的面试方法很关键。

Breaugh 和 Stark(2000)在查阅了大量的招聘研究报告后得出以下结论：

虽然关于招聘的研究报告得出各种各样的结果和建议，但是从中我们仍然可以总结出一些共同点。首先，各类研究报告都认为招聘人员的作用很重要，他/她要向应聘者传递足够多的信息，而且要平易近人，这一点也是其他领域的招聘研究报告所强调的，比如关于现场访问和招聘的时机。另外，向应聘者提供真实的职位信息(比如通过员工的推介或真实的职位回顾)也是报告中体现的一个主题。另一个发现的共同主题是，要注意招聘人员无意间向应聘者传递的信号，比如 Rynes 等(1991)指出应聘者会根据招聘人员的友好程度和提供信息的有益程度来判断这个企业对待员工的态度(p. 27)。

案例分析 8.3

2006 年爱丁堡国际读书节

职位名称：媒体专员

合同类型：全职临时工，2006 年 5 月 1 日至 2006 年 9 月 1 日

重要时点

2006 年爱丁堡国际读书节时间：8 月 12 日—8 月 28 日

活动启动日：6 月 15 日

票务销售日:6月16日

背景介绍

爱丁堡国际读书节始于1983年,是8月节庆季节的重要活动之一,每年在爱尔兰首府爱丁堡举行。最初两年一次,1997年以后变为每年一次。

经过22年的发展,随着规模和范围的不断扩大,爱丁堡国际读书节已经成为世界上规模最大的同类节日之一。首届读书节仅包括30场读者作家见面会,而现在整个读书节将安排600多个各类读书活动,吸引各个年龄层次的宾客。

在2001年,第五届读书节主席,Catherine Lockerbie,将读书节推向一个新的高度,他首度把高规格的辩论和研讨活动引入读书节,自那以后辩论和研讨成为读书节的标志性活动。每年成千上万的作者从世界各地赶来加入到这个独一无二的论坛,与世界各地的读者交流心得,讨论世界热点问题。

与读书节同时举办的还有广受欢迎的儿童读书会。儿童读书会已成为主流儿童读物和作者的展示会。儿童读书会提供丰富多彩的节目,包括讲故事、专题研讨、小组讨论、作家见面会、签名售书等,深受公众和学校的欢迎。它已经成为世界上首屈一指的儿童书籍和阅读活动。

读书节的收入中仅有18%来自政府资助(爱丁堡市的苏格兰艺术委员会)。而超过80%来自读书节活动收入,比如售书、售票收入和赞助商捐助,这个数字不是一般的高。读书节运作一个独立的售书项目,如今作为一个贸易子公司,其利润产生的作用越来越大。

爱丁堡国际读书节是一个享有退税优惠的公司,具有慈善性质。

媒体工作团队

爱丁堡国际读书节媒体办公室由一个媒体经理、一个媒体专员和一个媒体及营销助理组成。媒体办公室工作十分繁忙,工作时间很长,在节日期间需要全周工作。在读书节启动阶段办公室坐落在Charlotte广场的读书节组委会办公室,在读书节举办期间,办公室将转移到Charlotte广场花园的媒体屋。

媒体专员向媒体经理汇报,工作职责如下:

1. 在读书节开幕前和举办期间接待各界媒体的询问;

2. 向目标媒体(包括网上频道)和目标地区推销读书节,回答所有的媒体提问;

3. 开发和培养与媒体的双向沟通,确保2006年及以后各届读书节获得足够的媒体报道和访客数量;

4. 挖掘新闻线索和特别报道(读书节总体介绍或作家报道),需要候选人掌握2006年读书节计划和参加读书节的所有作者的信息;

5. 维护最新的记者和媒体资料库;

6. 管理媒体证件系统和票务流程；

7. 与媒体经理、市场经理和公关经理一起组织读书节首发式；

8. 与作家和作家的出版社保持密切联系；

9. 负责建立媒体服务台，为服务台配置人员，监控服务台的工作——服务台是在读书节现场向所有媒体提供服务的服务点；

10. 与媒体经理一起安排拍照和采访时间表，监控现场的签约或自由摄像师；

11. 管理读书节现场的电视台和电台广播的工作人员；

12. 监控、归档所有与读书节关联的媒体报道，搜寻所有重要广播/报刊报道的副本以备存档；

13. 帮助与联络旅游媒体专员以最大限度扩大旅游媒体对读书节的正面报道；

14. 积极地向读书节网站内容协调员定期提供读书节的新闻，为读书节网站编写新闻故事和最新报道；

15. 与其他工作人员一起完成服务台和读书节场地的清场工作——可能需要一些轻微的提举和搬运物件工作；

16. 协助媒体经理完成2006年读书节媒体运作的评估报告，并对2007年读书节的媒体运作提出建议。

岗位要求

申请人必须具备以下条件：

- 3年以上节事公关关系职位的从业经验；
- 出色的沟通和组织能力；
- 全身心投入，灵活机动，事在人为的性格；
- 管理项目和报告项目的能力，在时间压力下工作并完成任务的能力；
- 具有在一个小团队中高效工作的能力。

我们承诺读书节尽可能向所有的来宾、参与者和员工开放。如果你有任何具体的入场要求或关注，请告诉我们，我们会尽全力满足你的要求。

（以上内容获得爱丁堡国际读书节组委会的同意，更多信息请访问 www.edbookfest.co.uk）

思考练习 8.3

1. 讨论这则招聘广告在哪种媒体上发布最合适(比如报纸、读书节网站、行业杂志等)，哪种媒体会最有效?

2. 为该职位设计一组与广告中职位匹配的行为性面试问题,你会最先问哪些问题?

3. 你认为学历要求对这个职位合适吗?

本章小结

本章介绍了招募和甄选选人两个过程,招募是吸引合适的候选人来报名,甄选是根据甄选标准选择最合适的人选予以录用。在招募和甄选过程的每一个阶段都必须考虑符合《平等雇佣机会法》的相关规定,以确保使用与职位相关的选择标准。

节事组织的招募活动同时是一次公共关系活动,因为它提高了人们对节事的关注度,增加人们对节事的印象。因此,招聘活动必须掌握尺寸,以避免付费员工和志愿者岗位出现过度申请的情况。而小型节事的情况正相反,因此他们的招聘更好有的放矢。通过各类俱乐部、行业协会、联谊会和学校,许多节事组织者可以找到与节事类型(体育赛事、艺术、社区等)匹配的合适人选。

面试的有效性可以通过使用行为性面试技巧得以提高,向每一个候选人提同样的一组问题。一旦录用决定做出,并且背景调查通过后,需要向入选者发送书面的录用通知。

复习问题

1. 定义招聘。
2. 定义甄选。
3. 用一个图表,说明员工配置过程。
4. 列举和描述节事工作人员的三个主要来源及其特征。
5. 列举和描述节事志愿者的三个主要来源及其特征。
6. 为招聘广告提供一些简单的建议。
7. 为一个信息咨询中心的志愿者设计职位描述和岗位要求。
8. 利用问题 7 中的信息,为志愿者面试设计问题。

参考文献

Aiken, L. R. (2000). *Psychological Testing and Assessment*, 10th edn. Allyn and Bacon.

Arcodia, C. and Axelson, M. (2005). A review of event management job advertisements in Australian newspapers. In *The Impacts of Events*. University of Technology, Sydney.

Branch, A. (2005). Do you know someone ...?, *The Westchester County Business Journal*, **44(33)**.

Breaugh, J. and Starke, M. (2000). Research on employee recruitment: so many studies, so many remaining questions. *Journal of Management*, **26(3)**, 405–34.

Cook, M. and Cripps, B. (2005). *Psychological Assessment in the Workplace: A Manager's Guide*. Wiley.

De Cieri, H. (2003). *Human Resource Management in Australia: Strategy, People, Performance*. McGraw-Hill.

Foster, M. (2003). *Recruiting on the Web*. McGraw-Hill.

Rynes, S., Bretz, R. and Gerhart, B. (1991). The importance of recruitment in job choice: a different way of looking. *Personnel Psychology*, **44**, 487–521.

Society for Human Resource Management (2004). *Reference and background checking survey report*. Denver.

Williamson, P. (2005). Event management students' reflections on their placement year: an examination of their critical experiences. In J. Allen (ed.), *International Event Research Conference 2005*. University of Technology, Sydney.

第9章 劳动力培训

学习目标

读完本章以后你能：

- 区分在大型和超级节事中几种不同的典型培训类型
- 讨论志愿者培训预算问题
- 介绍如何进行培训需求分析
- 介绍各职能部门如何分摊培训责任
- 确认设计网络培训的关键步骤
- 讨论节事管理中领导力培训是否重要，以及与传统商业环境的区别

介　　绍

节事工作人员培训是富有挑战性的工作。核心管理团队常常在活动开幕前几个月甚至几年就开始工作，需要对他们实施各类培训，其中最常见的是项目管理、风险分析和法律培训。核心管理团队的人员组成十分复杂，具有不同的背景，来自不同的行业。更复杂的是人员的滚动增长，从启动到运营阶段，不断有团队成员加入。节事管理者常常会发出这样的感慨，如果从一开始全体计划团队成员都立刻开始工作那该有多好啊！

第二批需要培训的工作人员仅在节事举办期间工作，大部分人在开幕前一天进入工作岗位。这些工作人员包括志愿者、承包商员工和少量的付费临时工。对于大型节事，一般需要在开幕前几天或数周内向这些工作人员进行一次或多次培训，让他们对活动背景和场馆信息有所了解。重要的是，这些培训通常包括紧急情况和事故计划内容。

在场馆完成招聘并且可以投入使用之前基本不进行岗位培训。对于大多数活动,场馆往往在开幕前一天才完成。工作人员在观众到达前几个小时开始工作,因此岗位培训常常采取在职培训的形式,在大门即将打开前很短时间内进行。发生了问题就当场研究马上解决。这种特殊环境要求高度关注节事开幕前的前期策划和控制措施的制定,因为从活动开始起受控制的混乱开始成为主导。但是一般来说,通过工作人员的常识、责任感和诚意,大部分的问题都能获得解决,特别是如果活动开幕前这些价值已经被灌输给工作人员。

培训需求分析

培训需求分析是培训计划的基础,它包含了管理人员和一般工作人员的培训需求。下面是在进行培训需求分析时的常见问题:

- 培训的背景是什么?
- 接受培训的工作人员的背景是什么?
- 多少人需要被培训?
- 何时何地这些人需要被培训?
- 技术如何支持培训?
- 谁将为不同种类的培训负责?
- 怎样为每类培训选择适合的培训方式(例如:讲课、讨论会、情景模拟)?
- 培训需要外包吗?
- 培训师的角色是什么?
- 是否需要进行培训评估?
- 如何记录培训过程?
- 费用是多少?
- 哪方面的培训具有最高的风险?
- 怎样评估培训?

培训需求分析可以采取各种不同形式,从非正规的到正规的。非正规方式下通常培训由相关的职能部门和场馆管理部门来负责,正规方式下通常需要对整个组织进行培训需求的分析。在后一种情况下,核心培训内容被确定,并且只要有可能就跨部门实施培训。

如果采取正规方式,将包括文档分析、研究以前类似节事和培训方法、面试记录、观察和征求专家小组意见等。只要有可能,推荐实施一个试验性质的培训来获得反馈和进行微调,特别是对于客户服务的培训。

在2000年悉尼奥运会上，有两个困境（在所有其他困境中）：一个是如何记录大规模岗前培训和场馆培训的出勤率，受训人员数量从200到2 000不等；另一个是是否要安排点心。尽管这两个问题看起来都是小问题，但却包含了预算和后勤保障两个大问题。比如，向每个参加培训的志愿者提供一杯茶和饼干就可能要花去5万美元；要考虑是否需要手工记录出勤记录，然后统一输入电脑，或者在每个场馆安装复杂的条形码/证件卡系统。这个看起来很容易，因为每个工作人员在活动开始前都会收到一个身份证件，但是在培训的时候系统还不能投入使用。

管理技能培训

管理团队需要获得管理技能培训，确保每个人都步调一致。培训可以是正式的或非正式的，可以外包出去也可以自己实施。鉴于管理团队的知识技能，培训师必须经验丰富，并且通晓成人教育和节事管理。否则，由于受训者都相当繁忙，如果觉得培训对他们没有实际帮助或不是很恰当，很可能在茶歇后培训室就空无一人了。

以下的主题是入职培训需要涵盖的内容，以及以后在计划阶段当需求出现时需要涵盖的内容：

- 节事的历史背景和目的，战略计划；
- 项目管理的原理和技能，包括相关软件的使用；
- 所有运营相关领域的风险管理，包括安全；
- 法律知识，法律规定；
- 利益相关者的作用，例如警察、交通部门、赞助商等；
- 文化背景和残障人士意识；
- 招聘和甄选，包括《平等雇佣机会法》；
- 监督和领导力（将在以后章节中详述）；
- 运营计划，系统和程序；
- 合同谈判，承包商管理；
- 如何对不同规模的团队员工开展现场和在职培训；
- 客户服务管理。

培训可以通过各种形式开展，包括在线辅导（例如软件使用）和专家或学者利用午休时间授课的专题培训。传统课堂教学的时间几乎没有超过一天的。根据节事的规模，上述这些内容可以被整合在一次或多次培训里。

案例分析9.1介绍了接受过良好培训和尽职的志愿者所获得的各种技能。

案例分析9.1

欧洲运动会和青年论坛
志愿精神和积极的市民

我们相信在年轻人和体育比赛中体现出来的志愿精神对未来领袖的培养将发挥重要作用。参与到志愿活动中去可以教导我们责任感、领导技巧、忍耐力和民主的价值。志愿行为是解决青少年社会问题的一种重要工具,用一种积极的方式使用青少年的精力,满足他们希望参与的需要,激励他们成为当地社会和欧盟的主动公民。鉴于志愿活动的益处,我们提出以下措施:

- 邀请体育和青年非政府组织参加政府间会议;
- 制定一项政策,让年轻人代表参加制定与年轻人和体育相关决策的执行委员会;
- 在欧盟层次上支持和发展现有的体育和青年相关的交流网络;
- 对志愿者开展培训:

—在小学教育包含生活技能课程;

—使专家能够在其他欧洲国家里开展课程和小型研讨,从而促进整个欧洲范围内的青年和体育志愿行动最好地实践;

- 创造一个欧盟各国承认的志愿记录册——志愿者可以在申请再教育和就业时出示记录册;
- 向"青年人在行动"计划提供更多的经费,将志愿行动支出包含在内。

志愿行动是一种低投入高效用的投资。我们希望上述建议能被采纳。志愿行动意味着主动公民,我们希望得到你们的支持来激发其他公民。

(更多信息请访问欧洲青年和体育论坛网站:www.euractive.com)

思考练习9.1

讨论下面的评语"对体育中的志愿者培训是一项培养合格公民和领导力的投资"。

普通工作人员培训

大部分节事采用与本章案例分析 9.2 中所述的英联邦运动会的工作人员培训相同的程式。在所有下面所列的活动中，普通工作人员培训主要分三个类型——入职培训、现场培训和岗位培训。

- 2000 年悉尼奥运会
- 2002 年曼彻斯特英联邦运动会
- 2002 年盐湖城冬季奥运会
- 2006 年多哈亚运会
- 2006 年都灵冬季奥运会
- 2006 年墨尔本英联邦运动会

在小型节事中这些培训可能被整合在一起，但我们最好还是分开来介绍。

入职培训

入职培训是对节事的一般介绍，包括节事的历史、使命、主题、计划和程序。如果是体育比赛，入职培训介绍涉及所有的体育项目和场馆情况。如果是音乐会，培训将介绍不同的乐队和舞台等。如果是农产品展示，将介绍竞赛区和商业区。培训内容通常还包括客户服务知识，残障人士管理和文化认识等。除此以外，大多数入职培训希望能激发员工的热情，为了做到这点，会邀请知名人士讲话，唱民族歌曲和跳舞，播放音乐，由组委会重要成员发表激情洋溢的演讲等。

总而言之，希望每个接受入职培训的工作人员，在培训结束后掌握相关知识技能，同时士气高涨。这里引发一个有趣的问题，涉及在章节后面介绍的在线培训。这个问题是，大部分的培训内容可以通过在线进行，但问题是这种方式的培训能否满足志愿者的心理需求，特别是感到自己是团队一员，感到自己参与其中和感受到激励。

以下是可以被入职培训覆盖的主题：

- 节事概述；
- 节事历史；
- 节事目标；
- 标志物；

- 组织；
- 赞助商；
- 程序；
- 场地；
- 演出人员或运动员；
- 以往的展览和活动；
- 工作人员的职责；
- 对他们的期望；
- 责任和期望；
- 客户服务。

场馆培训

如名字所述，场馆培训安排在工作人员的工作现场，以便工作人员熟悉他们的工作环境（比如一次寻宝活动可以很好地获得这个效果）和他们的团队。培训将包括功能区域、团队构成和汇报对象，同时团队成员在培训中得以互相熟识。培训中较重要的内容包括安全和紧急情况应对训练，常常是针对特定场馆的。有时候，入职培训和场馆培训可以合并在一起进行，比如1996年亚特兰大奥运会。

以下是可以被场馆培训包含的内容：

- 活动场地范围（总体运行区域）；
- 各场馆（工作地点）；
- 场馆布局（例如：楼梯、电梯、出口、通讯中心）；
- 场馆内的功能区（例如：医疗、证件、保安）；
- 出入受限区域（谁可以进入）；
- 员工和参观者的安全；
- 应急程序；
- 事故报告；
- 拥挤管理；
- 垃圾处理和回收；
- 工作程序、进场、饮食等；
- 团队联系方式；
- 工作人员守则；

- 客人会询问的一般问题；
- 场馆管理团队和他们能提供的支持。

岗位培训

针对工作人员将要履行的特定岗位的培训。对于大部分岗位，培训时间较短，一般不超过 1—2 个小时。但某些特殊岗位需要在活动开始前接受好几个小时的培训。有时候可以通过观看录像或网络多媒体形式（比如使用双向电台）来简化这部分培训。岗位培训将在下一章中详述。

培训的实施顺序是个在许多报告中被提及的问题（Sydney 2000 Paralympic Games Post Games Report，2001；Strategic training issues for the 2006 Commonwealth Games，2002；Manchester Commonwealth Games Post Games Report，2003）。图 9.1 中所示的顺序对培训组织方来说十分符合逻辑，因为它遵循大部分项目计划从普通到具体的次序。入职培训需要的信息通常最早获得，场馆布局在节事开幕前很短时间完成，特定岗位的具体计划在整个流程的末端才完成，因为所需要的一些细节信息需要从其他职能区传递过来。

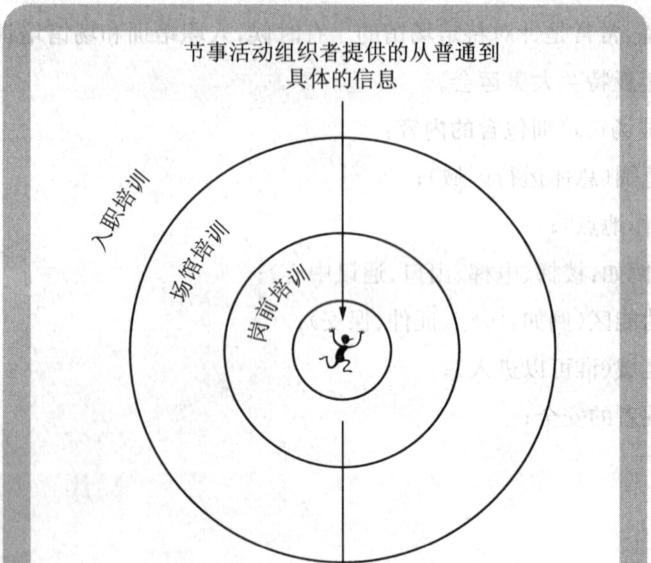

图 9.1　对岗位培训顺序的不同偏好

但从受训者的角度来看，正好相反。受训者最先想知道的是他们将在哪里工作，做什么，穿什么，吃什么，什么时候开始，什么时候结束，饭菜是冷的还是热的，是否特殊饮食要求能被满足等等。但考勤、餐券系统和更衣室在培训开始时几乎不可能完成，因此如图9.1所示，整个节事期间，培训组织者需要时刻记住工作人员最想知道的是和个人相关的信息。

对于小型节事，培训也许只要带工作人员现场转一圈，边走边介绍。工作列表加上仔细的监控就可以确保平安无事。

在线培训

如果培训采用在线培训的形式，上述许多问题都可以被避免。不需要提供饮料点心，不需要考虑交通和停车问题，不需要发送培训通知、培训书籍和录像带。Brandon Hall(1997)写了一本关于在线培训的书值得所有计划开展在线培训的人一读。这本书为设计和开发在线培训提供了极佳的建议，但建议由专业人士来帮助完成一些细节问题。他建议在开发前先问以下这几个问题：

1. 这是最好的培训方式吗？

虽然在线培训具有很高的效率，但最重要的问题是，在线培训是否能起到激励员工的作用。培训的信息内容绝对可以用在线方式提供，设计良好的在线培训可以提供良好的人机交互。通过跟踪网络的使用，分析受训者浏览的顺序，组委会可以精确地知道受训者的兴趣所在。同时，网站可以被用来实施某些重要培训内容的评估，比如职业健康和安全，从而知晓学习水准。

2. 我们应该自己做还是外包？

一个提供在线票务服务的节事可以扩展到向工作人员提供培训信息。工作人员使用用户名和密码登录，接收培训。许多人力资源管理亦可以通过网站进行，比如当班计划。但是在这么做之前你必须考虑需要投入的精力和日后的维护。

3. 实施网络培训可能遇到的问题(例如一些个人没有网络接入或带宽不够)？

虽然现在大部分人能接入网络，但少数人是通过公共图书馆和网吧上网的，因此带宽会是一个主要问题。如果培训内容包括复杂的需要占用大量内存的视频材料时，带宽会成为大部分人的一个难题。虽然可以刻录光盘，不过这样做的话就没法及时更新培训内容了。最后，在准备培训材料时还要考虑具有残疾的工作人员，比如，考虑培训材料是否要包括音频、大字印刷和盲文资料等。

4. 投入的成本是否值得?

一个设计精美,拥有声音、动画和精美图片,能够吸引电脑游戏一代的网站造价不菲,因此你得考虑是否值得投入这些费用。

5. 开发团队构成。

一个优秀的在线培训开发团队需要项目经理、编写脚本和故事的编剧、能使用课件工具的程序员、美工、写手或某个专题的专家,最后当然还需要一名网站管理员。

6. 满意的网站信息和图片设计需要考虑哪些因素?

一个大型节事往往有一个整体形象设计,所有对外材料都要遵守,包括网站、入场券和标识牌等。形象设计涵盖字体种类和尺寸、字体颜色、背景色、图案等。此外,所有的内容和标志还需要得到赞助商和利益相关者的同意。获得同意的过程是很复杂的,关于安全问题的内容需要相关职能部门的同意,关于餐饮的内容需要餐饮部同意等等。但这并不仅限于网络,这也是印刷资料的一个大任务。

7. 何种层次的人机交互最合适?

网站可以是静态的,存储有大量的信息,需要浏览者通过链接找到他们需要的信息;但也可以是动态的,通过复杂的设计引导学习者通过互动过程完成学习。这里有个相关联的问题,即需要多少媒体素材才能做到。这个问题关系到设计、结果和预算。

8. 培训评估如何实现?

对于任何种类的培训,不论是在线的还是不在线的,培训效果评估都是十分重要的环节。会有评估来检查学习效果吗?在职业健康和安全培训中这样的评估越来越多。目前,即便是小型节事也会进行一个多项选择题的测试,并要求所有人的得分必须超过80分。这样的一个测试的难易程度要刚好让大部分人通过,但淘汰那些不好好听讲或太笨的人。

9. 谁可以查看培训材料?

这是一个很有趣的问题。对于许多大型节事或节庆活动,有很多人都想获取培训资料,包括赞助商、学校和场外组织。他们为活动提供服务,希望能培训他们的员工。2008年北京奥运会组委会在2005年抢先开始通过其网站发布其会前培训指南(见图9.2)。这使得所有相关组织能够在很早就开始岗位培训。

内容			
北京奥组委主席刘淇致词			
中国奥委会主席袁伟民致词			↓
序言			
A. 介绍			↓
中国地图:行政区域		中国地图：主要风景区	
北京地图		中国简介	
中国奥委会简介		北京奥运会概览	
注意			
B. 按项目分的训练场地和体育设施		↓ 1st	↓ 2nd
1. 田径		2. 赛艇	
3. 羽毛球		4. 棒球	
5. 篮球		6. 拳击等(28 个运动项目)	
C. 按地区分的训练场地和设施			
北京市	↓	天津市	↓
河北省	↓	山西省	↓
辽宁省	↓	黑龙江省	↓
青海省	↓	其他(25 个地区)	
D. 其他			↓
申请表		主要联系人	
致谢			

更多信息请访问 http://en.beijing-2008/71/76/column211637671.shtml。

图 9.2 开幕前三年发布的北京奥运会网上培训指南

如果节事是一次性的，那么是否采用在线培训将是一个困难的决定。如果节事每年举办，那么今年的投资在下一年还可以继续使用(图 9.3)。前文提到的 Cleanevent 公司就很适合开发一套基于网络的人力资源管理系统用于员工培训和安排班次，因为它每年都会参与多个节事。对于一个节事餐饮服务商也同样如此。

下一章将讨论技术在节事中扮演的角色，工作人员可以通过系统获得信息，然后把获得的信息提供给观众，这里一个新的问题被提出来：是否可以通过下一代的移动手机或 PDA 来向工作人员传递信息，让其作为网络培训的延伸呢？

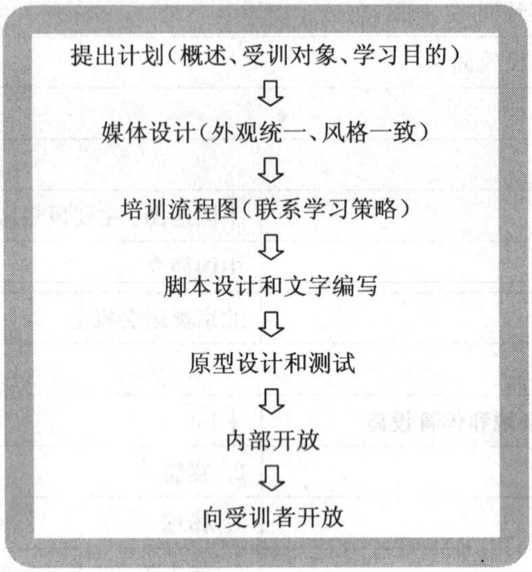

图 9.3 在线培训的开发阶段示意图

领导力培训

领导力培训已经成为节事主管和团队经理培训的一个主要内容。培训的目的是激励员工和保留员工。2000 年悉尼奥运会根据 1996 年亚特兰大奥运会遇到的员工被挖走、劳资纠纷和志愿者摩擦等问题首次设计了这项培训（Webb，2001）。虽然良好的劳资关系被认为是项目成功的关键，但招聘、甄选员工和培训计划同样重要，因为这关系到能否组建一支训练精良的高效工作团队，正如 Juan Antonio Samaranch 所说的，“有史以来最好的志愿者”。

2000 年悉尼奥运会节事领导力培训项目的需求分析工作包括查阅大量文献，研究以往大型节事的培训材料，与相关人士访谈和专家小组研讨。最后一项工作最为有效，世界各地大批经验丰富的节事专业人士被邀请会聚一堂讨论培训方案。表 9.1 的培训要素模型直接来自这些经验丰富的各领域领导的建议和意见。通过这个模型还开发出相关的视频和游戏。虽然后来又开发了后续模型（Van de Wagen，2004），我们这里讨论和展示的模型是 2000 年悉尼奥运会的培训需求分析的直接结果。

作为研究结果的这个模型，我们称之为“特殊节事领导力模型”。该模型的一个特征是领导力角色的对比性质。在某些时候,一个领导需要专制,需要发号施令,比如处理一场灾难。而在另一些时候,一个领导需要合作和欣赏。这一矛盾和灵活的领导力素质看上去正好适合节事这样一个变化无常的环境。

这个模型的另一个特点是,整个过程是一个循环而不是一个序列。在传统的企业中,业务在很长一段时期内开展,领导过程大多是有序的,从计划到组织实施最后是控制。而在节事环境中,领导需要更高层次的灵活性。有三个素质最为重要,分别是赏识下属、时间和压力管理和激励部下。这几个素质通常不是传统的领导力教材中特别强调的。

下面的一段引用是对激励的解释和激励在维持快乐工作气氛的作用,这种气氛是志愿者所期望的(见图 9.4)。志愿者愿意努力工作,但他们同时希望获得快乐。

员工激励

大多数节事遇到的最大挑战之一是营造一种节庆的氛围。要让员工有这样的感觉:你是晚会的主人,你感到非常快乐,你努力工作让每个人都感到快乐。客人和团队成员都希望你去努力营造和维持气氛,创造一个舒适的环境。许多工作人员说他们参加节事的一个动机是能够参与和享受活动的氛围。然而这种动机所带来的员工激励可以轻易地被拙劣的领导力破坏。员工激励是最无形的领导作用,但无可争议的是最重要的。一个合适的手势、说话的语调语气、快乐元素的营造,都是满足员工期望所必需的。在所有的激励要素中,"快乐"是最重要的,其他要素还包括自然、幽默和精力充沛等。节事环境下的员工激励与普通商业环境下的员工激励有很大差异。许多激励战略,比如赏识战略,可以事先计划。一个善于调节气氛者的介入,一个游戏,几个玩笑,都可以起到意想不到的激励作用。

表 9.1 节事领导力要素模型

领导的作用	节事管理领导能力
计划	● 远景、计划和设定目标 ● 设计和组织工作 ● 员工紧急情况计划
协调和控制	● 培训 ● 分配任务 ● 监控和跟踪工作进度

（续表）

领导的作用	节事管理领导能力
指挥	• 维持优先和关键事务 • 有效沟通 • 有效发挥领导作用
决策	• 理解政策和程序 • 决策和执行决策，逐步提高 • 通过谈判达成协议和获得承诺
提供信息	• 提供及时的最新的信息 • 倾听反馈，利用反馈 • 传递和增强消息
评估	• 给予奖励和确认员工需求 • 认可和表扬员工绩效 • 认可和表扬团队绩效
时间和压力管理	• 时间管理 • 压力管理和自我管理 • 冲突管理
激励	• 激励团队 • 榜样作用 • 创造“快乐工作”氛围

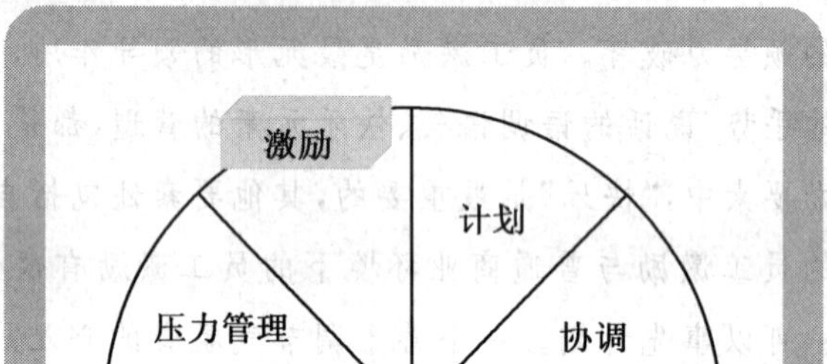

图 9.4 激励——节事管理领导力重要一环

管理和协调培训项目

一些节事有专门的培训部门，而在大多数情况下，培训由主管人员负责。比如一项马拉松比赛，基本不可能有超过一个人来负责培训的。又如一个社区的儿童活动，可能没有专职的培训人员，而是希望培训随着需要的出现而逐渐形成。学习基本上是许多计划会议的结果，而培训往往就是开幕前的简单介绍。

如果节事是多场馆的多阶段的，就必须对培训多加注意了。一般来说，人力资源部或培训和开发部(如果有这样的职能部门的话)将承担前面提过的三类工作人员培训的全部计划协调职责，但仅负责准备和演示培训的核心内容，包括入职培训。各部门经理们将具体负责场馆培训，主管们负责岗位培训。有时候，培训会采取外包的形式，比如案例分析9.2中的志愿者培训。

案例分析 9.2

感谢2006年墨尔本英联邦运动会志愿者作出的努力

整个墨尔本都感受到志愿者的热情。他们的激情和友好具有感染力，使整个城市产生共鸣，充满活力。他们的投入振奋人心。

他们是135 000名无偿服务的2006年墨尔本英联邦运动会志愿者。他们中的许多来自外地甚至专门从国外赶回来，他们帮助本届运动会取得圆满成功。他们共承担了600余项不同的工作，包括特定比赛项目和其他所有领域的工作。对于每一项志愿者承担的工作，TAFE的Holmesglen协会都负责提供培训，培训内容涵盖岗位特殊技能培训、领导力培训、医疗急救等许多内容。

作为一个团队，对顺利举办如此规模的国际赛事，志愿者的服务至关重要。他们出色的工作随处可见。高级官员、国际来宾和公众都对本届运动会的优质服务赞许有加。

现在该是我们向志愿者的辛勤劳动致谢的时候了。

志愿者对运动会的付出远超过在11天赛事期内的辛勤工作，每个志愿者在开幕前花费了大量的时间接受培训以期他们将承担的工作完美无缺。组委会和Holmesglen认为所有的志愿者都必须具有10个基本特质：热情、坚毅、团结、自信、灵活、尊重、友好、快乐、自豪和专业。

培训计划最终将这10个特质结合在一起融入对志愿者的培训，这保证了我们在11天的赛事期间所体验到的优质服务。

志愿工作辛苦劳累，但是志愿者始终保持着高涨的热情，积极主动帮助所有观众和来宾解决问题，他们说经历本身就是他们最大的收获。墨尔本是个含蓄的城市，但很荣幸将在5月27日(周一)举行一次盛大的市民游行向志愿者表示感谢，邀请所有的市民参加向志愿者致敬。

不管你能否参加游行，如果你遇到一个志愿者，请向他/她表达谢意，来自全世界几百万人的谢意，因为他们的努力使人们享受到欢乐，他们对本届运动会的成功居功至伟。

谢谢你，志愿者，你们让我们感到骄傲！

(上述内容得到 Holmesglen TAFE 的许可，更多内容请访问 www. holmesglen. vic. edu. au)

思考练习 9.2

1. 2006英联邦运动会志愿者培训的10个特质是什么？

2. 为什么一项节事会外包培训，比如在本案例中，将培训外包给 Holmesglen？

3. 英联邦运动会的培训基本上都是面对面进行，请为下一届英联邦运动会设计在线培训计划。

本章小结

本章全面介绍了工作人员培训，包括对节事计划团队开展的管理培训等。培训可以采用多种形式，既有正式培训，也有小型节事中常采用的非正式培训。毫无疑问，以往的经验教训在节事的计划中发挥了重要作用。而培训、言传身教和在尝试及错误中的学习也提供了帮助。

为了让员工做好运行阶段的准备，员工培训按阶段可以分为三类，分别是入职培训、场馆培训和岗位培训。节事规模越大，第一次培训距离活动开幕日的时间就越长。对于超大型活动，绝大多数培训在开幕日前三个月开始。而对于一个小型的音乐节，培训一般在开幕前一周内一次完成，而一些特殊的培训则在开幕后第一天实施。

领导力培训是主管人员培训的重要内容，特别是需要负责志愿者的主管。团队领导表现出来的精力和投入将转化成团队出色的客户服务。

复习问题

1. 列举和扩展针对计划阶段中参与节事组织的经理们的四个培训主题。并说明对一个特定的节事，哪个主题最重要。

2. 解释培训的三个阶段：入职培训、场馆培训和岗位培训。

3. 在考虑节事组织的整体培训计划时要考虑哪三个后勤保障问题？

4. 讨论为什么决定采用在线培训是件困难的事情？

5. 领导力培训的目的是什么？举一个节事的例子，说明在这个例子中为什么领导力培训是必须的。

参考文献

Beijing Organising Committee for the Olympic Games (2005). The pre-Games training guide: the 29th Olympic Games China 2004–2008. Viewed 12 July 2005, http://en.beijing-2008.org/71/76/column211637671.shtml.

Hall, B. (1997). *Web-based Training Cookbook*. John Wiley.

Manchester City Council (2003). Manchester Commonwealth Games Post Games Report.

Sydney Paralympic Organising Committee (2001). Sydney 2000 Paralympic Games Post Games Report 2001. Olympic Co-ordination Authority. Viewed 20 December 2005, www.gamesinfo.com.au/postgames/pa/pg001301.htm.

Tourism Training Victoria (2002). Strategic training issues for the 2006 Commonwealth Games, Melbourne.

Van der Wagen, L. (2004). *Event Management*, 2nd edn. Pearson Education.

Webb, T. (2001). *The Collaborative Games: The Story behind the Spectacle*. Pluto Press.

第 10 章

岗位培训

学习目标

读完本章以后你能：

- 为岗位培训做计划
- 结合职位需求设计培训
- 实施小群体培训
- 描述培训方法
- 培训效果评估

介　　绍

不论类型和规模，岗位培训是每一个节事必须的。每个工作人员必须知道他要做什么。岗位培训分计划、实施、培训成绩评估、培训过程评估四个步骤（见图 10.1）。这四个步骤是小组及个人培训具体技能和知识的基本元素。

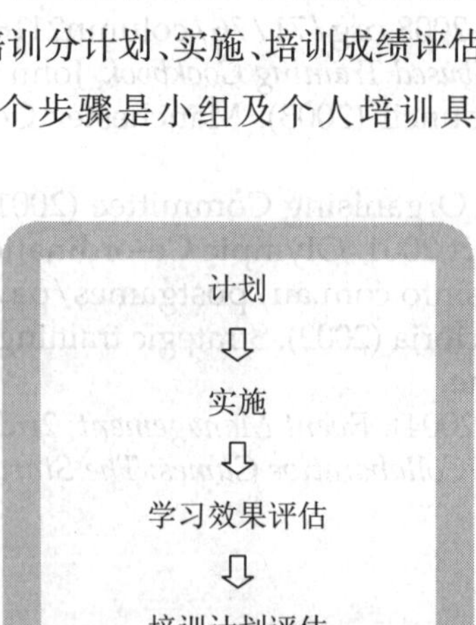

图 10.1　培训流程

本章将用食品安全培训为例来介绍岗位培训过程，因为没有一个活动会不提供食物，无论是由组委会还是承包商供应。在任何案例中，食物安全规划及培训都是必须的。岗位培训计划的起点是职位描述，并可能是项目计划中重要的一部分。要求培训者采取的第一步就是一对一，或者是分组的指导。

培训计划

计划是培训中最重要的部分之一，包括将培训目标分解成各个元素，决定如何解释和演示这些元素，以及从受训者那里收集学习反馈。这听上去简单，但是Burn指出："培训并不基于某种技术、公式、教条和逻辑程序，它是一个动态的交互过程，依靠各种复杂技巧的综合有效运用。"(Burns，2000，p. 31)这似乎与本章开始时说的内容不相符。即使一个再灵活的培训师也认为，满足受训者需求的最好办法是一个周密的培训计划。有了这么一个计划，万一培训偏离了轨道，培训师可以被很容易地拉回正轨，从而确保培训结果。

假设你是一个餐饮协调员，你会觉得对手下工作人员进行食物安全培训十分必要(State Government of Victoria，Australia，Department of Human Services，2006)。有许多针对食物安全的法规，所以这个培训是很重要的。下面是一段食物安全培训的节选。

如果在你所在组织举办的一个节事中需出售食物，比如在一个小宴会中，需要烤香肠或者做蛋糕的摊位，你需要设立一个食物协调员。他负责让所有接触食物的工作人员、志愿者或付费员工了解相关的食物安全和食物处理规定。为了达到这个目的，需要在节事开始前对相关人员进行食物安全培训。食物协调员必须了解如下内容：

- 节事的食品安全计划；
- 食品处理规定；
- 个人卫生——例如洗手和烘干；
- 有效的清洁程序；
- 安全食品准备；
- 食品的正确储藏和运输方法；
- 食物温度控制；
- 安全食物陈列。

卖冰淇淋的小贩在雨中兜售

看了关于培训需求这么具体的例子后，让我们再回到食物安全培训案例前，再分析下在培训中其他的角色和任务。

岗位培训需要分析通常由节事协调员通过与相关职能部门主管或场馆经理讨论获得。以下问题可以帮助你进行岗位需求分析：

1. 职位名称是什么？
2. 谁负责实施培训？
3. 培训由多少人实施（个人还是一个团队）？
4. 需要什么技能？
5. 需要哪些知识？
6. 培训目的和学习结果是什么？
7. 受训者已经掌握了多少技能和知识？
8. 是否有特殊培训项目？
9. 在常规培训外（例如：入职培训、客户服务、OHS 规定），这个特殊岗位的培训目的是什么？
10. 将使用什么培训方式（小团队培训、一对一培训，还是自我指导培训）？
11. 何时何地进行培训？
12. 培训期限？

13. 有什么必需的培训设备?

14. 需要什么培训材料(包括打印材料)?

15. 评估形式有哪些?

16. 培训对受训者来说难度有多大?

17. 这个培训对节事成功的重要程度如何?

这些问题中最重要的是第6点——培训目的和学习结果。培训目的和学习结果表示在培训结束后,受训者能做什么或在培训结束后了解什么。比如,接受食物安全培训后,工作人员知道如何保持良好的个人卫生来避免食物被污染;接受客户服务培训后,工作人员能向观众解释场馆布局和在哪里可以获得服务和设施。

一旦整体培训计划确定后,就要细化培训说明,让培训师知道并遵循培训步骤。比如对于个人卫生培训,澳大利亚维多利亚州政府的公共事业部推荐向受训者提供如下技能和知识培训:

目标:通过保持良好的个人卫生防止食物中毒

技能(可通过演示和练习获得):

- 穿清洁防护服,比如围裙;
- 处理食物前要彻底地清洗和烘干你的手;
- 用清洁的毛巾、一次性纸巾或烘干机擦/烘干手;
- 使用一次性手套。

知识(通过解释、举例和问答获得):

- 不在食物贮藏和处理区域吸烟、嚼口香糖、吐口水、换尿布;
- 不在食物贮藏、制作区域以及面对食物时咳嗽或打喷嚏;
- 个人物品和替换衣服远离食品储藏或制作区域;
- 如果你留长头发,把头发梳在脑后或用帽子/布包裹住;
- 不留长指甲,不用指甲油,因为指甲油脱落的碎屑可能会掉入食物;
- 少戴珠宝首饰,只能戴普通的指环和没有吊饰的耳环;
- 如果手上有伤口,确保用防水绷带或创可贴完整包扎;使用颜色鲜艳的绷带和创可贴,一旦掉落可以马上发现;
- 如果手上有伤口,请戴一次性手套;
- 经常更换一次性手套;
- 如果感到不舒服,不要继续处理食物,并马上告诉你的主管;
- 遵守活动的食物安全规则;

- 执行食物安全主管的建议；
- 接受食品安全培训。

如图 10.2 所示，一旦培训目标或学习结果确定了，培训计划就可以开始。在制定培训计划时，要了解受训者目前的知识技能水平，避免重复培训。另外，某些工作表现，比如处理食物时不戴手套，主要是因为偷懒和管理不力，与知识技能无关，这不是需要培训的内容。

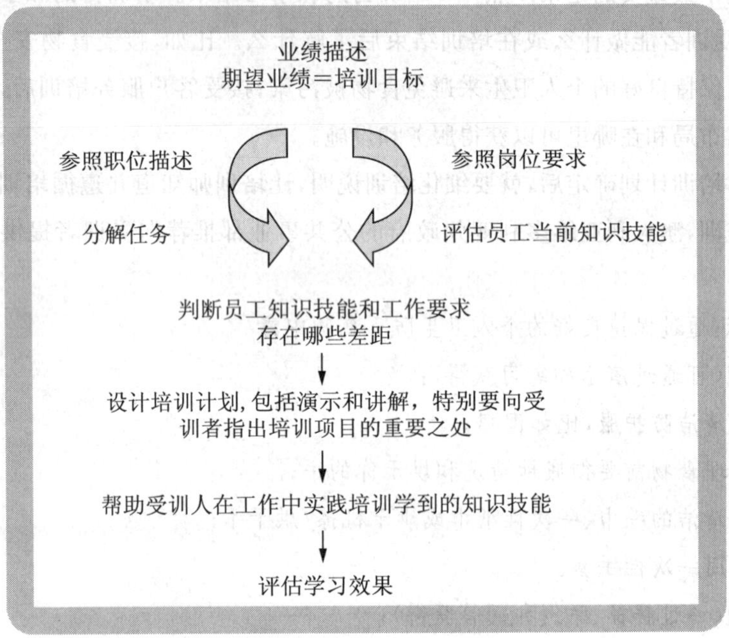

图 10.2　培训计划和实施

培训实施

食品安全培训最有效的方法是演示、练习、解释、提问和解答。下面以正确洗手为例：虽然任何人都知道洗手，但是如何正确高效地洗手并不是人人都知道。在学员手上抹上含锌的奶油（就是那种板球运动员涂在鼻子上的油膏），学员会吃惊地发现，花了很长时间，但手还没有完全洗干净。这样的培训课是要让学员留下永不磨灭的印象，而不是希望奶油会永不磨灭地留在他们的手上。在培训中使用一些想象力丰富的例子，比如上述的含锌奶油，会增强培训效果。又比如，培训师可以用锌（锌能显示出各种鲜亮的颜色）来向学员演示细菌是如何传递到器具、碗碟和锅柄上去的。

角色练习是另一个常用的有效方法。比如在一次场馆培训中，场馆经理和助手分别扮演志愿者和来宾，向学员表演了好和差两类志愿者的具体表现，获得学员的一致好评。比如，表现差的志愿者下班后穿着制服去喝酒，喝醉了耍酒疯，第二天上班时不但迟到而且忘带工作证。而表现好的志愿者下班后脱下制服折叠整齐，随身携带工作证，对人礼貌友好，第二天准时上班，穿戴整齐，精力充沛。

下面的培训方法是有经验的培训师采用的众多方法中的一小部分(Jarvis, 2005)。

示范

"演示和解释"是有效的示范培训方式。但是，任何一个具有老年人计算机培训经验的人都知道，让一个年纪大的学员观看一个毛头小伙子在那里快速击打键盘，屏幕快速切换，不会有很好的效果。因此，需要将培训内容按合理的逻辑顺序分解，以便学员理解和吸收；同时，每讲完一段，要及时给学员充足的练习时间。否则，学员只能是被塞了一脑子东西，但什么也没学会。通过模块的示范、实践和修改来塑造行为，使受训者信心渐增。因此，示范学习的顺序应为讲课、演示、联系和回顾。图 10.3 展示了将整个培训分解成几个小块，每个小块通过"讲课、演示、练习和回顾"的培训过程。

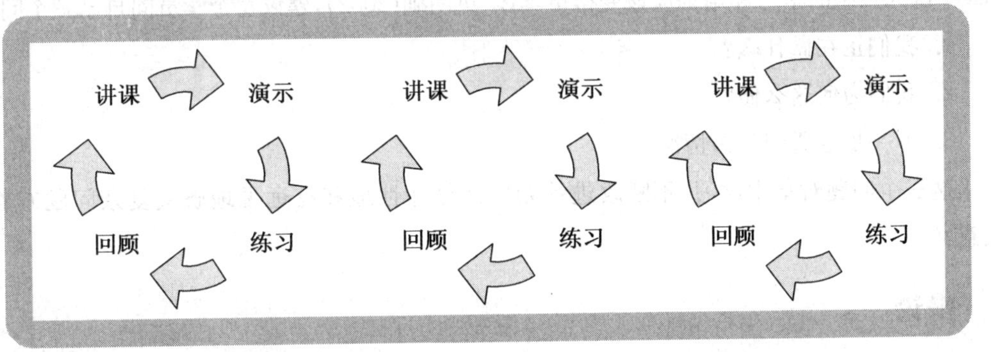

图 10.3 讲课、练习、强化练习

此外，在演示和练习之外，还必须把问题解释清楚。比如上述的正确洗手培训中，培训师要向学员解释各种食物中毒的症状和原因，以及一旦节事期间发生大规模食物中毒时该如何应对。食物中毒是个非常严重的问题，比如在参加了一次庆祝活动后，200 个俄罗斯来宾食物中毒入院治疗，450 名接受门诊治疗。

演讲

演讲适合于受训人员数量大的时候。一般紧急事件处理和疏散程序的培训考虑采用这种方式，如火灾警报、预警"请在消防督导员指导下疏散"等指导性疏散。一般邀请相关部门的专家担任培训师，比如消防队。

师傅带徒弟方式

一般用于管理人员的培训。管理人员被指定一名导师，由导师提供建议、指导和知识技能培训。在低层次技能培训中，这种师徒合作方式是技能培训的良好方式，能使受训者了解如何正确操作及其重点所在。在高度紧张的环境中，这种一对一的方式会使得指导和监督的作用降低。采用这种方式，要注意避免在徒弟变师傅的传递过程中培训质量的下降。可以采用一些工作列表、任务清单和图表来保证培训内容不丢失不偏离。

头脑风暴

节事本身具有的创造性和想象力使得头脑风暴这种培训形式特别适合节事培训。这种培训方式可以解放人的思想，使人摆脱思维定势，获得新思路和更好的问题解决办法。Beckett 和 Hager 认为系统的学习和培训应该变得更具体、更明确(2002)，建议每个学员问自己三个问题：

1. 我们正在做什么？
2. 我们为何这么做？
3. 下一步会遇到什么情况？

这三个问题对集中学习、不断改进计划以及创造性地和有远见地解决复杂问题有着重大意义。

辩论

辩论是一种比较正式的培训方式，但是可以通过恰当的议题和组织形式使辩论变得轻松、幽默、富有启发。比如垃圾处理是每个节事必然要讨论的议题。这个话题一般比较枯燥，但是通过讨论"维持废水流的优点和费用以及不这么做后果会怎样"，辩论会变得比较轻松，信息能有效传递，达到同样的效果。

演示

邀请外部专家比如警察和急救监督者，来进行演示是一个有效的培训方式。类似的，邀请一个经验丰富的志愿者来给大家讲述一些有趣的故事和经验教训会极大提高志愿者的热情。在最后留时间给现场提问和回答,这样可以加深学员的印象,同时评估培训效果。

角色扮演

角色扮演十分适合客户关系维护、残障人士管理和文化背景培训,例如信息咨询中心工作人员的培训。

小组讨论

小组讨论这种形式能提高参与度,体现民主,给每人一个发表意见的机会,但事先需明确一个主题和目标。职业健康和安全委员可以采用这种培训方式,但需注意有效讨论的原则、时间控制和对新兴想法的考虑。

指南讨论——通过对话进行学习

对话学习的重点是为对话创造空间,听取不同的意见,为复杂和困难的问题的讨论营造一个安全氛围(Baker et al., 2002, p. 204)。对话可以通过面对面的互动或电视电话会议等形式进行。风险管理计划、紧急事件处理或节事运营等存在不确定的比较模糊的问题,比较适合对话形式。

案例分析

基于实际问题的案例分析被广泛地运用在医药学(Fish and Coles, 1998)和护理学领域(Tomey, 2003)。案例分析是一种有效的培训方式,参与者既能如临现实的问题情境之中,又远离实际情况的压力。这种经验性学习将促进高层次的学习如批判性思维的进步。在节事培训中,案例分析对客户服务培训特别有效。

情景模拟——经验学习

大型节事一般需要进行试运行,模拟节事正式举行的场景甚至举办一个类似的小型节事,这对工作人员,特别是管理人员特别有用。例如,2005年1月的北欧滑雪赛就是2006年多伦多冬奥会的一次试运行。

各种培训方式的组合运用效果最佳。比如试运行后可以组织一次头脑风暴,来研究发现的问题和最终为相关职位确定职位描述。比如一次特殊事件发生后,可以组织一次小组讨论。一位来访的演讲者(如比赛管理者)可以作一次介绍或志愿者可以谈谈自己的经历。

培训者应时刻关注公众的需求，并及时对他们的反馈作出回应。回应时应保持热情状态，而不能心不在焉地乱画乱写。

在培训过程中，如何与学员有效互动、获得反馈是确保达到培训效果和满足学员需求的重要保障。下面是一些有益的建议：

- 问学员有多少人希望对所讲述内容进行回顾。
- 提供一个自我检查的小测验和查看学员的得分(1—5，6—10，11—15 等)。
- 在演讲过程中提供一个学习框架(例如一个流程图)来加强学员的印象和理解。
- 让学员先根据任务清单进行操作，然后在不看清单的情况下再次操作，以此来自我检测掌握情况。
- 故意删除一个关键步骤，看学员是否能回忆起来。
- 让学员作学习效果的自我评估。
- 找出学员不太清楚的部分。
- 找出学员认为最重要的培训内容。
- 提一些具体问题。
- 结合使用开放式和封闭式问题。
- 询问学员还有什么问题不清楚或想了解。
- 用一个匹配练习来检查学员是否真正理解。
- 当他人在尝试技能时，要求学员相互检测。
- 提供学员自我检测的方法、图表以及知识点，让学员回去后自我检测。
- 培训前和培训后进行自信度检测，查看培训对学员的影响。

学员学习效果评估

同样是评估的意思，“assessment”通常用于评估学习者，而“evaluation”往往多用于评估培训过程，后者将在下一部分进行详述。在前文所列举的关于获得反馈的建议也是评估方式之一，能检测受训者是否理解并掌握技能。观察和问询是评估学习者的最主要的两种方式。

很少节事能提供学员在实际环境中练习和测试学到的知识技能的机会，一般只能通过观察和现场实践随时纠正错误。尽管如此，培训评估是必须的，特别是对风险管理和节事保险非常重要。培训评估可以证明现场的工作人员(包括承包商员工)都接受过职业健康和安全的培训，并且熟悉疏散计划。

案例分析10.1展示了志愿者培训的重要性。

案例分析10.1

加州传统音乐节(CTM)

志愿者能做什么?

我们需要志愿者在音乐节上承担从停车管理到乐器管理的各种各样的工作(点击此处查看职位列表和职位描述)。志愿者可以选择不同的工作时间(点击查看工作时间安排)。

技能和培训

所有的志愿者将接受入职培训,少数岗位的志愿者将接受特殊技能培训。现场协调主管将负责志愿者的培训以保证运行顺利。培训时间将在6月分两批进行,都安排在周日,分别是6月5日和6月18日。

志愿者的职责

志愿者是历届音乐节的基石,没有他们的努力和出色工作,我们不可能获得成功。每一个志愿者都是音乐节的一个窗口和组织的一位大使。我们期望志愿者充满激情、热情友好、乐于助人和具有专业精神。作为志愿者,必须及时向主管汇报工作情况,按时上班,此外,还需要做到以下几点:

- 在收到志愿者协议后签名,并及时把一份副本寄回给我们。
- 至少参加一次入职培训(地点:Soka大学),请自带午餐,培训时间大约三小时。如果错过培训,并且没有通知主管,我们有权解除协议。

思考练习10.1

为音乐节设计一个三小时的志愿者培训。

培训效果评估

在制定完培训计划和培训内容后,开展一次试运行是个好主意。通常可以邀请相关的专家参加来评估培训的组织和方式、培训的有效性，并提出改进建议。然而，在诸如奥运会这样的大型节事中，可能会因利益相关者多次的改变和审查而导致最后方案的失败。

图 10.4 是一个培训效果评估表的示例。

请用 1—5 分为下列项目打分（其中 1 分表示“最不成功”，5 分表示“最成功”）	
授课效果	学习过程
培训计划——房间安排，材料准备 [ ]　[ ]　[ ]　[ ]　[ ]	是否通过提问和其他方式来检查学习效果 [ ]　[ ]　[ ]　[ ]　[ ]
培训目标——是否清楚，易于理解和接受 [ ]　[ ]　[ ]　[ ]　[ ]	是否按照培训大纲授课 [ ]　[ ]　[ ]　[ ]　[ ]
授课过程——是否清晰有条理 [ ]　[ ]　[ ]　[ ]　[ ]	是否有针对性 [ ]　[ ]　[ ]　[ ]　[ ]
演示——是否有逻辑，内容是否丰富 [ ]　[ ]　[ ]　[ ]　[ ]	是否提供图、表格和清单等帮助学员学习 [ ]　[ ]　[ ]　[ ]　[ ]
演示——内容是否有趣，声音是否清晰，音量是否足够，位置是否合理 [ ]　[ ]　[ ]　[ ]　[ ]	是否解决学员遇到的问题 [ ]　[ ]　[ ]　[ ]　[ ]
演示——是否有视频，效果如何 [ ]　[ ]　[ ]　[ ]　[ ]	结束前是否有回顾，学完后学员自信是否得到了提升 [ ]　[ ]　[ ]　[ ]　[ ]

图 10.4　培训效果评估表

培训可以通过多种方式进行评估，评估报告应该包含在节事报告中。有很多可变因素会影响培训的实施和最终结果，培训经理和部门经理的努力当然对成功作出很大的贡献，但其他因素也不可忽视（Van der Wagen，2005）。在节事结束后，对所发生的事情做一个详细的总结报告，收集当事人的评语和相关案例，将对今后的活动提供有益的参考和学习。

学员反馈表

培训结束后让学员填写反馈表，形式和图 10.4 类似。人力资源经理常把反馈表叫作“快乐表”，因为它反映了学员对培训是否满意。需要注意的是，反馈表并不反映学员的学习效果。

事前事后面谈

在事前和事后分别挑选一些工作人员进行面谈。面谈可以是概念化的，也可以是量化的。为保证研究成果有效并且可靠，应事先认真规划，包括挑选合适的工作人员进行面谈。

神秘顾客分析

有效评估培训还可使用带有观察目的和问题的神秘顾客、工作人员和志愿者。这些神秘顾客知道要观察什么，比如提一些特定的问题以考量学员的反应；还可以模拟中暑，以观察工作人员或志愿者的反应和即时行为。神秘的志愿者同样可以根据情境要素来考察他的志愿者同仁们的需求、期望和经历，包括对培训所提供资料是否满意、所需技能是否满意以及未来可能产生哪些问题。

在职调查和观察

调查者携带问卷访问工作人员，观察他们的工作表现，与他们面谈，以评估他们在客户服务、人群管理和信息提供方面的技能。

关键事件分析

关键事件法应用广泛。通过一个关键事件来找出计划和实施过程的缺点及成功因素。通过对关键事件的分析，提出什么有效、什么无效的问题，并举出案例和进行解释。

案例10.2是关键事件分析法的一个运用案例。

案例分析10.2

什么有效，什么无效？

找出项目成功和失败的两个例子，进行分析，为下届节事和其他类似节事提供参考。

请注意，本次调查的对象是培训，即通过有效培训来提高员工业绩。因此诸如因个人性格而导致的团队成员冲突不在本次调查范围之内，而诸如因培训不足造成事故则是本次调查的重点。此外，一名志愿者从120公里外赶到培训现场，认为培训提升了他/她的信心、热情和责任感的反馈也是很好的案例，可以为下次培训计划提供有益的参考。

请回答下列问题：

1. 请举一个不好的例子(源于培训不力)。
2. 为什么你认为上述案例是因为培训不力造成的?
3. 我们可以从中吸取什么教训(为提高培训的效果)?
4. 请举一个好的例子(源于有效的培训)。
5. 为什么你认为上述案例是因为有效的培训?
6. 我们可以从中学到什么(为进一步提高培训效果)?
7. 你对今后的培训有什么建议?
8. 对于今后相关项目你有什么建议?

思考练习 10.2

1. 什么是关键事件分析?
2. 为什么关键事件分析法对培训评估很有用?
3. 描述另一种替代的培训评估办法。

事后管理评估专家小组

这是另一种节事评估的专家小组，这个专家小组对人力资源战略、员工培训计划等内容进行开放式的讨论。专家小组可以由下列人员构成：

- 节事经理/组委会；
- 人力资源管理人员(培训师)；
- 职能部门和场馆经理；
- 监督员代表；
- 付费员工代表；
- 志愿者代表。

对一个小型节事，在上述 6 类人员中各邀请 1 名代表组成专家小组即可。

事后的风险计划和事故报告分析

在节事结束后，必须针对人力资源管理和培训的风险管理计划进行回顾和分析，评估计划的准确性，从中发现风险等级是否正确，是否有未考虑到的风险因素。

事故报告是另外一个需要回顾和分析的内容，因为报告将提供丰富的信息来评估培训的有效性，特别是安全培训和客户服务培训。

培训评估报告

以下是2000年悉尼残奥会培训评估报告包括的主要内容。在本次奥运会上TAFF NSW作为官方合作伙伴提供培训服务。

- 培训合同谈判，培训包括所有工作人员包括付费员工、志愿者和承包商员工，并且此份培训合同适合于悉尼奥运会和残奥会。
- 是否为培训师提供了足够的行政管理支持——上千份文档的格式化和每天100到150个咨询电话，一般理想的比例是为每3个培训师提供1名行政助理。
- 基于培训材料数量而不是工作人员数量的合同谈判。奥运会和残奥会期间工作人员数量经常变化。
- 考虑工作人员中存在残障人士，为其提供声音文件、大号字体资料、盲文等非常规资料。
- 在培训前为节事营造良好的媒体关系，因为正面媒体报道将鼓舞工作人员，尤其是志愿者的士气和工作积极性。
- 确保培训材料的版权属于组委会，而不是培训提供者，因为这将有助于以后的组织者。
- 尽快确认培训需求、培训要求和相关程序，比如运输、安保、广播等，以保持一致性，避免遗漏。
- 在入职培训和现场培训前就做好岗位培训计划，因为大部分工作人员在培训开始前就希望知道他们的具体工作是什么。

Kraiger(2004)提出要对培训评估建立更具策略性的方式，他建议第一步应先建立有影响的理论体系。为此，企业岗位的问题都将和知识与技能相联系。第二，他建议评估的核心应建立在证据之上，以此说明培训的成功。第三，为表明培训的成功，培训的有效性应单独提炼出来，这点难度很大。最后，如本章与前一章所述，必须明确谁应对培训承担责任。如Kraiger等人所指出的那样，培训有效性的研究表明，当组织中的各部门针对明确的培训需求承担各自职责，保证受训者有足够的时间和机会参与培训，以及日后有机会在工作中运用和实践在培训中获得的技能时，培训就能达到最佳效果。

案例分析10.3将测试读者对本章内容的理解程度。

案例分析 10.3

展台搭建计划

1. 展会计划
   1.1 从市场营销计划获取相关需求
   1.2 搭建材料达成一致
2. 安装设备
   2.1 确认搭建材料库存
   2.2 制作设备采购单
   2.3 拟好设备采购清单
   2.4 确定供应商
   2.5 价格和交货条件谈判
   2.6 提交和核准采购请求
   2.7 下订单
   2.8 收货
   2.9 检查货品和入库
3. 搭建展台
   3.1 运送展品
   3.2 拆除材料外包装
   3.3 搭建展台
   3.4 电线安装
   3.5 声音和视频设备安装
   3.6 检查展台
   3.7 摆放宣传手册和宣传画等
4. 拆卸展台
   4.1 拆除声音和视频设备
   4.2 拆电线
   4.3 材料打包

4.4 材料运送

思考练习 10.3

请为第2阶段的安装设备设计培训计划,请考虑包括如下内容:

1. 培训目的
2. 培训方法
3. 所需设备
4. 演示步骤
5. 相关知识(提示:不要忘了职业健康安全)
6. 培训评估(提示:观察要点和如何提问)

本章小结

岗位培训是工作团队建设中重要一环。通过培训,工作人员了解岗位所需的知识技能,比如使用步话机、安装设备、回答问题等。培训人员需要将整个培训分解成具体的任务和基础知识技能。可以采用一系列的培训方法,比如演示、案例学习、头脑风暴等。在培训结束后,必须明确学员已能胜任各自岗位的角色。评估培训项目的成功性有益于后续工作的开展。工作人员的士气与他们对自己知识技能的自信心直接相关,而通过培训可以提高员工的知识技能和自信。

复习问题

1. 小组和个人技能培训的四个步骤是什么?

2. 举两个节事的例子,从中确认三个需要特殊技能培训的地方。

3. 有哪些培训方法?请一一总结。

4. 讨论以下的陈述:“节事结束后,没有必要对培训进行评估,因为节事已经结束了而且以后也不会再举办了。”

参考文献

200 festival visitors hospitalized with food poisoning in Southern Russia (2005). *mosnews.com*, 6 November 2005. Viewed 8 May 2006, http://mosnews.com/news/2005/11/06/passengerspoisoned.shtml.

Baker, A. C., Kolb, D. A. and Jensen, P. J. (2002). *Conversational Learning: An Experiential Approach to Knowledge Creation*. Quorum Books.

Beckett, D. and Hager, P. J. (2002). Life, work and learning: practice in postmodernity. *Routledge International Studies in the Philosophy of Education*, **14**. Routledge.

Burns, S. (2000). *Artistry in Training*. Woodslane Press.

Fish, D. and Coles, C. (1998). *Developing Professional Judgement in Health Care: Learning through the Critical Appreciation of Practice*. Butterworth-Heinemann.

Jarvis, M. (2005). *The Psychology of Effective Learning and Teaching*. Nelson Thornes.

Kraiger, K., McLinden, D. and Casper, W. (2004). Collaborative planning for training impact. *Human Resource Management*, **43(4)**, 337–51.

State Government of Victoria, Australia, Department of Human Services (2006). Food safety. Viewed 8 May 2006, www.health.vic.gov.au/foodsafety/.

Sydney Paralympic Organising Committee (2001). Sydney 2000 Paralympic Games Post Games Report 2001. Viewed 20 December 2005, www.gamesinfo.com.au/postgames/pa/pg001301.htm.

ibid., www.gamesinfo.com.au/postgames/pa/pg001301.htm.

Tomey, A. (2003). Learning with cases. *Journal of Continuing Education in Nursing*, **34(1)**, 34–8.

Van der Wagen, L. (2005). Olympic Games event leadership course design. In: *The Impacts of Events*, University of Technology, Sydney.

第 11 章

劳动力政策及程序

学习目标

读完本章以后你能：

- 列举需要制订政策的人力资源管理的若干领域
- 提供支持这些政策的例子
- 讨论道德的和不道德的人力资源规则
- 描述劳动力计划遇到的后勤保障挑战

介　绍

由于在节事环境下需要在很短的时间完成所有的工作，因此，在正确的时间指派正确的人完成正确的工作极其重要。工作人员和志愿者需要考勤，需要工作服和食物，需要休息的地方。志愿者抱怨最多的是他们的一些基本需求被忽视，比如在检票口工作的志愿者，没有人想到给他们送饮料，想上厕所但没有人替班。

第一项工作是让工作人员上岗和向他们分派任务。接下来要考虑他们的生理和心理需求，比如主管要时不时访问一下在偏僻场地单独工作的员工，询问工作情况和是否遇到什么问题。第三点是要保证员工和志愿者的工作符合要求，这需要及时全面的监督和协调，必要的时候可采取辞退措施。

做好所有这些事，制定相关的政策和程序，你参与管理的任何节事获得成功的几率就将大大提高了。

政策计划

政策是组织期望的行动准则，而程序是具体的达成政策的步骤。比如，有一个政策要求所有的承包商在进场之前必须参加一个安全培训。为了实施这个政策，实施一个程序，要求承包商签到，并且在培训结束后再次签名。再比如办理登记手续、分发小册子或观看三分钟视频演示等都是如此。

英国运动协会(2005)为所有的重大体育活动发布了一个著名的道德指南，其中有几条指引与人力资源管理政策制定相关，列举如下：

数据和个人隐私保护

必须制定个人隐私和数据保护标准，个人数据仅用于特定目的，确保准确和安全。许多网站都对此发布声明。以下摘录于《2006年墨尔本劳动力隐私政策》，看看他们是怎么做的：

个人信息的公开

墨尔本2006年英联邦运动会公司除收集资料外，不会使用或披露关于个人的信息，除非这种使用或披露是顺理成章或已得到允许。请注意，在任何时候，如果墨尔本2006年英联邦运动会公司被依法要求提供有关你或你的组织的信息，它必须全力配合。

个人提供的信息是出于招募的需要。这些信息只对甄选小组的员工以及招聘过程中的任何招聘机构公开。墨尔本2006年英联邦运动会的公司保留一个申请的电子副本以便于将来有用。这个信息将是被保密的。

人权

必须尊重他人的权利。比如，对于名人，行为准则要求志愿者和工作人员不得随意拍照，随意要求签名或其他骚扰行为。工作人员之间的私下谈话(比如说粗话)被偷听，志愿者在来访者面前嘲笑他人，这类行为都会引发纠纷。此外，名人和运动员常成为纪念品搜集者偷窃的对象，如果被偷的物件与比赛或表演有关就会造成严重问题。

公平

要公平对待所有的工作人员。比如考虑轮椅的进出，为听力或视力障碍人员作特殊安排等。

儿童保护

要避免侵犯儿童的行为发生。在一些国家，例如英国和澳大利亚，如果工作中接触儿童，则在员工甄选过程中必须进行筛选。此外，工作人员和志愿者要接受迷路儿童处理程序的培训。总之，要制定儿童保护的相关政策和程序。

毒品和酒精

为安全起见，所有在场工作人员不得在醉酒和吸毒状态下工作。这对一些音乐活动来说还是有些问题，伍德斯托克就是一个很好的例子。

案例分析 11.1

渥太华民族音乐节志愿者道德准则

1. 始终保持良好的举止和文明的语言，反对任何有损于节日形象的行为或话语。
2. 不醉酒，不吸毒，不带录音机摄像机，不带宠物。
3. 如果下班后去酒馆喝酒，请不要穿工作服。
4. 任何涉及政策的和敏感的问题，请提问人等候协调员或节日主管回答。
5. 遇到媒体人员，请其与媒体中心联系。
6. 要尊重其他工作人员。
7. 志愿者要尽力完成自己的职责，没有任何贡献者将被解雇。
8. 不得将工作证和工作服借给他人使用，这些物件是组委会的财产。
9. 主舞台前的空地是购票观众专区，不得随意占用。

思考练习 11.1

1. 制定志愿者道德准则的目的是什么？
2. 请举出一个违反上述道德准则并且可能导致被解雇的行为。

如何对待公众

必须让工作人员明白他们不是节事的发言人，但同时在对待公众的时候他们仍然要积极主动。许多节事组织者花大力气确保他们的工作人员在发生事故时不随意承担责任，这应该交给组委会来处理。

申诉程序

应制定申诉政策和相关程序，并向所有工作人员公示。这部分内容将在本章末详细阐述。

性骚扰和平等就业机会

绝不容忍性骚扰行为，任何事故必须上报。必须制定相关政策和程序，确定性骚扰的定义，表明组织不容忍这种行为，规定管理人员阻止和预防相关行为的责任，以及相关处理程序。

职业健康和安全

每个人应该知道他们负有报告任何危害健康和安全危险的责任。他们应该向组织报告他人的冒险及危险行为。

不得利用职权谋私利

工作人员不得利用自己的职权谋取私利，包括收受礼物和将设备用于私人用途。

商业机密

工作人员必须保守节事相关信息。不得随意向媒体透露信息，遇到媒体询问，请其询问媒体中心或活动控制中心。许多大型的节事会要求工作人员签署保密协议。

失物招领

任何物品的遗失或招领，需要报告或交给失物招领处。

互联网的使用

有些节事组织机构会制订政策监督工作人员使用互联网的情况。

应该分发给所有工作人员相关的政策和程序指南，让他们签字以表示他们理解指南的内容。许多政策的说明都使用"不允许"、"不应该"等一些词语，但下面的一份 Burning Man

Festival 政策说明(2005)则使用了另一种更正面和积极的词语,内容如下：

1. 基本要求(“欢迎和尊重陌生人”)；
2. 礼物(“无条件的”)；
3. 非商品化；
4. 依靠自己的力量；
5. 自我表现；
6. 公共努力；
7. 公民职责；
8. 不留痕迹；
9. 参与；
10. 立刻行动。

在这个前提下,工作人员应遵守道德规则。

后勤保障和程序

以下所有的后勤保障问题都需要被考虑：

- 员工当值人数不足；
- 小号志愿者 T 恤缺货；
- 没有热的食物；
- 不知道工作人员的去向(可能不在工作而在看比赛)；
- 在员工不应该出现的区域发现员工；
- 昂贵设备被盗；
- 收到员工或志愿者品行不端的报告(也许是在酒吧里)。

当值人数

表 11.1 是 2002 年曼彻斯特英联邦运动会上各地点和日期的工作人员数量峰值变化情况。除了这种超大型的节事,许多一般节事的工作人员数量需求不会如表中所示的那么多,出勤率问题也不严重。但是无论如何准备一个预备队,由能胜任多个岗位的人员组成,是一个好办法。一些大型节事会随时在线公布工作时间表,工作人员可以及时根据实际情况选择工作班次。比如选择和朋友一起工作,这是个很大的优势。

表 11.1　2002 年曼彻斯特英联邦运动会每日各场馆高峰时段工作人员数量

场　　地	15-Jul-02	16-Jul-02	17-Jul-02	18-Jul-02	19-Jul-02	20-Jul-02	21-Jul-02	22-Jul-02	23-Jul-02	24-Jul-02	25-Jul-02	26-Jul-02	27-Jul-02	28-Jul-02	29-Jul-02	30-Jul-02	31-Jul-02	1-Aug-02	2-Aug-02	3-Aug-02	4-Aug-02	高峰时段
1. 运动城	109	104	97	129	169	95	101	114	477	95	504	611	650	553	540	657	488	306	603	539	862	862
2. 运动村	34	31	32	34	33	31	31	35	33	32	58	173	200	192	183	202	220	218	205	217	219	220
3. Bessemer 街区	30	27	28	30	29	27	27	33	32	30	57	172	198	191	182	199	219	28	30	31	25	219
4. Rivington 山区自行车人群控制	—	—	—	—	—	—	—	—	—	48	—	—	125	—	—	—	—	—	—	51	—	125
5. 索尔福德码头	—	—	—	—	—	—	—	—	—	—	—	—	2	2	—	21	—	14	14	13	88	88
6. 男运动员区	—	—	—	—	—	—	—	—	—	—	—	62	84	70	75	69	74	87	66	60	—	87
7. 国际广播中心	69	43	43	63	52	55	61	51	53	45	50	44	48	60	44	43	60	45	47	53	46	69
8. 国家自行车中心	9	9	9	9	9	9	9	9	9	9	11	9	9	11	11	31	45	36	43	10	10	45
9. 波尔顿区	14	11	10	12	10	10	10	9	9	8	11	37	32	35	24	25	26	36	37	27	26	37
10. G-Mex 会议中心	12	7	14	15	15	18	24	17	15	22	22	34	34	34	35	32	36	35	33	33	33	36
11. 飞行区域	—	—	—	—	—	—	—	—	—	—	23	17	21	20	22	22	20					23
12. Heaton 公园	—	—	—	—	—	—	—	—	—	—	—	15	14	20	21	22	20	19	16	18	22	22
13. Hough End Fleet 汽车公园	16	16	16	16	16	16	16	16	16	16	16	16	16	16	16	16	16	16	16	16	16	16
14. 水上运动中心	15	15	15	15	15	15	15	15	15	15	15	15	15	15	15	15	15	15	15	15	15	15
15. Belle Vue	12	12	12	12	12	12	12	12	12	12	12	12	12	12	12	12	12	12	12	12	12	12
16. Heron House	8	8	7	7	7	6	7	7	7	9	8	10	6	7	8	10	9	9	8	10	9	10
17. 国际会议中心	—	—	—	—	—	1	1	1	1	1	1	1	1	1	1	8	8	9	10	5	1	10
18. 论坛中心(Wythenshawe)	—	—	—	—	—	—	—	—	—	—	1	1	1	1	1	1	1	9	7	7	9	9
19. Fleet 委员会大厦	7	7	7	7	7	7	7	7	7	7	—	—	—	—	—	—	—	—	—	—	—	7
20. 技术官员生活区	2	2	2	2	2	2	2	4	5	4	5	5	4	5	5	5	5	5	5	5	5	5
21. 车辆运行区	4	4	4	4	4	4	4	4	4	4	4	4	4	4	4	4	4	4	4	4	4	4
22. 联邦运动会办公室	4	4	4	4	4	4	4	4	4	4	4	4	4	4	4	4	4	4	4	4	4	4
23. Fleet 运行 Bessemer 街区	4	4	4	4	4	4	4	4	4	4	4	4	4	4	4	4	4	4	4	4	4	4
24. 主新闻中心	1	1	1	1	1	2	2	1	2	2	2	2	2	2	2	2	2	2	2	2	1	2
25. 司机生活及工作区				2	2	2	2	2	2	2	2	2	2	2	2	2	2	2	2	2	2	2
26. 广播区		1	1	1	1	1	1	1	1	1	1	1	1	1	1	1	1	1	1	1	1	1

(Manchester City Council(2003)，Manchester Commonwealth Games Post Games Report;更多信息见 www. gameslegacy. com)

在制定工作排程时，不仅要考虑谁将在哪几天工作，更重要的是要预测用人高峰和低谷。比如演出活动，那么在开场前一个小时和中场休息的时候是用人高峰。如果是一个多场馆多项目的活动，那么要根据观众人流的走向来排程。尤其是一些售票的活动，许多焦急的观众来得很早，则更需做好充分准备。往往是工作人员和志愿者还在登记但现场已被挤满，这样情况就变得比较糟糕。开场之前的几个小时非常关键。

制服

工作服支出是冬季举办的节事的主要开支之一，要精心设计样式和尺寸。工作服的设计要点是让观众印象深刻。但同时也要考虑工作人员对服装样式和颜色的意见。很多节事很少供应非常小号的 T 恤。男装的最小号对一个娇小的女员工来说可能穿着更像裙子。在为志愿者、付费员工和承包商员工设计不同的工作服时要特别小心，如果处理不当，可能会招致员工的不满。区分工作人员种类可能会影响员工的士气。

工作证

工作人员应该能被保安、其他员工以及活动的观众识别。带有名字的工作牌是最简单的工作证，而对于一些特殊节事或大型节事，会制作更复杂的工作证，包括如照片、条形码或者密码芯片等，并规定到特定区域需电子认证。

签约和解约

出于法律和道德原则，组织方需要对每一个在职工作人员负责。因此，签约和解约制度对于包括付费员工和志愿者都十分重要。

就餐券

前文表 11.1 中不同区域员工人数的例子，提出了就餐规划的问题。员工必须保证每天有一顿热饭。因此，预测工作人员的食物和饮料需求，对于控制成本、防止浪费和避免食物短缺十分重要。两件事会让餐饮计划成为一场噩梦。第一，许多工作人员可以在不同的场馆出入，比如安保人员，因此他们可能在任意用餐点用餐。这样，哪里的食物比较可口的消息通过步话机可以迅速传播开。第二，需要向承包商的员工提供不同的就餐券，以便计算他们的食物支出，而且不同的承包商可能需要不同的就餐券以方便区分。

如图 11.1 所示，详细规划每日三餐数量是必要的。使用如图所示的系统，每个承包组（如警察、运输、保安、保洁）需提供不同颜色的就餐券。

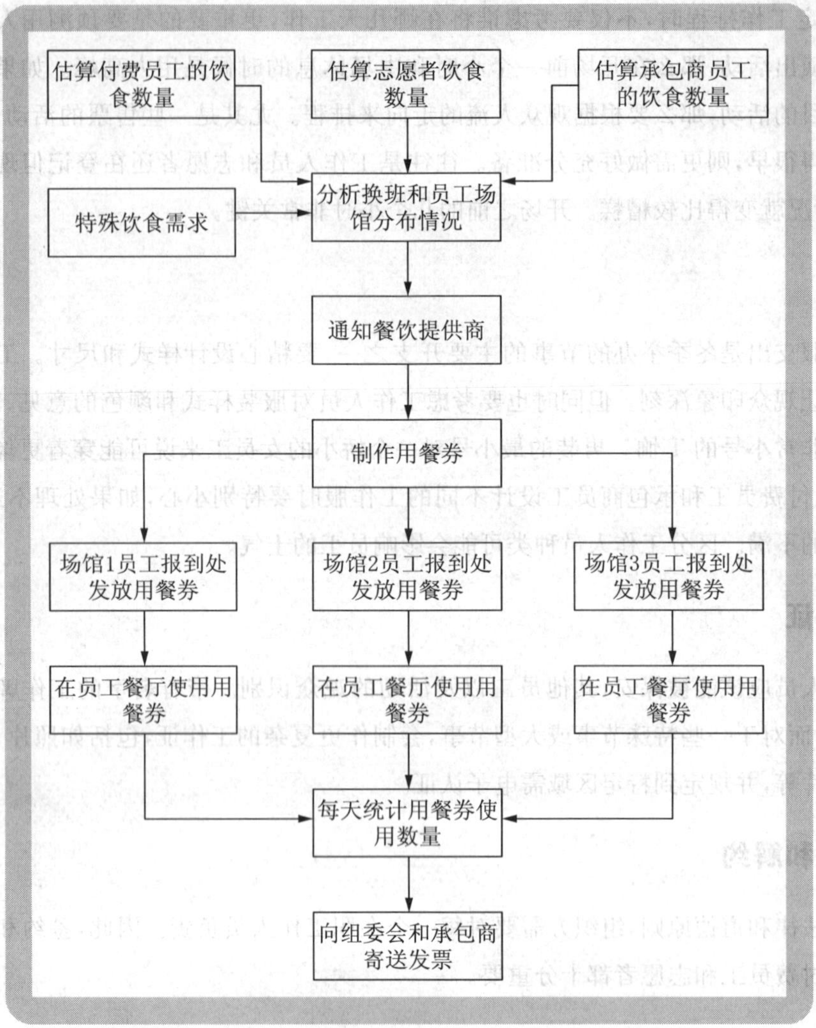

图 11.1 工作人员用餐流程图

野外露宿

许多音乐节为工作人员提供野外露营。有时候，工作人员会携带家眷甚至宠物一起参加，因此需要制定设施租赁规定及具体实施方法。比如纽约 Falcon Ridge 民族音乐节为志愿者提供一日三餐和野营设备。当然，对于节事组织者来说，给工作人员提供餐饮服务如同给与会者提供餐饮一样，任务十分艰巨。

更衣室

需要告诉工作人员是否提供更衣室、柜子是否上锁等，明确工作人员要保管好自己的物品。

通讯设备(双向无线电)

管理和监督员工需要使用通讯设备,一般为双向无线电,从邻近的指挥中心发出到员工服务台。

对商业厨房而言,食物安全培训体系十分必要

消费者需求可以在几分钟内从0到100%

工作会议

传统来说,每个员工在上岗前都要参加一次基本情况介绍会议,无论他是否已参加过培训会议。情况介绍时,应由管理部门通报最新最近发生的变动。同样,汇报会议能使员工及时发表对工作过程中出现的问题的意见。对小型节事来说,事前介绍是培训的主要内容。

权限

在上岗时,员工应被告知该做什么。这时,一张核对清单就显得很有用了。部分志愿者感到沮丧的普遍原因是他们是非全日制雇用的,因而不觉得自己的支持是有价值的。此外,所有工作人员、监督员和志愿者应该了解其权限范围。

事故报告表

员工和志愿者应该报告所有的犯罪或可疑的行为,所以应告知工作人员事故报告表放在哪里,如何填写,填完后如何上交。这样,同时也能提醒他们潜在的紧急情况以及如何去应对这些紧急情况。在工作人员区域张贴布告、列明所有重要事项是个好办法。

处理缺勤

工作人员缺勤几乎是不可避免的,因此需要事先估计所需替补人员的数量。

监控

一些节事在工作区域会放置许多摄像头。比如在澳大利亚,法律规定应事先告知员工摄像头的存在,隐瞒监控事实是不允许的。

入场规则

员工和志愿者不应进入那些未经授权不得进入的区域。在有些节事的规定中,时常允许工作人员在非工作时间进入活动区域,这也是他们为节事工作而带来的好处。另一些节事中,员工在完成任务后就被要求离开限定区域。笔者就曾记得有一位志愿者,带着两个孩子,与赞助商在酒吧里称兄道弟。在她喝醉后,赞助商经理叫出租车送她和孩子回家。不妙的是,这件事第二天就被报道出来了。

绩效管理

许多成功的企业都无一例外有一套完整的绩效管理制度，但是在节事项目中，绩效管理的形式有很大差异，很明显不会有年度业绩考核或是业绩沟通之类的常规绩效管理措施。节事的绩效管理是基于职位描述来进行的。绩效管理措施在职位分析、员工选择、入职培训和岗位培训等各个环节都得到运用和体现。

与任何组织一样，节事在绩效管理时都需要实施以下几件事情：

- 建立业绩标准；
- 建立截止日期和工作结果要求；
- 监控和帮助措施；
- 提供反馈；
- 制定补救措施并在需要的时候执行。

Kramer 等(2002)建议通过五个标准来进行绩效管理评估：战略一致性、有效性、可靠性、可接受性和特殊性。战略一致性指绩效考核必须能引导员工更好地完成组织的战略目标和适合组织的文化。因此，在节事绩效管理中，所有的绩效考核措施也必须是指向节事的目标和目的。专家还建议将战略目标与财务和运营数据联系起来。这适合所有的节事组织。

申诉和解雇程序

首当其冲的一个问题是，申诉程序是否需要建立。对于一些小型节事，工作团队是临时组建的，多数问题能轻易解决，因此正式申诉程序未必需要。但对于大型节事，申诉程序是解决问题的有效途径，包括由志愿者提出的问题。申诉程序的目的是及时发现和解决问题，并保证处理结果的公正公平。申诉程序包含以下内容：

- 应该得到所有相关方的认可；
- 应该用通俗易懂的文字向所有参与的人员进行解释；
- 申诉的各个步骤应该清楚无歧义；
- 客观和一致性原则；
- 保密性；

- 申诉上报流程；
- 文档记录整个流程。

本质上，申诉程序确保了处理的公平性和客观性，尤其在业绩不足的情况下。对不公平投诉也有据可查。申诉程序有两个主要的好处，一是解决冲突，保持和谐的工作气氛；二是避免司法介入，比如涉及歧视和非法解雇等的投诉。

解雇程序应包括咨询和一系列警告信。每个阶段的事实都必须显而易见，业绩差距必须确认无疑，以及个人必须已被给予修正的机会。

违纪处理程序

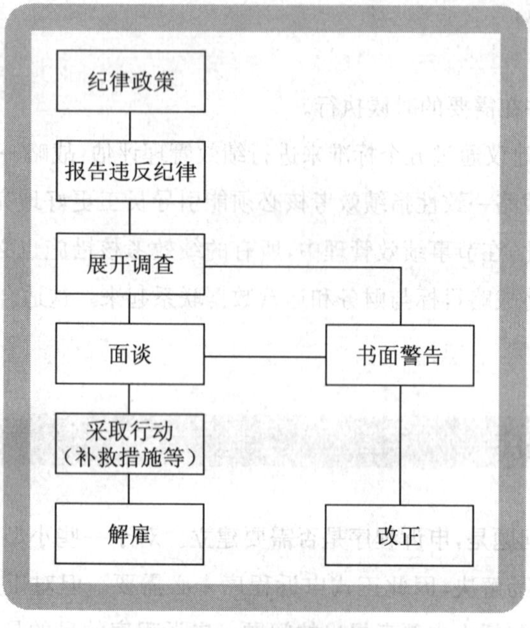

图 11.2　违纪处理程序

以下这些问题需要考虑：

几个具体问题

① 明确什么是冒犯，作为或不作为，或不当行为？

② 该行为是否清楚无误地违反成文的行为准则？

③ 这是一个一般的还是严重的纪律问题？

④ 工作纪律与员工绩效如何关联？

知晓和证据

① 违纪的员工是否清楚他们违纪了？

② 员工是否被警告过？

③ 信息来源和事实是什么？

④ 是否有见证人或证据？

事件发生的背景

① 是否情有可原？

② 是否考虑事件发生的背景因素？

③ 是否有其他人做同样的违纪行为？

安全和危机管理

① 是否影响到工作场所的安全？

② 该不当行为是否会带来什么风险？

③ 是否会惊动媒体？

在处理违纪行为时，有时可以直接解雇，而无须经过警告教育等程序，这种措施叫做“撤职”，也能用于志愿者。当场解雇决定需要满足以下几个条件：

- 不诚实；
- 故意为之；
- 危及自身和其他人的安全；
- 攻击和打斗；
- 不听上级指令或傲慢无礼；
- 醉酒工作。

南非政府 2005 年颁布的《劳动保护条例》中对违纪处理的公平程序中的听证会作如下规定：

- 尽到告知义务；
- 作出决定前必须举行听证会；
- 必须及时召开听证会；

- 必须告知员工其面对的投诉；
- 听证会上员工应该到场；
- 员工必须被允许解释发言；
- 员工必须被允许叫目击者；
- 听证会必须做会议记录；
- 听证会成员必须保持公平。

案例分析 11.2

2006年墨尔本英联邦运动会志愿者要求

以下是2006年墨尔本英联邦运动会志愿者相关规定：

第7步骤——同意条款

作为你愿意成为2006年墨尔本英联邦运动会志愿者的前提条件，你必须同意：

1. 作为2006年墨尔本英联邦运动会志愿者，你必须全力工作，遵守所有规章制度。
2. 完整填写志愿者申请表，并确信所填写的信息准确无误。
3. 接受入职评估，并接受评估结果。
4. 参加所有要求的培训课程，穿着制定工作服，佩戴工作证，完成最低工作要求。
5. 组委会保留不接受你的申请的权利。
6. 必须对你知道或应该知道的本次运动会所涉及的所有活动和运动队信息资料保密，包括涉及澳大利亚英联邦运动会协会、英联邦运动会联合会、任何国家或国际体育组织和任何英联邦运动会小组（以下统称，英联邦运动会机构）的信息资料均须保密。
7. 明确你的任何关于此次运动会的志愿服务的想法或材料在签署此申请表后，版权均隶属此次运动会。
8. 保管你的私人物品（比如包或钱），组委会不对个人物品的丢失、损坏或被盗承担责任。
9. 理解某些岗位涉及安全问题，不做任何可能危害到你本人和他人安全的行为。
10. 没有组委会的书面同意，不得向媒体发布任何与本次运动会、本协议或组委会的相关评论。
11. 理解组委会将对你进行相关的背景调查，并且在你进入和离开场馆的时候保安人员会进行必要的检查。

12. 在背景调查期间，你同意接受警察记录调查，包括：
   (a) 在澳大利亚任何地方的犯罪记录或(非交通)控告；
   (b) 10年以内的成人罪(包括被定罪但已假释)，5年内的少年罪；
   (c) 任何超过10年的成人罪行(5年的少年罪)被判处监禁超过30个月；
   (d) 违反交通规章和罚款记录。
13. 你必须采取一切可能的措施避免在志愿者活动中受到伤害。如果因你本人的行为、疏忽或不当行为导致的伤害或损失，不得向组委会、墨尔本市政府、所有英联邦运动会机构(及其各自的行政人员、董事、管理人员、雇员、志愿者、承包商和代理人)提出司法起诉。
14. 你将对自己带入运动会的财物负责，组委会、市政府和英联邦运动会机构对你任何财物的丢失或损坏不负责任。
15. 在比赛或其他与志愿者相关的活动中，你的名字和个人形象可能被拍照、录像、广播或进行其他记录。
16. 你将无条件且不能反悔地同意此次运动会、市政府、英联邦运动会机构及任何被授权可在运动会上摄像的人，可以无偿地以复制、出版、广播等多种手段向公众和媒体发布。
17. 你不具有而且不能暗示你具有和运动会相关的任何市场营销和促销权利。不得在担任志愿者期间销售或为他人促销任何商品和服务。
18. 你将永久性放弃第15项里提到的有关图片的人身权。
19. 如果你在担任志愿者期间受伤或得病，接受组委会的急救和医疗治疗。
20. 遵守所有的工作职责、要求、程序，运动会期间上述这些内容可能变化。
21. 接受安排的工作班次，如果提出换班必须有足够正当的理由。
22. 居住地点与工作地点的交通时间小于一小时。
23. 无任何不当行为，包括骚扰、歧视和威吓。
24. 如果你不遵守这些规定或从事不当行为并对任何英联邦运动会造成不利影响，组委会有权提前结束你的志愿者身份。(经2006年墨尔本英联邦运动会公司许可转载)

思考练习 11.2

1. 为什么类似这种规模的活动需要建立这样一个全面的条款?

2. 条款涉及内容广泛。假设你正在运行一个规模小得多的活动，尝试用浅显的文字将其完善成你所需的准则。

复习问题

1. 政策和程序的区别是什么？
2. 列举和描述人力资源管理者面对的后勤保障挑战。
3. 为一个小型社区节日编写志愿者行为准则。
4. 你将如何与员工和志愿者传达上述行为准则。

参考文献

Burning Man 10 Principles (2005). Viewed 29 December 2005, www.burningman.com/whatisburningman/about_burningman/principles.html.

Kramer, R., O'Connor, M. and Davis, E. (2002). Appraising and managing performance. In *Australian Master Human Resources Guide*. CCH, pp. 301–22.

Labour Protect (2005). Dismissal for misconduct. Viewed 31 January 2005, www.labourprotect.co.za/unfair_dismissals.htm.

Manchester City Council (2003). Manchester Commonwealth Games Post Games Report. Viewed 17 May 2006, www.gameslegacy.com.

Melbourne 2006 Commonwealth Games (2005). Melbourne 2006 workforce privacy policy. Viewed 29 December 2005, www.melbourne2006.com.au/employment/Melbourne+2006+Workforce+Privacy+Policy.

UK Sports (2005). Major sports events – the guide. Viewed 29 December 2005, www.uksport.gov.uk/generic_template.asp?id=12237.

第 12 章
组织文化

学习目标

读完本章以后你能：

- 定义和描述组织文化
- 列举和描述建设组织文化的方式
- 讨论节事环境和特征下的组织文化
- 描述利益相关者和他们如何影响节事组织的组织文化

介　绍

一个组织的文化通过组织的行事方法而体现。比如温布尔登公开赛具有悠久的历史、完整的政策和程序，体现了一种高度正统的组织文化。反之，伍德斯托克音乐节的文化则是狂热和激情的，有 50 万人参与其中。节事因为事件本身的目标和组织者的价值观而不同。

组织无意或有意地在内部塑造一系列被组织成员接受的态度和价值观。在大部分情况下，这是组织的有意行为，并通过员工的选择和持续的沟通进行深化。组织所用的语言也是另一种独特文化的特质。事实上，节事管理有其自身的词汇和语言。大型节事的工作人员通常使用缩略语，其结果是局外人很难理解他们在说什么。

Shone 和 Parry(2004, p. 194)对节事的文化概括如下："节事是重要的社会活动，它们常常是公共的和具有良好意义的，这反映在他们的文化中。"

什么是组织文化?

文化是一个社会或团体的行为、思想和产品特征的学习模式系统。组织文化是在组织内部人与人之间的一致的行为模式和特征。组织文化就是我们周围的人做事的方法,指人们完成任务、解决问题、处理争端、对待客户和员工的一贯的行为方式。此外,文化还包含一些非正式的价值观、规范和信仰。一个强大的组织文化能让组织的成员产生认同感,维护组织的稳定,激励成员为组织的价值和使命努力工作。

组织结构

组织结构可能是稳定的或不稳定的。不稳定可能是因为频繁的组织改组和高人员流动率。组织结构可以是扁平的,也可以是多层次的。

使命和目标

许多组织和节事有非常清楚的任务陈述,体现出它们的文化。比如原住民民族遗产节这么描述它们的使命和目标:

> 我们为全世界的原住民提供一个自我表达的舞台,一个交流民族智慧的舞台。我们的目的是加强部落间的关系,推动文化交流和经济合作。我们希望见证一个团结的原住民网络的建设和发展。我们相信多元文化将使我们的世界变得丰富多彩和繁荣昌盛。
>
> (www. indigenousfestival. org/MissionStatement. asp)
>
> 东南外科协会的创立是为了提供机会,让外科医生能集中训练,共同达成教育、科学和社会的目标,以促进和推动外科医学的研究与实践。
>
> (www. sesc. org/member/information/MissionStatement. htm)

权力下放

当组织结构是扁平的时候,基层的员工被赋予更多的权力去作决定,同时也承担更多的责任。

语言的具体使用

不幸的是,工作场所的语言成为组织文化的第二特征。员工们沉溺在自己的小圈子里,无视他人对其交流的不可理解的事实。例如：

> 我们的应变计划必须与根据可能性和后果作出的风险评估联系起来。场地指挥中心将是实施场地紧急救助方案的基地。
>
> (Van der Wagen，2004)

政策和流程

设备采购、现金出纳、申诉程序、奖励和员工认可等政策和程序都体现出一个组织的文化。

奖励分派

报酬分配是组织文化的一个重要特征，不同的组织具有很大的差异。这直接影响组织成员如何一起工作。

沟通

在组织内部存在垂直沟通和水平沟通方式，随组织不同而不同。此外，还有"传言"这种推测和谣言盛行的非正式的沟通网络，有时候会有巨大的破坏性。

资源配置

部门分配到的财务和其他资源体现出部门在组织中的地位。比如，节事中一个垃圾管理职能部门只分配了有限的预算，配置了一名员工，这表示组织对于垃圾处理的态度。

节事组织的文化如何不同?

节事组织是服务组织，不是生产型企业，所以需要通过活动产品和服务的特征来理解其组织文化。

服务导向

这是组织文化的一个外在表现。顾客在以下四个时间点与节事发生联系，每次接触都是一次组织文化的交流(Van der Wagen，2004)：

1. 购买前：

   (a) 交互式的网站；

(b) 电子邮件；

(c) 电话询问。

2. 进行购买/会展前：

(a) 票务销售；

(b) 交通；

(c) 停车；

(d) 排队；

(e) 进入；

(f) 保安检查。

3. 节事时间期间：

(a) 座位分派/引座员；

(b) 食物和饮料；

(c) 信息；

(d) 娱乐；

(e) 表演/参与(如音乐会/民间长跑)；

(f) 急救；

(g) 商业销售；

(h) 失物招领。

4. 节事结束后：

(a) 退场；

(b) 排队；

(c) 交通；

(d) 在线结果；

(e) 照片/大事记。

Van der Wagen，2004

此外，节事产品表现出以下的服务市场特性，与人力资源管理密切相关。

无形服务

由于服务是无形的，触摸不到也无法带回家，因此顾客很难事先评定服务的质量和价值，直到接受服务以后才可评定。活动票据，比如音乐会的门票，往往是惟一能见证这次经历的有形物体，因而显得极其珍贵。但是观众很难去描述尤其是在服务关系建立的那一瞬间。所有的部分都是无形经验的累积。

人力资源管理的意义在于通过入职引导和员工培训在员工中营造强烈的组织文化。员工和志愿者一致和积极的回应反映了组织的价值取向，应在每一次服务活动中得以进一步发展。一些工作人员认为这种定位是“教化”，因为此类形式的培训目标是为了让每一个人都理解活动的使命，同时在有些情况下尤其是筹款活动中更需要不断激发和启发工作人员。组织文化应该是和平和谐、极致创新、具有号召力的、对某种艺术形式的鉴赏等。对多数活动而言，应该营造一种团队庆祝的乐观氛围。

不能保留性

比如一场板球赛，你不能说把票留到明天再出售，因为板球赛今天就结束了。这与普通的商品买卖是截然不同的，一个卖锤子的，今天可以卖，明天也可以卖。所有的活动营销都试图让大量的顾客在规定的时间提出购买要求，这就会带来大量观众，产生排队、入口拥挤、出口拥挤等情况。这是对管理人员高峰管理和集中服务的挑战。顾客买不到票，不能及时入场等等都会引发顾客的情绪不稳定。人力资源管理者必须培训工作人员应对这种情况的技能和方法。

不可分离性

服务质量和连贯性存在很大的可变性，因为服务是通过人提供的，而人的行为是不可控的，因此服务与服务提供者不可分离。顾客从与服务提供者的接触中，比如服务提供者的表情或语言，来感受服务质量。人力资源管理者通过员工的选择和客户服务技能的培训，来提高服务质量。对于以提供服务为主的企业，在质量控制系统投资不如在员工发展上投资。

可变性

由于服务的不可分离性，每次与顾客的交流都是一次独一无二的过程。因此存在相当大的变化。员工通常被要求提供标准的服务，但是有时候又必须向员工适当放权，允许员工根据实际情况作决定，一线员工的决定在相当大程度上决定了服务的质量。

节事的动态特性

一般很难去描述一个节事管理组织的文化，除非这是一场持续不断的音乐会或是一家展览租赁公司。即使该类型的组织也处于一个充满变化的环境中，每个节事，不论是演出、路演或是展览，都会面对独特的挑战。节事前、节事中和节事后所体现的文化往往是不同的。惟一相同的是各个阶段的不确定性。

节事越复杂越独特，其在组织和运营上越可能劳动密集。为了使活动成功举行，该组织要么需要更复杂的规划，以保证高效率的提供服务；要么需要更简单的操作。这就是为什么有些活动往往会部分外包给其他的公司如餐饮公司等。这种服务的独特性要求组织者和节事经理间有高效的沟通。高效的沟通和规划会花费一定的时间和精力，这样节事的运营会遵循一定的准则，或在共同的框架下实施。同时，还需要有高水平的员工来保证活动的顺利进行。

Shone and Parry，2004，p. 17

与媒体方合作

关于节事组织的动态和随情况而变化的特点已经存在很多观点，目前学者们正在仔细审视人力资源管理在这种动态组织环境中的作用。Tyson(1999)指出，对于节事的人力资源管理者来说，问题的诊断技能和操作能力比人力资源管理知识和技能更重要。这是非常有价值的观点。从历年节事中劳动力的增长状况来看，如图 12.1 所示的曼彻斯特英联邦运动会付费员工人数的变化，体现了节事特征变化的过程。

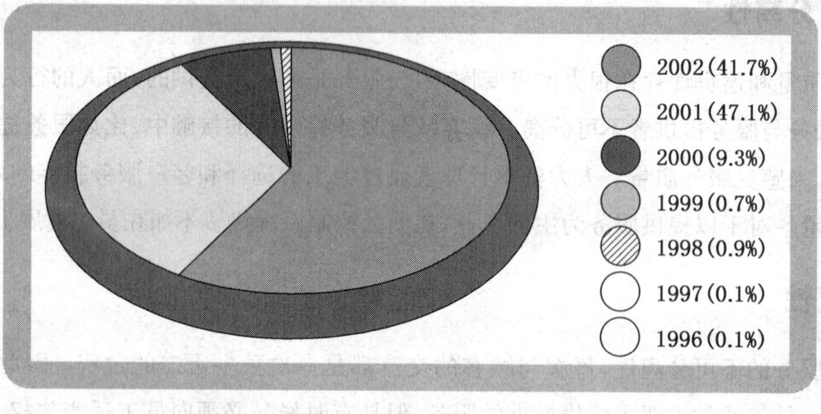

图 12.1　2002 年曼彻斯特运动会招募全职员工比例(从 1996 至 2002 年历年变化情况)

与外部利益相关者的关系

在讨论节事组织的文化时不可能不涉及组织与外部利益相关者的重要关系。外部利益相关者是组织结构的组成部分，对节事的计划、运营和执行具有重大影响。利益相关者包括政府机构比如警察和交通管理机构，还有赞助提供方等。他们都有相当大的投入，确保这项节事符合他们的赞助和品牌的期望。

Eunson(2005)曾使用了"boundary spanner"这个术语描述那些工作在组织和利益相关者之间的人。Boundary spanner 承担了与客户联系的责任,通常他们花更多的时间在与外界人士的联系上。这个角色也在活动组织内部发挥作用,比如营销经理会和冠名赞助商有持续的沟通。图 12.2 例举了节事组织者最常见的外部利益相关者,具体会在以下章节中讨论。

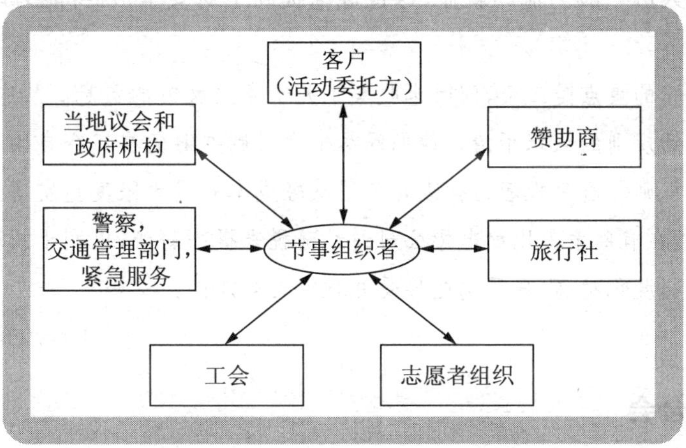

图 12.2 主要的外部利益相关者

政府

为了获得法律和制度上的许可,节事组织者通常要与包括当地政府、旅行社组织、警察局、交通管理局、环保组织等组织机构频繁接触和协商(参见案例分析 12.2)。

赞助商

与赞助商的接触往往与赞助商提供的财政支持相关。有时候赞助商任由组委会去操办一切,但有时候赞助商会参与到节事的组织管理中,并具有很大的发言权。在这种情况下每一个步骤、每一个阶段都需要经过频繁的接触和谈判。比如赞助商希望参与活动计划的制订、为活动提供产品和服务、参与营销管理和公共宣传等,并且他们也很乐意对业务联系和职员联系启用招待合作方案。

工会

工会扮演的角色在第 6 章中有所介绍。如果是在南非、英国和澳大利亚等国,与工会关系在组织沟通中是至关重要的。让工会加入智囊团的队伍是一种积极有效、具有重大影响的措施，包括能简化规则与改善工作人员的保留状况。此外，承包商与工会的关系也很重要(这已经在第5章中强调)，因为这会影响承包商是否能及时完成任务。承包商与工会的纠纷将直接影响活动的计划和执行。

在英国，贸易工会鼓励广大民众受聘于追求更多权益自由的工作，利益也会随之上涨。Heery等(2004)重点研究了那些自由指导者、翻译者的案例，以及媒体和娱乐系统工会的案例。节事中工作人员一般为流动就业，这也逐渐提高了对安全、自身能力以及未来发展的考虑。

> 我们研究的重点是工会，同时也收集了关于雇主反馈的信息。从中看出，雇主对自由劳动力市场规则的认识不清。他们竭尽全力限制并避免在工会自由运行的行业里由联盟制定的规则。避免规管的初衷是为了减轻成本和最大限度地发挥劳动力使用的灵活性。虽然，在有些案例比如电影公司通过避税来提高薪酬，以利于招聘和保留熟练工人。规则的制度化越高，雇员越能接受并肯定其有效性。
>
> Heery et al.，2004，p. 32

志愿者联合会

在制定志愿者计划中志愿者协会可以发挥重要作用。比如英国志愿者组织向节事组织者提供包括职业健康和安全在内的诸多志愿者管理建议。

案例12.1是对前文所述关于志愿者身份的内容的补充。

案例分析12.1

英国最低工资

1998年制定的《最低工资法案》在1999年生效。此法案赋予员工有最低工资的权利。从理论上，最低工资不涉及志愿者。但是有少数案例涉及志愿者提供证据证明他们与组委会签订有雇佣合同，这就将其身份转变为雇佣员工，受《最低工资法案》保护。《最低工资法案》十分复杂，一不小心就会使组织者处在不利的境地。

是雇员还是志愿者?

为了证明他们是雇员而不是志愿者，工作人员需要提供他们与组织签订雇佣合同的证明。这似乎很简单不会造成问题，因为组委会不会和志愿者签订雇佣合同，而且志愿者经常被要求在志愿者协议上签名以表示他们理解和了解协议的条款。因此许多节事组织者认为他们当然没有和志愿者签订合同。但是合同并不一定需要书面形式，其他形式，比如口头合同也是成立的。比如你答应在邻居外出期间帮他照顾花园，邻居支付＄10作为酬劳，一份口头雇佣合同就成立了。如果你的邻居不同意支付酬劳而是说如果你愿意帮他照顾花园，他会带回免税烟给你，那么合同仍然成立，因为你做的事能得到具有一定经济价值的回报。

（更多信息请参见 www.volunteering.org.uk/missions.php?id=432）

思考练习12.1

英国志愿者网站还包括关于费用、培训和奖励的建议，如：

- 规划咨询；
- 经验丰富的志愿者协调员的来源；
- 经验丰富的志愿者来源；
- 良好实践的事例；
- 行为规则；
- 项目管理。

访问志愿者网站，回答以下问题：

1. 雇佣合同的成立必须包含某些法律规定的形式，比如报酬支付，一个节事组织者如何使志愿者明确其志愿者身份？

2. 试用五种方法来证明志愿者的最佳实践，参观一次节事评估其中的志愿者管理原则。

一些节事组织与他们的志愿者保持密切的关系，以至于数年后志愿者聚会的时候大家还保留并穿着当时的志愿者工作服。但也有相反的例子，志愿者会感到自己被利用和剥削了。节事组织者与志愿者协会密切合作在与志愿者建立良好关系方面有很大益处。

客户

最主要的外部利益相关者当然是节事的委托人——客户。客户可能是预订会议的人、组织公司活动的人、策划奖励旅游的人或者是想开晚会的人。节事组织者必须与客户保持频繁和明确的关系，以满足客户的所有要求。当然，在某些情况下，是不可能满足每一个报价要求的。与客户的每次接触必须有书面材料记录，比如合同、会议记录录音、活动变更等。

客户满意度

在Getz等人的研究中，曾为大型节事制作服务地图以便于确认过程中的每个环节，如前面章节所列出的，参观者参与节事、对工作人员的效率作出判断、看到所提供的服务的有形证据、观察人群并且运用系统管理和运行的知识。此项研究使用受过训练的观察员，以补充由参观者调查得出的信息。观察员得出的结论性陈述能提出很多关于改善服务的建议，包括安排更多欢迎及迎接岗位的员工或志愿者。

当然，Getz的研究不可能全部得以运用，制作服务地图只是其中主要建议之一。这项研究也为比较研究提供了一条基准线。

作者得出的结论是：

> 研究证明，节事不同于其他服务。节事产品在它被提供的那一刻是独一无二的，并且没有一成不变的服务。无论在何处的管理系统，环境、管理部门和参与者间的互动都会带来不可预测的元素。事实上，客户在期望、情感经历和社会互动中积累了经验。
>
> Getz et al.，2001，p. 389

案例分析 12.2

在伦敦皇家公园举办节事的计划指南

以下内容摘自在伦敦皇家公园举办节事的计划指南

5.2　与当地政府机构保持联系

当地政府机构将在下列领域广泛参与节事的组织管理，比如公路管理、应急计划、环境与健康（噪音、餐饮、废水、废弃物等）、建筑控制、营销等，或者以推动者和合作者的身份参与节事。

噪音：相关政府机构可以对伦敦皇家公园内举办的节事发布噪音规定，违反噪音规定将会导致诉讼。

食品卫生：在公园内举办任何临时性的节事，必须事先通知食品卫生监督机构。相关机构有权监督餐饮提供者，并在认为必要的时候采取措施。

厕所污物和废弃物处理：对于大型节事，当地政府机构将对厕所污物、废水，废弃物处理和收集提出意见。

临时性建筑:搭建临时性建筑必须得到相关机构的许可。

如果节事的举办将会对周边环境和道路带来影响,比如废弃物、停车、交通、疏散和应急计划,必须邀请相关政府机构参与节事的计划。

5.3 与其他公共组织保持联系

伦敦交通局(TFL)负责伦敦的公交、地铁和道路管理。如果节事的举办将显著增加该地区公交设施的使用,必须请 TFL 一起参与节事计划。

皇家公园警卫队将有权决定何时和如何联络市警察局。

伦敦消防局。应急方案和节事的场地方案必须取得伦敦消防局的同意。必须邀请伦敦消防局来现场察看,特别是当其是在一个封闭的建筑中举行的时候。

伦敦急救中心。一般只有大型的节事需要联系伦敦急救中心。但是必须制定医疗急救方案,《活动安全指南》提供这方面的有用建议。

(www.royalparks.gov.uk/docs/guidelines_for_event_organiser.doc)

思考练习 12.2

1. 用图表画出与这些组织机构的联络关系。
2. 如果你与这些机构进行联系沟通,你会考虑哪些事项?

社会影响

关于节事造成的影响,Jago(2005)提出一个三方面评估概念,包括经济、环境和社会影响。如何评价一个节事造成的影响是件十分复杂的事,但至少可以肯定地说人力资源管理对社会造成了某些影响。比如,2010年的南非世界杯足球赛预计会产生15.9万个就业机会。大型节事会直接产生大量的短期就业机会,同时如果旅游业被带动以后,还会产生一些长期的就业机会。根据节事的规模和范围,相关培训会对当地的就业市场带来益处,特别是当培训覆盖从管理知识到特殊技能的广泛领域的时候。

除此以外,节事的举办还会带来一些隐性的好处,比如提高社区的自豪感、自信心和"我们有能力做到"的积极态度。节事传递的文化融入社区的文化,带来长期的益处。这也正是2010年上海世博会希望带给上海的影响(见案例分析12.3)。

在讨论了节事带来的正面影响后，我们也不要忘了它也会带来一些负面的影响。Getz (2002)在一份研究为什么有些节事以失败告终的时候，列出下面一些原因：

(1) 人力资源：

- 不合格的节事管理人员或工作人员；
- 志愿者缺乏；
- 来自内部的贪污和偷盗；
- 志愿者的高流失率。

(2) 组织的文化：

- 缺乏强有力的领导；
- 组织内部在目标、程序、战略等方面产生分歧；
- 节事创始人不允许必要的改变；
- 组织的结构阻碍变革。

Getz 进一步指出，一个节事的失败，往往不是因为它到了产品生命周期的尽头或因为市场压力，而是因为缺乏战略计划和合适的组织文化。

案例分析 12.3

2010 年上海世博会

第十一个五年计划是世博准备的关键时期。2010 年上海世博会不但是上海的重大项目，而且是整个国家的重大项目。上海市政府在昨天的例行新闻发布会上表示，成功举办 2010 年世博会，把 2010 年世博会办成成功、精彩、令人难忘的一次世博会，是上海市政府的重大使命。所有的准备和努力都将紧紧围绕这一目标确保能得以圆满实现。

市府发言人焦扬表示上海需要获得国内外共同的努力来办好世博会。她说："我们会全力以赴实现目标，包括邀请 200 个国家和国际组织参与世博会，建造世博园区……"

焦扬说为了这样一次盛大的聚会，不仅需要上海和整个国家的智慧和知识，而且需要全世界的智慧和知识。这是举办一届成功、精彩、令人难忘的世博会的前提条件。

上海世博会需要全社会各界人士的理解和参与。

(www.expo2010china.com/expo/english/eu/eh/userobject1ai26930.html)

思考练习 12.3

1. 讨论世博会举办城市上海的期望。
2. 如果有 200 个国家、地区和国际组织参加世博会，怎样才能使各国文化最好地相融在一起。
3. 如果你负责世博会工作人员的培训工作，请列出五个你认为最重要的内容。

本章小结

本章讲述组织文化，重点介绍组织文化的特征，例如政策、措施、沟通和资源配置等。节事的组织文化由其服务行业文化所决定，服务具有无形、不可保留、不可分离和可变四个特性。由于工作人员的临时性，提供优质服务是人力资源管理的最大挑战。必须重视劳动力计划、员工甄选和培训等环节。节事组织文化还具有动态特性。此外，节事成功还依赖于外部利益相关者的关系网络和客户满意程度。

复习问题

1. 描述一个你参加过的节事的组织文化。
2. 解释“节事提供的服务是无形的和不可分离的，因此工作人员的沟通技能和客户服务培训极其重要”。
3. 以某个活动为例，描述三个外部利益相关者，以及他们与节事组织者的沟通关系。
4. 节事具有社会影响。举出两个活动，比较它们的人力资源对社会产生的影响。

参考文献

Eunson, B. (2005). *Communicating in the 21st Century*. John Wiley and Sons.
Geert Hofstede Cultural Dimensions (2006). *ITIM International*. Viewed 12 February

2006, www.geert-hofstede.com/hofstede_brazil.shtml.
Getz, D. (2002). Why festivals fail. *Event Management*, **7(4)**, 209–19.
Getz, D., O'Neill, M. and Carlsen, J. (2001). Service quality evaluation at events through service mapping. *Journal of Travel Research*, **39**, 380–90.
Heery, E., Conley, J., Delbridge, R. and Stewart, P. (2004). Beyond the enterprise: trade union representation of freelancers in the UK. *Human Resources Management Journal*, **14(2)**, 20–34.
Hofstede, G. (1991). *Cultures and Organizations: Software of the Mind*. McGraw-Hill.
Jago, L. (2005). The impacts of events: triple bottom line event evaluation. In *The Impacts of Events*. University of Technology, Sydney.
Manchester City Council (2003). Manchester Commonwealth Games Post Games Report. Viewed 17 May 2006, www.gameslegacy.com.
Shone, A. and Parry, B. (2004). *Successful Event Management*, 2nd edn. Thomson Learning.
Swart, K. and Urmilla, B. (2005). Leveraging anticipated benefits associated with hosting the 2010 Soccer World Cup in South Africa. In *The Impacts of Events*. University of Technology, Sydney.
Tyson, S. (1999). How HR knowledge contributes to organizational performance. *Human Resource Management Journal*, **9(3)**, 42–53.
Van der Wagen, L. (2004). *Event Management*, 2nd edn. Pearson Education.
Volunteering England (2006). Managing volunteers. Viewed 4 January 2006, www.volunteering.org.uk/missions.php?id=432.
Webb, T. (2001). *The Collaborative Games: The Story behind the Spectacle*. Pluto Press.

第 13 章 组织沟通

学习目标

读完本章以后你能：

- 描述节事环境下的沟通挑战
- 讨论知识管理：在节事中和节事外的知识传达
- 描述可能导致矛盾的因素
- 评估可以提升团队合作的方法
- 描述国家文化和组织文化的不同
- 简单讨论跨文化交流问题

介　绍

本章关注沟通的过程。在多边和临时性质的节事环境下，提供有效的沟通是一大挑战。虽然技术的进步有助于大范围的信息的传递和存储，但在节事中或不同节事间分享和传递信息存在不可靠性。因此再怎么强调数据收集、研究和评估的重要性都不为过。在节事管理走向专业化的过程中，制定节事运营计划的过程必须被不断地改进和加强，特别是与安全相关的问题。O'Toole(2000)建议：

> 在相当长一段时间里，节事管理组织一直忽视以往发生的问题。许多节事管理经理在被问及以往活动时都表示，除了客户临时改变主意或承包商使用错误的设备，他们自己的错误率基本为零。我可以理解他们是为了维护一个好名声，但是当一个重大问题不知从哪儿就冒出来，结果往往是灾难性的。看看悉尼—霍巴特游艇赛也许可以给你一个概念

(案例分析13.1)。我们经常倾向于做事后诸葛亮,说要是我们计划得更周全些,问题就不会发生,但是这并不能保证以后的节事高枕无忧。每个节事都涉及供应商、场馆、客户、赞助商和观众。即使节事的参与各方是不变的,天气也会变,汇率也会波动,一个相关公司也会被兼并或破产,或者新法规也会对节事产生影响等等。

如果我们不从以往的错误中汲取教训,下次我们会犯同样的错误。节事管理经理自身的努力还远远不够,因为他们的作用对于整个节事管理行业的前进是不够的。行业协会,比如ISES可以提供类似"我们可以从中汲取的经验教训"的材料,包括大量的既往案例,对推动整个行业的进步有重要作用。

此外,节事管理者还有一件利器在手中,就是项目管理中常用的风险管理方法。

节事沟通系统

Goldblatt(2005)指出节事管理的成败取决于如何沟通。沟通会遇到许多障碍,比如噪音或视觉干扰。不论选择怎样的沟通渠道或是存在怎样的沟通障碍,传递的信息必须清晰,指向具体行动,并且要被记录。特别是当涉及合同修改的时候,记录尤其重要。

在组织中存在各种各样的沟通渠道,最常用的有以下几个:

- 备忘录和E-mail;
- 电话;
- 会议。

在节事管理环境下,有效沟通对两个阶段尤其重要:一是在计划制订时;二是在现场沟通时。

对于第一个阶段,使用企业内部网络是个有效方法,项目计划和数据可以通过内部网传递和更新。通常在计划改变后需要自动发送一封E-mail通知项目组成员。如果不使用类似系统,那么必须制定一个规则,以便让项目组成员及时知道计划的改变。

对于第二个阶段,推荐使用双向步话机,小型活动可能使用手机就够了。双向步话机允许多个人共同使用一个通话频率。但带来的问题是太多人同时通话,解决办法可以是规定工作人员无事状态下不要使用该频率。尽管设有专门为紧急事件报告的交替频率,但是一旦发现有被用来与他人闲谈,会立刻被屏蔽。

案例分析 13.1

悉尼—霍巴特游艇赛悲剧:谁该为此负责?

在导致6名选手死亡的1998年悉尼—霍巴特游艇赛悲剧发生三年后,调查小组公布了调查报告,这场灾难可谓是天灾人祸。由于一场没有预见到的海上风暴,在所有110艘游艇中,5艘沉没,66艘受损,55名船员落水。

在这份331页的调查报告中,国家检查官 John Abernethy 指出赛事组委会的赛事计划存在重大失误,并且在事情发生后迟缓的反应也加剧了事件的严重性。组委会缺乏必要的气象知识,导致未能认识到这场即将到来的风暴的严重性。同时 John Abernethy 也把矛头指向澳大利亚气象局。在赛事开始几小时后,澳大利亚气象局发布了一个风暴警报,但是在电话通知赛事组委会未果后,气象局没有继续联络组委会,而仅仅向组委会发了一份传真。不幸的是这个时候组委会成员正在一艘工作船上没有收到传真。

虽然组委会最终看到了传真,那时选手们离风暴还有22小时的路程,组委会没有意识到问题的严重性所以并未通知赛艇。随着风暴的加强,风力达到75哩/小时,组委会还是没有警告赛艇。而且当赛艇遭遇风暴时,组委会手忙脚乱,因为他们并没有准备危机预案。

思考练习 13.1

上文描述了澳大利亚气象局与赛事委员会间的沟通问题。请解释上述案例中的沟通障碍是如何发生的,应该如何避免?

沟通的传递模式强调一个“讯息”从一个人传递到另外一个人。这个信息被转化成了一个信号,通过一个渠道传送。如果渠道是电话,有多种可能使信息会被破坏。第一,机械噪音,比如电话线路故障造成的杂音;第二,语意噪音,比如用词含糊、混乱,使用对方不懂的专业名词等;第三,心理噪音,信息接受者主观上对信息产生抵触和不接受,可能由于信息发布者使用的声调和语言。

知识管理

从广义上说，知识管理是在组织内系统地管理知识的存贮和传递，并将个人知识转变为组织知识的过程。在节事管理组织中，知识管理主要指信息的制定和发展，向工作人员传递信息和事后的管理评估。

节事管理的一个特点是作决策的速度。比如在讨论 2004 年南亚海啸援助音乐会时，Matthew Lararus 去参加了一个短会，回来后发现会前作的一个决定已经被改变了。

快速决策系统需要相应的信息传递系统。正如上文所述，在现场使用双向步话机就是为了这个目的。随着科技的进步，多功能的手机也正逐步被使用来提高信息传递的速度和有效性。

将知识管理与节事评估联系在一起被日益重视。比如奥运会知识管理库就是这样的实践，它将为今后类似的大型节事提供巨大的帮助。曼彻斯特英联邦运动会也有自己的知识库。不论是一次性的活动，还是持续举办的活动，都能为以后的节事提供有价值的信息。

宾馆业在知识管理上做得很好，所有的标准、程序和统计资料都能完整地建立起来。节事管理行业在知识管理方面做得还很不够。不同节事的经验案例还主要通过相关人士之间来进行传递。要把知识转换成一种资本，必须系统化知识的收集和分类。使用相关技术是一个方面，但更重要的是人的因素。要营造一个组织氛围，使每个人愿意分享自己的知识、经验和教训。

以下是人力资源管理在知识管理上可以做的一些事情：

- 营造一种信任和开放的组织文化；
- 开发一个能捕获隐形知识的系统；
- 通过培训和导师制度向员工传递知识；
- 奖励为组织获取专业知识的项目；
- 写报告，比如培训评估报告，为人力资源知识库的建立作出贡献；
- 统筹情况介绍和汇报会议；
- 开发相关培训，教会员工知识管理的手段和工具，比如项目管理、项目评估、总体情况报告等。

冲突管理

提出冲突管理的最佳时间是什么时候？由于节事环境的动态特质以及组织者所面临的

各种压力，所发生的冲突也是因时因地而不同的。冲突可以被合理地解决，并有助于节事设计的创新性和创造性，但冲突也可能得不到很好的解决，最终导致团队的功能下降。Eunson (2005)指出，冲突能带来正面影响，导向更合理的决策，但同时也能阻碍沟通。Eunson 列举了以下四个可能引发冲突的因素：

1. **资源缺乏。**这包括时间、资金、人、设备等，如电脑硬件和软件设施。
2. **工作流重叠。**项目管理经常使用甘特图来表示各任务的前后顺序和彼此间的依赖关系，比如某个任务必须在另一个任务完成以后才能开始。
3. **权力和/或价值不对称。**权力或价值差距很大的人发现彼此很难在一起工作。
4. **目标不相容。**不同部门、职能团队或工作小组之间存在目标冲突，比如废物管理团队希望禁止使用聚苯乙烯一次性饭盒，但是对于食物供给团队这是无法接受的。

许多研究已经深入到项目建设时冲突的本质问题，这与节事项目建设时发生的冲突问题很类似，但又不同于企业里发生的冲突(Payne，1995；Sommerville and Langford，1994；Vaaland，2003)。Vaaland 独特地着眼于客户和工程建设的承包商的对立态度，该两者间的对立态度常常导致生产力损耗及成本增加。他建议，如果这两者的分歧能得到妥善处理的话，那么将有助于恢复管理压力之下的关系的能力。在建筑行业对这两个分歧的研究表明，承包商将重点放在最大限度地降低成本和工程期限，而客户则将重点放在满足利益相关者的需求上(Bryde and Robinson，2005)。在节事领域开始类似的研究，是很有益处的(参考本章末案例研究 13.2)。

团队合作

一个成功的节事需要各团队共同努力。但是资源分配的不公平、决策与沟通问题、不同的价值观和个人风格、项目计划不完备、领导力缺乏等，这些都是节事管理经常遇到的问题。

那么我们对合作了解多少呢？这里有一些假设：

- 管理者参与对合作工作计划很关键；
- 团队从规则的、专业的和公共的设施中获益；
- 冲突是不可避免的。

冲突可以通过以下方式减少：

- 明确清楚的个人角色和责任；
- 建立场地规则；

- 规定可接受的行为的极限；
- 制定清楚的目标和目的；
- 适当授权，让相关个人去谈判、作决定，并对此负责；
- 聚焦于组织最高目标（节事计划和时间期限）；
- 建立冲突处理程序；
- 建立冲突升级程序；
- 定期开会，加强监控。

在个人层次，冲突谈判技术包括：

- 提问；
- 倾听和提供反馈；
- 防止自己采取极端立场；
- 重复关键语句和事实；
- 重申问题，保持目标不偏移；
- 制定目标和行动节点；
- 关注任务和行为；
- 避免情绪化和指责个人；
- 寻找可选方案；
- 为下一步行动达成一致。

在所有让人困惑和感兴趣的节事管理的特征中，有一个特性研究报告被引用得不是很多，即所谓的“魔术瞬间”。在“魔术瞬间”每个人都意识到只有合作，节事才能如期举办。在节事管理环境下，抱怨、破坏、争执、指责在每一个任务上都可能发生，但是节事的最终目标凌驾于所有这些之上，而由于最终目标是不能改变的，不能延后的，所有的人都必须服从。一个有效的最终目标需要有明确的日期和时间。

跨文化交流

多国团队是节事的一大特征。另外，节事的组织工作可能在不同城市和国家展开。比如，烟火汇演及开幕式的专家往往都是在全世界跑的。因此跨文化交流是节事中个人和组织要面对一个挑战。

一个叫做Pyrovision的英国公司曾在2005年举办过一次“市长大人秀”，活动除了在伦敦举办许多表演，其员工还在摩洛哥、德国、法国、美国、俄罗斯等地进行相关工作。在国际活动中，跨文化的沟通技巧是项目谈判和项目实施所必须具有的技能。

许多研究沟通的学者把国家文化和组织文化区分对待。在本书中我们多次谈到节事组织文化的共同点，其中最主要的是项目管理导向和动态的工作环境。在讨论国家文化以及其对组织的影响的时候，我们关注国际商业关系和国家文化对沟通的影响。沟通的有效性往往由不同国家文化的适应性决定。Hofstede(1991)是该领域的著名理论家，下面是他对国家文化纬度的描述：

1. **权力距离**：关注社会各阶层群体、社会的平等或不平等程度；
2. **个人主义**：社会是强调个人成就还是集体成就，强调或不强调的程度如何；
3. **性别问题**：社会强调还是不强调传统的男性工作角色和男性成就、控制力或权力，程度如何；
4. **对不确定的态度**：社会对不确定和含糊的允许程度；
5. **长期导向**：社会接受或不接受传统的和向前看思维价值的长期投入。

其中，第5个纬度是Hofstede在完成一项"中国经理人"的研究后加入的。又如巴西的国家文化纬度中最高的是第4纬度，因此在巴西人们不容易接受变革，而且厌恶风险。了解相关的国家文化有助于事件计划和项目实施。

国家文化方面的研究经常会引发激烈的辩论，但是大部分学者同意跨文化沟通需要全球视野，并且知识和动机是全球视野的关键因素(Arasaratnam and Doerfel, 2005; McCabe et al., 2000)。

Griffith(2002)的沟通模型包括三个能力，分别是认知能力、影响能力和行为能力。认知能力是通过语言和非语言方式理解含义的能力。影响能力与个人的情绪倾向有关(比如接受文化多元化沟通的意愿)。行为能力是指灵活性和适应性，即对不同文化环境作出恰当反应的能力。

Geiffith进一步提出以下步骤，对监督和改进国际组织内的沟通有效性提出行动方案：

- 评估内部经理的沟通能力；
- 匹配内部和外部经理的能力；
- 评估沟通环境的有效性；
- 制定一个合适的沟通战略；
- 审计沟通行为的有效性。

节事计划需要与外部利益相关者进行广泛地接触和谈判，所以节事管理组织的海外机构必须了解当地的文化背景，并据此调整谈判策略。在全球环境下工作和有效沟通的能力是这些组织和个人在这种环境下工作需要优先具备的能力。

案例分析 13.2

拥挤管理的不同理解

圣诞游行的真实写照

我写这封信是因为我对于上周报纸第 3 版上一篇关于圣诞游行的报道感到恶心。你应该充分了解事实真相后才作出评论，我不明白为什么报纸只刊登某个人的单方面评论。

上周我和女儿参加了游行，跟随圣诞老人的还有孤儿院的小孩子。我们应该与圣诞老人一起穿过 Barnstaple。灯笼花车十分友好，让参加游行的儿童坐在车上。但是当我们到达绿街的时候问题发生了，汹涌的人流追逐着圣诞老人，堵塞了道路，导致灯笼花车无法通过。花车上有许多儿童，都是游行队列的成员，但是却被人流淹没无法继续参加游行。当我们到达欢乐大道的时候，一个 Rotary 俱乐部的绅士拦住我们的去路不让我们通过。难道他不知道孩子们希望随游行队列游行吗？难道他不赞同灯笼花车的善意吗？后来来了个警察，指引我们绕道，但是花车又一次陷入人群之中动弹不得。

人流控制和管理措施在哪里！

我们坐在车上被堵了半个小时，直到圣诞老人通过以后，我们才得以重新加入游行队伍，进入到绿色通道。孩子们本应该在那儿跟随圣诞老人到达石窟。

警察告诫我们小孩不要下车，因为人太多有危险。我们一直等到人流基本通过才得以动弹。对我们来说这次经历简直就是灾难，小孩子们惊恐万状又失望之极。

感谢那个警察和灯笼花车，是他们让孩子得到些许安慰。从人群的角度来看，这显示了 North Devon 的人民的荣誉感，正是他们的善意和幽默才使得气氛如此快乐。

也许 Rotary Club 应在组织如此规模，或可能有如此规模的活动前有更长期和认真的思考，因为看起来他们没有准备好怎样处理这种状况。

感谢那些无处不在的英勇的警察，感谢 PJ 和灯笼花车，感谢他们不仅帮助孤儿院的孩子们，而且为救助一个潜在的灾难性的夜晚创造了快乐的氛围。

Mrs Cindy Stone

Bamstaple

（授权于 *North Devon Journal*，2 December 2004）

Rotary Club 的角色不是拥挤控制

收到 Stone 女士来信后我们深表同情，但同时要指出她对 Rotary Club 在游行中扮演的角色的一个误解。

圣诞游行是市政管理中心组织的，Rotary Club 负责向活动提供志愿者服务，一共 14 名志愿者放弃晚上在家休息的时间参加了活动。

组委会给我们明确的指令：两人被派到欢乐大街，指令是不让任何车辆通过。其他人跟随圣诞老人的雪橇，防止（出于健康与安全角度的考虑）儿童靠近驯鹿。

所以 Stone 女士认为我们应该为拥挤控制负责是无稽之谈，这应该由专业人士比如警察来维持的。

Rotary Club 为慈善事业提供志愿者、筹款和做其他公益活动，其中包括参加游行的孤儿院孩子。这同样也需要 Stone 女士伸出援手。

对市政管理中心而言，Stone 女士是值得赞赏的，她全心全意地投入游行并积极反馈。

EDWARD O'NELL

Rotary Club 主席

（授权于 *North Devon Journal*，9 December 2004）

思考练习 13.2

1. 解释沟通问题是如何产生的？
2. 如何避免沟通问题的产生？
3. 请你给 Rotary Club 写封信，一方面感谢他们的工作，另一方面解释当时的状况。

本章小结

对沟通问题的理解能提高沟通的有效性。对于同样的信息，不同的人出于不同的视角和概念有不同的理解。而如果传递的信息是清晰无歧义的，误解发生的概率就会大大降低。本章我们还讨论了跨文化沟通，介绍了文化差异对沟通的影响。当然，刻板的跨文化交流是危险的。相反，一个侧重于理解差异的理念（包括个人和团体），以及着眼于发展有效倾听和明确沟通是一个更有建设性的途径。

冲突总是难以避免的，所以本章还介绍了冲突管理和谈判技巧。

最后，我们讨论了知识管理和其在节事管理中的实践和重要性。搜集、储存和评估节事的材料为今后的节事规划和实施提供了一个有益的积累。

复习问题

1. 选择一个沟通频道，描述在节事管理环境中如何使用。
2. 搜集两个节事的资料，比较它们与观众沟通的有效性。
3. 举三个理由说明节事中为什么会产生冲突。
4. 举例说明合作如何帮助达成双赢解决方案。
5. 讨论陈述："文化差异的学习会产生不良后果，导致对其他人的看法的思维定势。"

参考文献

Allen, J., O'Toole, W., Harris, R. and McDonnell, I. (2005). *Festival and Special Event Management*, 3rd edn. John Wiley & Sons.

Arasaratnam, L. and Doerfel, M. (2005). Intercultural communication competence: identifying key components from multi-cultural perspectives. *International Journal of Intercultural Relations*, **29**, 137–63.

Bryde, J. and Robinson, L. (2005). Client versus contractor perspectives on project success criteria. *Journal of International Project Management*, **2(8)**, 622–9.

Eunson, B. (2005). *Communicating in the 21st Century*. John Wiley and Sons.

Geert Hofstede™ Cultural Dimensions (2006). *ITIM International*. Viewed 12 February 2006, www.geert-hofstede.com/hofstede_brazil.shtml.

Goldblatt, J. J. (2005). *Special Events: Event Leadership for a New World*, 4th edn. Wiley.

Griffith, D. (2002). The role of communication competencies in international business relationship development. *Journal of World Business*, **37**, 256–65.

Hanlon, C. and Cuskelly, G. (2002). Pulsating major sport event organizations: a framework for inducting managerial personnel. *Event Management*, **7**, 231–43.

Hofstede, G. (1991). *Cultures and Organizations: Software of the Mind*. McGraw-Hill.

McCabe, V., Poole, D., Weeks, N. and Leiper, N. (2000). *The Business and Management of Conventions*. John Wiley & Sons.

O'Toole, W. (2000). Towards the integration of event management best practice by the project management process. *Event Management Research Conference*, University of Technology, Sydney.

Payne, J. (1995). Management of multiple simultaneous projects. *International Journal of Project Management*, **13(3)**, 163–8.

Sommerville, J. and Langford, V. (1994). Multivariate influences on the people side of projects: stress and conflict. *International Journal of Project Management*, **12(4)**, 234–43.

Vaaland, T. (2003). Improving project collaboration: start with the conflicts. *International Journal of Project Management*, **22(6)**, 447–54.

第 14 章 领导力

学习目标

读完本章以后你能：

- 区分管理和领导的概念
- 描述项目管理的步骤
- 讨论通过项目管理方式为节事管理提供领导力是否合适
- 描述节事环境下领导因素
- 描述领导力理论和它们与节事管理行业的关系
- 领导力培训

介　绍

本章我们将讨论领导力这个话题。关于领导力已经有很多著作，但这些研究都是针对普通商业环境的。在普通商业环境中，每件事都比较稳定：政策和程序已经制定好，应对市场变化的机制也处于运作中。即使员工流失率比较高，组织特征也不受影响。银行、医院、超级市场和速食连锁店是比较典型的代表，在这些组织里组织文化已经建立，企业按照既定程序一步步向前发展。

而节事却是一个从零开始的项目，经常处于让人乍舌的快速变化中，包括新场馆、新政策、新运营模式、新员工，几乎什么都是新的、变化的。虽然有一些小型的活动，会在固定的场所举办，有一套成型的流程，但对于大多数节事来说，特别是那些文化艺术娱乐活动，其理念和组织上都具有独一无二性，这就要求一种灵活的领导力。

管理还是领导?

大部分人同意不是每个经理都是一个领导者(虽然他或她应该是)和领导者未必是经理(比如一些工人被认为是领导者)。在节事环境下,非正式领导者经常出现。例如,当出现领导者真空时,一个经验丰富的商业从业者站出来担当起一群志愿者的领导者。这个不确定的非正式领导者承担了领导职责却仍一无所知。

管理通常被定性为战术,是一个计划、组织、领导和控制的过程。计划指制定目标和运营战略;组织指建立结构和分配任务;领导指激发员工全力以赴;控制则确保任务按要求完成(见图 14.1)。因此,领导是管理的一部分。

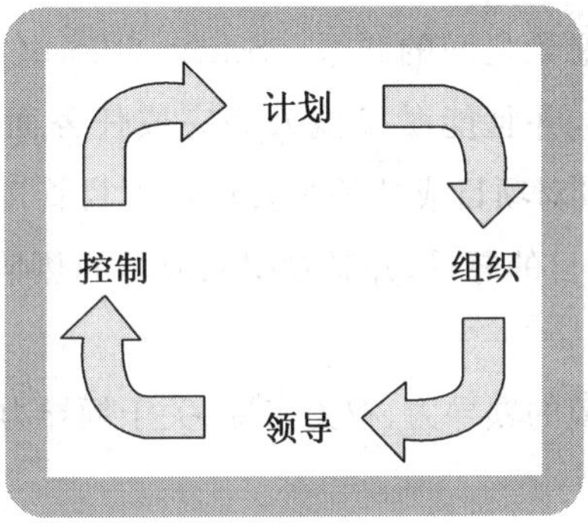

图 14.1　管理流程

我们在第 3 章讨论过项目管理,在这里我们来看项目管理的五个阶段与领导力的关系。

1. **发动。**在这个阶段项目目标和愿景被建立,核心团队到位,开始制定节事计划。
2. **计划。**细分工作目标,分配资源和制定进度表。在这个阶段,指向项目目标的任务和行为被清楚定义。整个阶段的重点在于决定工作范围。
3. **执行。**在这个阶段,项目计划已经完成,接下来是完成任务,达到时间节点和管理关键路径(甘特图)。沟通非常重要,贯穿整个阶段。
4. **控制。**监控工作结果,重排进度表和重新分配资源,这个阶段保证项目在希望的轨迹上运行。利益相关者的标准不同,则项目目标也不同。请注意在节事中,一个项目是不可能超越限定时间运行的;媒体和观众都等待着演出的开始,甚至世界各地的观众都在等待开始的这一刻。
5. **结束。**在团队被解散前,需要对项目做个回顾、支付账单和向人们致谢。项目评估是必须的，它是该次节事的结果和取得成就的证明。

读者可能注意到，在五个阶段中，领导力并没有显著地出现。这可能是因为软件设计或工程建设行业的项目管理的特征决定的，它们没有节事项目管理所具有的创新性、复杂性、动态性和对外部利益相关者的依赖性。但是我们仍然怀疑，因为所有的工作领域，特别是开拓性的项目，都需要愿景和领导力。Thomsett(2002)在讨论项目管理演变时指出，日益复杂的技术要求使得项目经理不可能去进行技术研究。他将项目内容和项目环境区分开，指出项目内容包括项目的任务、技术可行性；而项目环境是商业、社会和政治环境。他强调项目经理的作用是尽一切可能去确保项目达成商业目标："与所有的外部利益相关者建立良好的关系，这样你就可以做该做的事了，所以关键是关系。"(p. 26) Thomsett 进一步建议，项目经理知道的技术细节越少越好，项目经理的角色在于权力和影响力，在于让任务被执行。Thomsett 总结道，领导力是关于变化，而管理是关于命令和持续性。

其他学者强调领导力与愿景之间的联系。Schermerhorn(2004)指出具有愿景的领导应该清楚地知道下一步的方向，并且能激发他人为完成任务而全身心投入。Christenson 和 Walker(2004, p. 45)强调愿景对项目成功的重要性："项目管理的领导力是指将项目需求充分清晰地表达出来，转化为项目的愿景，并激发团队成员的热情和为了项目成功全身心投入的承诺。"

本章将介绍基于节事环境的领导力、权力来源、关于领导力的新旧理论等。

案例分析 14.1

2005 爱丁堡电影节——关于领导力风格的事例

Danielsen 曾在爱丁堡媒体上表示愤慨，他说："所有到过爱丁堡的批评家都是愚蠢的。这儿没有像在欧洲盛行的那种电影批评文化。"在电影节临近尾声时，Danielsen 在接受 *The Australian* 采访时说道："我希望电影节只发出一种代表自我观点的声音。我这么说并不是因为我狂妄自大。电影节通常通过协调、妥协和委员会来运行，这使得它淡而无味。如果你是拿工资的艺术总监，那么你才能任意指点，说这个不错那个不行，或者这个很入时那个已淘汰等。"

（选自 Emma-kate Symons, *The Age*, 30 August 2005）

思考练习 14.1

1. 概述这个案例中的问题要点。
2. 阐述艺术节总监的观点。

领导力的定义

“领导力是在成员中间激发信心和支持的能力，组织需要这些成员去完成组织的目标。”(DuBurn, 2004, p. 12)DuBurn 所说的是一个人激发和鼓动他人的能力。如前所述，领导可以由非管理人员担当，比如工会领导。在最近的一些研究里，学者开始研究所谓的“近”和“远”的领导力(Alimo-Metcalfe and Alban-Metcalf, 2005)。这些学者这么做是因为以前大部分的研究都是关于高级管理人员的(“远”领导力)，但是他们认为还应该研究“近”领导力，即处在组织结构较低端的成员，这些成员决定了组织的实际运行，而不是对组织目标的实现施加意义深远的影响力(“远”领导力的作用)。

“追随力”(followship)这个概念在近年中回应劳动力各种本质特征时提及过。领导力和追随力通过组织的不同层次来区分。

近期的研究更具性别与文化的包容性(Alimo-Metcalfe and Alban-Metcalf, 2005; White et al., 2001)。女性研究专家声称，性别包容性研究表明，领导力与追随力间寻求合作和互相依存的关系是较为常见的。它也表明，集团的线性发展，尤其是那些存在观点纷争的阶段，是不适合现代工作环境的。

领导力的定义有许多种，各有侧重不同，比如：

- 发挥影响力；
- 吸引追随者；
- 提升人们到一个新的层次；
- 说服其他人为了一个共同的目标去努力；
- 基于真实的案例的领导。

大部分领导力定义中都包括影响力这一主题。

节事环境下的领导力

在介绍各种领导力理论之前，让我们先回到第1章看一下关于节事环境的描述。在本章我们将比较各类组织的不同背景，包括长期组织、短期组织、主要由志愿者组成的组织等。

Shone和Parry(2004)用“短期组织”来描述节事。这个定义对我们讨论节事环境下的领导力很恰当。因为短期组织和长期组织是截然不同的，而大部分的领导力研究都是基于长期组织的。

长期组织

为一个长期稳定的组织建立战略计划需要一个对未来的愿景，包括随着时间的推移可能对组织产生影响力的内部和外部力量、竞争、组织保持领先需要作出的反应等。在大型机构里，这通常是高级经理们的职责，比如媒体、金融和通讯。节事的赞助商通常也属于这类组织，比如雇用公司，这类公司通常都有长期经营管理的规划，并希望在各种环境下都能获利。

短期组织(基于项目的)

大部分的节事和节事管理组织都是短期的。它们的规模比不上大型企业，它们的愿景里创新性多过战略性。许多节事都是基于项目的，比如有固定的资源和时间进度表。在这个环境里，领导力就是驾驭资源和激发承诺去完成一个创新愿景(Shone and Parry, 2004)。他们强调了特殊节事的非常规性和独特之处。而Watt强调的是一个与众不同的节事所具有的复杂性和面临的挑战。

主要由志愿者构成的组织

一般来说，如果不支付报酬就很难要求别人做事。事实上，为了最小化劳动力流失，需要设计奖励和保留计划来保证节事期间有足够的志愿者。在这种组织中，领导力尤其重要。领导者需要向志愿者清晰地传递节事的目标，获得志愿者的认同，因为志愿者的动机是基于他们的理想与节事目标的一致性(Bussell and Forbes, 2001; Elstas, 2003)。

在节事中，许多服务都被外包出去了，这是对领导力的一个挑战。与志愿者一样，承包商也不是组织的付费员工，因此需要领导者具有高超的沟通、谈判和冲突管理能力。领导力早期的定义是指那些能实现组织目标的人，是能包容所有承包商的。

节事进入危机模式的时候也是对领导力的一个挑战，比如火灾、炸弹威胁或拥挤践踏。这时，一般将由相关机构接管领导，比如应急服务机构或警察当局。因为在这种情况下，军事化的指令和控制模式会更有效。

权力来源

一个领导具有多种权力来源。在大部分组织中最普通的权力来源是雇主对雇员的法定权力。这种权力来源在志愿者和承包商代表中就很有限了。

与大部分组织一样，在节事环境里，权力有不同的来源，并且发挥不同的影响（Mintzberg，1983）：

- **法定的权力**，来自个人在组织中的管理等级。此外，诸如警官、救火队员等具有这种法定的权力。
- **奖励的权力**，能够提供奖励，包括有形的（涨工资、奖品、红利）和无形的（表扬、推荐）奖励。
- **强迫的权力**，通过强制手段控制他人行为，这种权力包括批评、降级、警告或最终的解雇。
- **专家的权力**，获得下属或他人对其高超技能和知识的仰慕。
- **信息的权力**，具有获取和控制信息的能力。
- **榜样的权力**，受到他人的敬仰和认同，获得他人的忠诚和钦佩。

在大部分情况下，下属会反抗强迫，志愿者将离开组织，而榜样和专家的力量则最可能引导成员投入和付出。

领导力理论模式

以下领导力理论按照出现的时间顺序排列。领导力理论随着社会的演变而演变，比如工作形式变革、工作多元化等。

领导力特质论

早先的理论认为领导者具备一些特质，具有这些特质的人就有可能成为一个出色的领导者。领导力特质包括自信、决断和感召力等。Edwin Locke(2000)认为在所有领导力特质中最重要的是驾驭力、自信、创造力和认知力。在近代，英国学者进一步扩大了领导力特质，包括诚实、决断力、感染力和解决复杂问题的能力等(Alimo-Metcalfe and Alban-Metcalf, 2005)。

当前，情商越来越引起大家的关注。情商是管理个人情绪和人际关系的能力。Goleman (1995)认为情商具有四个维度：自我意识、自我管理、社会意识和关系管理。

Goldblatt(2005)列举的最重要的领导力特质包括正直、自信、坚持、协作、解决问题、交流技巧和视野。他指出，领导力既不是个性魅力、控制和指挥的能力，更不是激励的天赋。相反，如同好的品位一样，领导力是一种难能可贵的品质。

领导力风格论

该理论提出二维领导力风格，一是关心生产(任务导向)，二是关心员工。最好的领导者应该同时关心生产和关心员工，具有结果导向的管理风格。

权变理论

有些学者认识到不同的环境要求不同的领导者，这导致了权变理论的产生。权变理论认为领导者需要对一系列的环境变数做出相应的反应。Fiedler(1967)将管理风格(任务导向或关系导向)与环境变数(成员关系、任务结构、职位权力等)相匹配。而 Hersev-Blanchard (1993)在其模式中则关注于追随者的成熟度，认为对于新员工(低工作成熟度)需要一种导师教导式的领导；随着员工成熟度的提高，逐渐转变成一种参与式的领导；最后，当员工达到一个较高的成熟度，只需要很少的方向指引，而更多的是授权式的领导。对于节事，很显然，由于工作人员大多在节事开始前才进入岗位，因此他们的成熟度很低，需要的是导师教导式的领导。

本书较多地阐述了关于活动背景的内容。领导力风格和许多环境因素都有关：用以指导和作决定的足够的时间；相关的风险如下放拥挤人群管理的决定等。

变革型领导理论

Burns 等(2004)以及 Avolio 和 Bass(1994)重点研究交易型领导和变革型领导。交易型领导力的特征是基于完成目标的奖励。而变革型领导的特征则是让追随者理解任务的重要性和价值，从而激发追随者全身心的投入。在大多数境况下，变革型领导是一种启发式和激发式的领导。在少数案例中，领导者具有强大的人格魅力，但是其领导力被用来实施一些反社会的行为，比如腐败和公司丑闻，因此我们要清醒地认识到人格魅力的消极面。

在节事环境下，丑闻也时有发生，比如悉尼奥运会曾发生将门票分给特权人士导致普通公众买不到票的丑闻，甚至认为使用美国和日本的乐队是不爱国的表现以至于行进乐队表演失败丢了面子。个人的创新，虽然是积极的表现，但是有时也会有意想不到的效果。

Avolio 和 Bass(1994)通过领导者如何影响追随者的角度来定义变革型领导。他们列举了领导者影响追随者的三个方式：

- 增加他们对任务重要性和价值的认知。
- 让他们关注于团队或组织的目标。
- 激发起他们更高层次的需求，比如自我实现。

Avolio 和 Bass 认为真正的变革型领导建立在道德基础上，是价值驱动的变革推动者。

Doyle(2002)将一个高度变化的商业环境形容为"高速环境"。音乐节、节日庆典、展览或会议开幕前那段时间绝对是一个"高速环境"。Doyle 认为组织中仅存在几个变革推动者是远远不够的，需要更广泛更多元化的变革推动者，去抵抗压力和挑战，适应变化的环境。虽然这不是在招募阶段的必须考虑，而是他认为应该重视这种能力，即能经受考验与强度的能力、能应对各类突发事件的管理能力。

Doyle 的观点非常有用，尤其是在挑选项目高级管理人员时，需要变更其管理能力特征的优先顺序。如果在考评过程中发觉没有这些属性，则已经为时太晚，延误了采取补救措施的最佳时机。在节事项目中，很少有学习和成长的机会，错误只会带来严重不堪的后果甚至延误项目进展时间。比如，一个关于票务的错误决定引发一场媒体风暴，迫使组织对节事计划做出各种改变。所有组织成员都必须动员起来去响应变动，让组织走出困境，并防止士气受到打击。因此，节事组织者必须认识到节事计划环境下产生变数的可能性，并且挑选合适的人员在发生变化时起到领导者的作用。

领导力和决策

领导力体现在如何决策上。每个经理人作决策都受以下几个因素影响：第一，领导者自己的特征、知识和经验；第二，追随者的特征、个人品格、文化背景和他们的身份(员工、志愿者或承包商);第三,任务的需求,任务可能带来的风险;第四,所处的节事环境和社会政治环境。领导者在作每个决定时,上述这些因素都是不同的,因此每个决定都是独一无二的。图14.2将展现这四个因素作用下体现领导力的行为和决定。注意这不是领导风格,而是稍纵即逝的瞬间决定或行为。

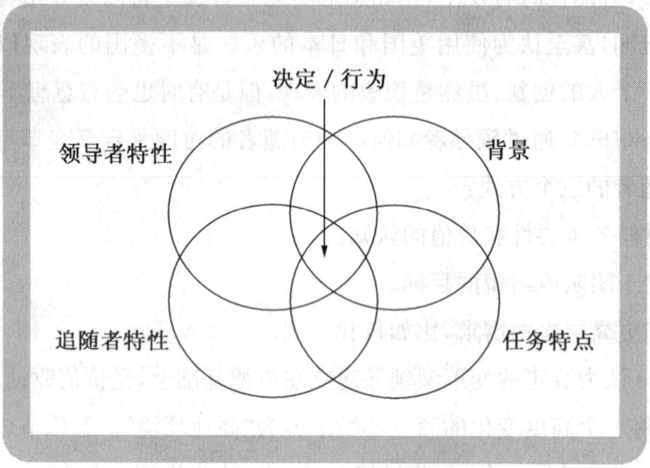

图 14.2　决策模型

读者朋友可能还记得 Matthew Lazarus-Hall 的例子。Matthew 策划的 Wave Aid 音乐会是一个救济性质的音乐,请到了很多高知名度的演员。这个音乐会从决定到策划只花了一个月的时间。下面的引文就对该音乐会的背景情况做了很好的描述。他称此次策划的决定神速至极,合作顺利也是前所未有的。不过,当所有的团队返回各自的岗位后,一切又都归于寻常。

> 为筹集到更多的钱,节事组织者忙于让供应商们提供义务劳动或免去开支,这其中包括乐队、管理部门、推广和宣传人员、网站设计员及活动主办者等。
>
> 所有支出均在音乐会结束登载在网站上,并在印刷媒体上发布新闻。活动净收益将分捐给澳大利亚红十字会、乐施会、国外援助中心、儿童基金会和澳大利亚援外慈善机构。我们鼓励悉尼人民及全球同胞来支持这项活动(www. waveaid. com. au/about. html)。

在本章末的案例分析(14.2)中关于2000年悉尼奥运会组委会主席迈克尔·奈特和悉尼奥运会组委会执行主席桑迪·霍尔韦之间的争执。这案例只讲了一个关于决定的故事。因霍尔韦对于奥运会的贡献,国际奥委会欲给其最高奖励——国际奥委会金质勋章,但奈特提出反对意见。Dick Pound(2001)描述了两人之间戏剧性的差异,霍尔韦受到其员工的崇拜,而奈特则被描绘成“心胸狭窄”、具有好斗风格的人。

领导力培训

大部分节事会进行领导力培训，让管理人员更多了解所处的环境和需要他们领导的员工。培训包括图 14.2 中列举的所有要素。

环境背景

大部分培训开始于节事的目标描述，也许是客户的需求、文化庆祝，或者赢利目的，即向受训者传递“为什么我们聚集在这里”和“我们要完成什么任务”的要义。这部分培训可以邀请主办方的 CEO、节事创意总监或筹资经理来作演讲。

任务背景

这部分培训可能包括许多内容，比如任务的具体要求、人员出勤计划、制服安排、工资、工作餐、工作纪律等。岗位培训一般不包括在领导力培训中。

追随者特征

了解工作团队的组成和对他们的希望是这部分培训的重点。如果志愿者管理是领导者的重要职责之一，需要在培训中加入相关内容，比如邀请志愿者演讲人。

领导力特征

自我分析十分有用。许多培训师会在培训中进行个性测试和游戏。然而，由于人的特性是不能轻易改变的，因此这部分培训重点在于让受训者意识到自己的不足，比如缺乏经验、缺乏相关知识等。为了加强受训者对节事环境知识的了解，常采用基于问题的研讨和练习。

决策和行动

在这部分培训中，邀请一位经验丰富的领导者来向受训者教授领导工具和技巧，是有效的培训手段。培训内容包括如何激发团队成员、如何做工作排程、如何处理员工问题、如何解决意想不到的员工危机等。理想的情境是，向受训者提供一系列需要解决的问题。培训时可以采用基于表格的练习、游戏和角色扮演。图 14.3 例举了一个包括这些要素的领导力培训计划。

主　题	内　容
入场音乐	欢快的入场音乐
欢迎词	节事领导力 ● 本次培训的内容 ● 本次活动背景 ● 工作人员组成 ● 领导力技能 我们将如何做? ● 讨论 ● 录像 ● 活动和技能建立 你们还想知道什么? ● 包括哪些人 ● 设施 ● 结束时间 本次培训的目标(列表)
介绍	你参加过的最大的节事,你的职责是……(例如:婚礼、公司派对、颁奖典礼、体育赛事)
领导面对的环境	介绍和播放欢迎录像(CEO)
节事环境	节事环境的特点是什么?
录像	播放录像片段“大挑战”
活动环境下的领导技巧	受训者填写
利益相关者	涉及哪些利益相关者,让受训者填写
期望	● 如果是一名团队员工,他/她希望从领导者那里获得什么? ● 如果是一个领导者,我对员工的期望是什么? ● 事件管理期望一个事件领导者做什么? ● 如果是一名观众,我对工作人员的期望是什么?
工作人员	付费员工、志愿者、承包商他们各自的动机是什么?
动机	● 为什么人们投身志愿活动?(播放录像或请志愿者演讲人上台) ● 情景模拟:员工流失(付费员工/志愿者/承包商) 你怎样留住员工?
休息	
游戏	开展游戏的原因是:以团队集中的方式,在游戏中培养处理意外状况的技能 游戏具有活动日或时间期限的特征 团队处理所给情境
目标	最先完成任务的队伍胜出,奖励

主 题	内 容
内容	计划和协调 录像和讨论
互动和讨论	技能培养
内容	告知和欣赏 录像和讨论
互动和讨论	技能培养
内容	时间管理和压力管理,团队激发 录像和讨论
互动和讨论	技能培养
员工基本需求	回顾员工不满的内容 思考员工的需求(不仅仅是食物、饮水等) 游戏:每个人写下员工需求,然后都粘贴在一个球上
结束	
培训反馈和评估	

图 14.3 领导力培训计划

案例分析 14.2

2000 年悉尼奥运会——另一个关于领导力风格的例子

澳大利亚奥委会主席迈克尔·奈特本周三在经历了广为流传的个人危机事件后宣布辞去政治职务,而这仅仅是在被誉为最成功的奥运会结束后的三天。

奈特因为否决国际奥委会授予悉尼奥林匹克组委会领导人勋章的决定而被卷入痛苦的争论,他说,他和家人在去年圣诞节已经决定,奥运会闭幕后就辞职。

"我们决定在运动会仪式结束后的第一天就与你联系,然后作出决定——我将于今年年底离开议会大厦。"奈特说。

悉尼的标志——奥林匹克运动会的政治形象在短短几天时间就被搞坏了。

由于奈特阻碍国际奥委会给悉尼奥运会组织机构的负责人颁奖,国际奥委会资深副主席迪克·庞德周三给奈特贴上了"心胸狭窄"的标签。

澳大利亚媒体集体批评奈特,称其是一个具有报复性的政治家,因其欲从悉尼奥运会成功中获得回报的企图未能实现。

庞德说,国际奥委会主席胡安·安东尼奥·萨马兰奇在上周日的奥运会闭幕式上把国际奥委会金质勋章授赠给奈特,而在这几个小时之前,奈特威胁将公开拒绝接受这个奖项,如果他的同事桑迪·霍尔韦获得了同样的荣誉的话。

庞德称,国际奥委会理事会无争议地同意给霍尔韦颁授国际奥委会金质勋章,以表彰他对于奥林匹克运动作出的杰出贡献。

“很明显,这不是迈克尔·奈特的观点,因而他与理事会的分歧是如此之大,以至于他将拒绝接受勋章,如果桑迪也获得的话。”庞德对澳大利亚电台记者如是说。

(http://news.bbc.co.uk/sport1/low/olympics2000/955423.stm)

思考练习 14.2

1. 通过阅读上述事件的摘录,你将如何描述奈特的领导力风格?

2. 讨论下述观点:“领导力决策是由历史和社会政治所决定的。”

3. 在节事的背景下,对领导者的培训是非常短促的,仅一天或更少。培训者如何使团队领导者的准备工作能做得最好?

本章小结

本章讨论了一个重要的话题——领导力,即影响他人完成组织目标的能力。我们讨论了长期组织和短期组织中的领导力,研究了不同的领导力理论和领导力模型(“近”领导和“远”领导)。我们再次谈到项目管理,因为节事管理与其有许多相似的地方。我们强调在节事环境下,尤其是当工作人员包括大量的志愿者和承包商员工时,有效领导的重要性。决策力是一个优秀领导的必备素质。每个节事应该为管理人员进行领导力培训。

复习问题

1. 什么是领导力?

2. 领导与管理有何不同?

3. 领导力如何在项目管理模型中体现?

4. 列举和描述领导力的权力来源。

5. 选择一个领导力理论,仔细学习,然后评估该理论对节事环境是否有效。

参考文献

Alimo-Metcalfe, B. and Alban-Metcalf, J. (2005). Leadership: time for a new direction. *Leadership*, **1(1),** 51–71.

Avolio, B. J. and Bass, B. M. (1994). *Improving Organizational Effectiveness through Transformational Leadership*. Sage.

Blake, R. R. and Mouton, J. S. (1985). *The Managerial Grid III: A New Look at the Classic that has Boosted Productivity and Profits for Thousands of Corporations World-wide*. Gulf Pub. Co.

Burns, J. M., Goethals, G. R. and Sorenen, G. (2004). *Encyclopedia of Leadership*. Sage.

Bussell, H. and Forbes, D. (2001). Understanding the volunteer market: the what, where, who and why of volunteering. *International Journal of Nonprofit and Voluntary Sector Marketing*, **7(3),** 244–57.

Christenson, D. and Walker, D. (2004). Understanding the role of 'vision' in project success. *Project Management Journal*, **35(3),** 39–52.

Clune, D. (2001). Political chronicles. *Australian Journal of Politics and History*, **47(2),** 243–309.

Doyle, M. (2002). Selecting managers for transformational change. *Human Resource Management Journal*, **12(1),** 3–17.

DuBrun, A. (2004). *Leadership*, 4th edn. Houghton Mifflin Company.

Elstad, B. (2003). Continuance commitment and reasons to quit: a study of volunteers at a jazz festival. *Event Management*, **8,** 99–108.

Fiedler, F. E. (1967). *A Theory of Leadership Effectiveness*. McGraw-Hill.

Goldblatt, J. J. (2005). *Special Events: Event Leadership for a New World*, 4th edn. Wiley.

Goleman, D. (1995). *Emotional Intelligence*. Bantam Books.

Hersey, P. and Blanchard, K. H. (1993). *Management of Organizational Behavior: Utilizing Human Resources*, 6th edn. Prentice-Hall.

Locke, E. A. (2000). *The Blackwell Handbook of Principles of Organizational Behaviour*. Blackwell.

Mintzberg, H. (1983). *Power in and around Organizations*. Prentice-Hall.

Schermerhorn, J. R., Poole, D. A., Wiesner, R. and Campling, J. (2004). *Management: An Asia-Pacific Perspective*. John Wiley & Sons.

Shone, A. and Parry, B. (2004). *Successful Event Management*, 2nd edn. Thomson Learning.

Thomsett, R. (2002). *Radical Project Management*. Prentice-Hall.

Watt, D. (1998). *Event Management in Leisure and Tourism*. Addison Wesley Longman.

White, J., McMillen, C. and Baker, A. C. (2001). Challenging traditional models: towards an inclusive model of group development. *Journal of Management Inquiry*, **10(1),** 40–57.

第 15 章

激励和员工保留

学习目标

读完本章以后你能：

- 讨论员工保留的问题
- 描述内容激励理论和过程激励理论的不同
- 用心理合同的概念去分析志愿者期望
- 描述奖励和认可的方法
- 制定员工保留战略
- 讨论管理人员的激励

介　绍

当一个节事的工作人员主要由志愿者组成，组委会需要考虑的一个重要问题就是员工激励。员工流失率是离职员工数量与全部员工数量的比率。在节事中工作人员在活动开幕前的离职率是人力资源管理的一个重要内容。2006 年英联邦运动会开幕前的 10 周内共计 1 200 名志愿者离职，全部志愿者数量是 15 000 人。

有许多研究志愿者激励的文章，在第 4 章我们也介绍了一些。另外一些研究关注志愿者流失的原因。Elstad(2003)归结出三个理由：工作量大、工作得不到赞赏和组织工作差。而 Cuskelly 等(2004)做的一个志愿者行为可靠性的研究则认为，研究志愿者行为比研究志愿者态度更重要。他们的一个观点是，许多组织应对志愿者流失的措施是再招募，但是这会带来招聘和培训成本上升，制服和证件成本上升等。而志愿者数量大于实际需要也会带来不利影响，志愿者会感到无事可做从而产生不满情绪。因为一个重要的满意因素是感到自己是有用的，有技能的和产生工作成绩的。运用计划行为原理，Cuskelly 认为可以通过志愿者行为意向控制的评估来判断其是否具有作为志愿者的信心和技能，从而对其行为作出预测。

志愿者激励和保留并不是我们要关心的惟一因素。从风险管理角度来看，更应该关注核心员工，比如计划制定人员的保留。一个关键人员在关键时刻离去将对团队的其他成员产生重大影响，比如增加工作量、加大完成任务的难度等。因此对管理人员和核心人员的保留应该给予更多关注。一个可行的措施是在合同中规定"忠诚奖励"。

Hanlon 和 Jago 为如何留住重大体育赛事中那些付费的季节性工作人员制定了方案，这将在本章后面部分讨论。

激励理论

激励理论可以归为两大类：内容型激励理论和过程型激励理论。内容型激励理论认为个人具有类似的需求，因此在工作中满足人的这些需求就可以产生激励效果。过程型激励理论正好与之相反，认为人的需求存在差异，因此要研究从动机的产生到采取行动的心理过程。

内容型激励理论的代表是赫茨伯格的双因理论：

表 15.1　赫茨伯格双因理论

保健因素（导致不满）	激励因素（导致满意）
● 监督 ● 政策 ● 工作环境 ● 人际关系 ● 薪酬和奖励	● 成就感 ● 得到认可 ● 挑战性的工作 ● 责任感 ● 成长和发展的机会

根据双因理论，如果保健因素得不到满足会引发个人的不满，而保健因素得到满足并不一定会使个人满意。激励因素如果得到满足则会使个人满意。为证明这一点，Elstad(2003)观察到，在爵士节上提供的食物对保持志愿者工作的积极性有重要的作用。食物是保健因素，食物不好会导致观众不满，但食物很好观众也不一定会对爵士节感到满意。这些因素确实起到激励目标实现的作用。就管理人员而言，工作本身内在的特质，尤其是节事概念和计划的创造性发展就是一种高度满足感。总而言之，激励因素让员工留下来，而令人不满的保

健因素导致员工流失。

所有的过程型激励理论都强调认知过程决定一个人的激励层次。比如公平理论认为个人会比较自己和他人在付出和所得之间的差异。这个比较过程是由对公平和平等的关注驱动的。

Vroom(1973)的期望理论认为激励是基于付出努力和获得奖赏之间的联系。这个联系同时也是一个个人判断的过程,包括:判断努力与奖赏之间是否存在联系;判断良好表现是否一定会带来奖赏;判断目标的可达性。图 15.1 是期望理论的一个过程。

图 15.1 期望理论

如果个人认为无论怎么努力都无法达到预定的工作成绩,他们也许会放弃努力。比如在 15 分钟内同时服务 300 位宴会来宾。不能完成这个任务是因为无法提供足够的工作人员并且厨房也来不及准备食物。当然,工作人员也许会考虑所允诺的奖赏。如提前结束回去休息,第二天一早再准备早餐等。作为奖赏的允诺应具有较高的价值并可以如实兑现。

过程型激励理论强调了认知和感知作为客观工作条件的作用。

Locke 和 Latham(1984)提出目标理论,认为目标决定努力程度。当多个目标同时存在的时候,人们判断需要为实现每个目标付出多少努力,参与目标的制定增强个人的控制感。目标理论特别适合节事项目管理。事件计划详细制定观众数量、食物供给、交付时间等目标,并将目标传达给工作人员。在个人层面,安全检查清单、现金平衡、就餐券平衡等控制目标的达成会提供满足感。

员工期望

Guest 和 Conway(2002)所说的心理契约,是指在雇佣关系中的许诺和承诺,即员工期望。心理契约是双向的,雇佣双方都作出许诺和承诺,都有期望。期望管理在志愿者管理中同样重要。下面一段引文是关于节事中志愿行为的心理契约。

> 首先,不论以前的经历、背景或参与的原因,志愿者寻求心理契约的履行。在早期,心理契约建立在信任的基础上。因此所有早期的合约、行动或培训都要向志愿者传递

这样一种信任感，即他们的期望可以获得满足。

其次，在制定活动计划、招聘、培训和沟通中，我们总是倾向于一种理想化的思维，但是现实并不如此，期望并不总是能够被满足。因此，就会提供一些补偿，但是只要期望没有被充分满足，就会产生士气下降和退出，尤其当志愿者和管理者之间缺乏沟通时。虽然志愿者对于不确定和期望不能被全部满足有一定的心理预期和容忍度，但是管理者绝不能因此而掉以轻心。希望参与某一个有意义的节事的愿望对志愿者有吸引力，但是当管理者不能满足他们的期望，不能兑现承诺的时候，这种愿望还不足以强大到能影响他们的态度和作出反应。

第三，这类节事往往能激发起一种乐观精神和口口相传的营销效果。这种乐观情绪将会延伸成为对长期结果的期望。因此，如果措施得当，志愿者能激发一股积极的期望和公民主义精神。节事管理者面对的挑战就是事先设计好这样一种长期成果，这样就能充分发挥一支高度自觉和士气高涨的志愿者队伍的力量。

Ralston et al.，2004

Guest 和 Conway(2002)也对心理契约做过研究，他们把心理契约分为三个阶段：最初的进入阶段、日常的工作阶段和走向未来阶段。下面我们一一论述。

最初进入阶段——制定计划阶段

节事筹备早期的高调宣传很容易在员工和志愿者中形成一种强烈的主人翁感(Hanlon and Jago，2004)。Ralston 等(2004)在一份对 2002 年英联邦运动会志愿者研究报告中指出，与志愿者的早期沟通极其重要。他们发现激发志愿者热情的主要是利他主义、参与主义和事件自身的特殊性。媒体对这样级别的节事会大肆报道，正面的宣传对志愿者和组织者之间关系的建立帮助很大。但同样的，负面的报道会降低人们参与的热情，导致志愿者数量大大减少。在 2006 年英联邦运动会开幕前几周，组委会不得不再次联系 1 200 名先前被拒绝的志愿者以弥补志愿者的流失。

正面的宣传对于承担基础建设和项目的组织者更重要。外部压力会对这些忙碌得热火朝天的工作人员产生重大影响。因此管理者必须充分重视对付费员工的激励。压力和筋疲力尽是经常发生的事，有些人在节事即将开始前倒下，另一些则已经精力枯竭，而这时正是要他们打起十二分精神的时刻。另外，在节事还没有结束时，一些人已经在琢磨结束后的另一份工作。以上这些都是节事组织者需要考虑的事情，事实上，有些节事的组委会还会向工作人员提供“再就业”服务。

这个阶段应注重内部沟通、有效的定期会议交流以及为阶段性目标实现举行的庆祝活动。良好的培训和改善管理方法有助于促进理解。

日常事务执行

在活动举办期间的员工和志愿者的激励和保留计划是人力资源计划的重要组成部分，可以包括如下内容：

提供免费票

许多志愿者都想在不工作的时候能去看看比赛和演出，组委会也经常向他们提供一些免费的票，比如彩排观摩票、闭幕式门票等。但也有研究指出，免费票带来的志愿者满意度提升并不影响志愿者流失率的变化(Elstad，2003，p. 107)。

来自赞助商的产品

很多时候，组办方会向工作人员发放赞助商的一些产品作为奖励。但就算是一个很好的举动，如果措施不当也会带来副作用。比如悉尼奥运会的赞助商 Swatch 公司向志愿者发放纪念表，由于准备不足，后勤保障没跟上，有部分志愿者被遗漏了(Webb，2001)。

全勤奖励计划

全勤奖励计划常用来保留员工和志愿者。比如全勤工作人员可以参加抽奖，奖品可以是一辆汽车。酒店和大型活动组委会常使用这种方法(Byrne et al.，2002)。但是中奖率不高会使得这种保留计划的效用大打折扣。

忠诚红包

比如，如果工作人员保持全勤，那么在规定时间的工资上增加忠诚红包。实行这个措施，要求对员工出勤情况的准确记录，并且要保证工资系统要作相应变化。

名人会议

邀请组委会、慈善机构、赞助商或政府机构的名人来参加员工大会，能极大鼓舞士气。会议上还可以组织合影留念。

照片榜

虽然很多活动禁止使用照相机等，但是志愿者还是很喜欢将活动的照片放到网站上。

在其许可下，这些照片也可以放到公告牌上展示。

交班报告和工作交流

在换班时做情况交代是有效的沟通战略，它使得接班的人知道最新信息。工作交流让员工彼此间发表意见和建议。对于工作人员来说，没有比被观众接二连三地问问题但却答不上来更郁闷的事了。

每日快报

在交接班时或在员工休息室张贴简报，告诉员工工作进度和取得的成绩。这需要事先安排预算和计划，确保及时地发送到每个场馆。

海报

用海报展示取得的成就，比如观众规模、媒体报道或电视报道能够提高满意度。

慰问带来的惊喜

一个面带笑容的女士带着食物饮料慰问边缘场馆的志愿者会给他们带来一堆惊喜，特别是当他们没有预料到会有这个惊喜时。若有甜甜圈、卡布奇诺、冰淇淋则更令人兴奋。这需要事先预算和规划。

志愿者谢幕游行

一些大型节事会在结束后组织志愿者谢幕游行，让志愿者接受观众的掌声。

媒体支持

为获得媒体的支持，公众关系部门应向媒体提供一些志愿者故事和素材，媒体的正面报道是对志愿者的一种认可，这需要预先规划。

游戏

游戏分为破冰游戏和压力减轻游戏。游戏内容的选择和时间很重要。游戏可以是很简单的猜测比赛结果或观众人数。相关性越高，游戏的价值就越高。

娱乐

在员工休息区域设置放松和娱乐的设施是很受欢迎的措施。

结束派对

对于结束派对不需要多说什么了，组织者需要考虑合适的时间和派对的风格。

感谢证书

工作人员很看重感谢信和相关证书，这类证书和信件需要正式印刷，越正规越好。

以上这些激励和保留措施的成本必须纳入考虑，而且形式会随着项目的进展和实际情况进行调节，如预先准备好写工作通讯的模板，以及安排好写作和印刷的人员。一切活动都需进行预算。墨尔本英联邦运动会为5 000名志愿者共支出300万澳币(包括餐饮和制服费用)。

案例分析 15.1

年度夏至民间艺术和音乐节

加入年度夏至民族艺术节志愿者队伍将让你置身民间艺术和音乐的海洋。最大的好处是你可以全程免费参加节目！你将置身艺术家之间，与艺术家摩肩接踵，观看和聆听他们的表演。(转载自 www.ctmsfolkmusic.org/volunteer/festival/default.asp)

思考练习 15.1

1. 许多音乐节向志愿者提供免费票，如何确保他们不擅离岗位去看表演?
2. 为什么有些志愿者不喜欢免费票，而希望其他的奖励?

未来导向的期望

对于中高层管理人员，节事的效果可能影响他们未来的职业生涯。一次成功的节事会提高他们的声望。而一次失败的节事，负面的媒体报道，则可能影响他们今后的职业发展。研究显示，在节事环境下，突发事件、突发打击经常引发员工离职。而许多大型节事在筹备阶段会遭到媒体的密集批评，比如前面提到过的悉尼奥运会票务丑闻、雅典奥运会基础场馆建设大大落后进度等。组委会必须事先制定一个应付突发负面事件的计划，来降低中高层管理人员的离职率。

组委会要帮助员工抵御外部风暴,渡过困难期。在与员工沟通时要帮助他们理解大型节事的发展历程:从赢得举办权后的蜜月期,到节事开展后不断增加的预算压力和负面报道。负面报道会极大影响士气。许多人缺乏必要的技能和准备去渡过低潮期,从而错过了风雨之后的彩虹。

Hanlon 和 Jago(2004)针对两个大型年度节事的研究指出,在节事正式开始后一般比较平稳,而开始前几个星期则最为忙乱和多事,因此在这个阶段人力资源管理者要投入更多的精力来防止员工流失。另外,对于定期举办的活动,比如澳大利亚网球公开赛,与前几届的老员工保持联系是必要的,这些员工每年都会来参加活动。

表 15.2 两个年度活动的员工保留指南

	员工保留指南	
活动阶段	全职员工	临时员工
筹备阶段	活动的地位 认可 所有权	活动的地位 认可 所有权 时间安排
活动期间	团队交流汇报 团队活动	团队交流汇报 团队活动
活动后	团队交流汇报 感谢员工行动 业绩评估 酬劳 职业管理计划 更新职位描述 团队重组 表彰 忠诚奖金	团队交流汇报 感谢员工行动
年中	团队会议 酬劳	保持联系(圣诞卡、生日卡、组织简报、会议等) 职业机会 调查需求 被其他节事雇用

这方面的调查已成熟。人力资源从业者认为,鉴于瞬息万变的劳动力规模、就业和志愿者选择的多元性,对持续改变的期望和工作动机的研究是极其有价值的。毫无疑问,随着技术的进步,节事的工作人员能通过电子设备出入,因此全职员工和志愿者保留的人数将得到更可靠的数据。

绩效考核

拥有全职员工的大型节事组织都对全职员工进行绩效评估。考评后的绩效回顾为管理者和员工提供了一个讨论现有工作和设定未来目标的机会。绩效评估过程包括以下主要内容：

- 根据设定的目标，评定员工表现。
- 对员工表现提出建议，特别是客观的、正面的和建设性的意见。
- 给员工一个机会来反馈他们的满意度和真实想法。
- 协助员工制定学习和行动计划。

持续的业绩反馈，不管是正式的还是非正式的，让员工清楚知道组织的期望，也让管理人员了解员工的期望。长期的志愿者也需要业绩反馈。如第12章所述，绩效管理提供了一个树立组织文化的建设性方法，而组织文化又反过来影响工作人员的激励和保留。下面是一些有益的组织文化要素：

- 反馈——鼓励和指导。
- 凝聚力——让每个人感到自己是团队的一分子，拥有共同的目标。
- 资源——缺乏资源会让员工郁闷和士气低落，拥有充足资源提高士气和工作效率。
- 支持——不要让志愿者感到自己被团队或主管忽视，要关心那些在边缘区域工作的志愿者，慰问并支持他们。
- 公平——不公平让员工和志愿者士气低落和恼怒。
- 改进——对员工提出的改进措施，比如高度重视并采取措施。
- 信息提供—提供优秀服务，志愿者需要及时获得相关信息，这同样有助于团队协作精神的建立。

绩效管理是人力资源战略的重要内容。不论是长期组织或短期组织，都要求每个成员在最佳状态下工作。这需要满足成员的期望，提供激励措施，管理业绩低于期望的员工。

案例分析 15.2

筹办莎士比亚文化节

你是莎士比亚文化节组织者。文化节将历时四周，在夏季举行，包括白天和晚上演出，一次主要街道的巡游。演出将由一个专业剧团管理，由业余演员出演。需要招募志愿者管理道具、场地、灯光、票务、信息中心、引座、检票和纪念品销售等。组委会由付费员工组成。节日需要一个命名赞助商和其他一些小赞助商。市场营销和促销活动志愿者需要在筹备早期招募。付费员工与志愿者数量之比为1∶4。

思考练习 15.2

1. 确定这个节事的各项目阶段，制定工作人员招聘时间表（付费员工和志愿者）。
2. 分别为计划制定阶段和执行阶段制定组织结构图。
3. 制定筹备阶段的核心团队激励方案。
4. 制定活动执行阶段的员工激励方案。

本章小结

本章介绍了一些员工激励的研究成果，着重探讨了长期付费员工和志愿者的激励。员工激励理论主要分两大类：内容型激励理论和过程型激励理论。在节事各个阶段要考虑不同的激励和员工保留方案。本章还讨论了心理契约在节事组织和志愿者关系分析中的作用。

复习问题

1. 管理团队和节事计划团队的高流失率对节事会造成什么影响？
2. 志愿者数量过多会带来什么后果？
3. 解释心理契约。
4. 讨论以下的陈述，“为了理解激励，你需要去了解活动计划周期。”

参考文献

Byrne, C., Houen, J. and Seaberg, M. (2002). One team. *Communication World*, 28–32.

Coyne, B. and Coyne, E. (2001). Getting, keeping and caring for unpaid volunteers for professional golf tournament events. *Human Resource Development International*, **4(2)**, 199–216.

Cuskelly, G., Auld, C., Harrington, M. and Coleman, D. (2004). Predicting the behavioural dependability of sport event volunteers. *Event Management*, **9**, 73–89.

Elstad, B. (2003). Continuance commitment and reasons to quit: a study of volunteers at a jazz festival. *Event Management*, **8**, 99–108.

Guest, D. and Conway, N. (2002). Communicating the psychological contract: an employer perspective. *Human Resource Management Journal*, **12(2)**, 22–39.

Hanlon, C. and Jago, L. (2004). The challenge of retaining personnel in major sport event organizations. *Event Management*, **9**, 39–49.

Hertzberg, F. (1987). One more time: how do you motivate employees?. *Harvard Business Review*, **65**, 109–20.

Holtom, B., Mitchell, R., Lee, T. and Inderrieden, E. (2005). Shocks as causes of turnover: what are they and how organizations can manage them. *Human Resource Management*, **44(3)**, 337–52.

Locke, E. A. and Latham, G. P. (1984) *Goal Setting: A Motivational Technique That Works!*. Prentice-Hall.

Phillips, S. (2006). Volunteer dropouts soar. *Herald Sun*, 7 January.

Ralston, R., Downward, P. and Lumsdon, L. (2004). The expectations of volunteers prior to the XVII Commonwealth Games 2002. *Event Management*, **9**, 13–26.

Strigas, A. and Newton Jackson, E. (2003). Motivation: volunteers to serve and succeed. *International Sports Journal*, **7(1)**, 111–23.

Vroom, V. (1973). *Work and Motivation*. John Wiley and Sons.

Webb, T. (2001). *The Collaborative Games: The Story behind the Spectacle*. Pluto Press.

图书在版编目(CIP)数据

节事人力资源管理 / (澳) 瓦根(Wagen, L. V.)著;
任余礼,任中玥,刘萍译. —上海:格致出版社:上海人民出版社,2009
(节事管理译丛)
书名原文:Human Resource Management for Events
ISBN 978-7-5432-1632-7

Ⅰ. 节… Ⅱ. ①瓦…②任… Ⅲ. 文娱活动-劳动力资源-资源管理-高等学校-教材 Ⅳ. G241.3

中国版本图书馆 CIP 数据核字(2009)第 098898 号

责任编辑 王 炜
封面装帧 人马艺术工作室·储平

节事管理译丛
节事人力资源管理
[澳]琳恩·范·德·瓦根 著
任余礼 任中玥 刘 萍 译
陈建国 审校

出　版 世纪出版集团 www.ewen.cc 格致出版社 www.hibooks.cn 上海人民出版社
(200001 上海福建中路193号24层)

编辑部热线 021-63914988
市场部热线 021-63914081

发　行 世纪出版集团发行中心
印　刷 上海书刊印刷有限公司
开　本 787×1092 毫米 1/16
印　张 15.75
插　页 1
字　数 296,000
版　次 2009 年 8 月第 1 版
印　次 2009 年 8 月第 1 次印刷
ISBN 978-7-5432-1632-7/F·193
定　价 32.00 元

Human Resource Management for Events
1st edition.
Lynn Van der Wagen
ISBN:0750669985　978-0750669986

图字:09-2007-731